比较视野中的多民族国家族际整合

于春洋 著

复旦大学出版社

本成果获得以下项目资助

国家社科基金重大项目"构建中华各民族共有精神家园的少数民族视域研究"（17ZDA152）；中国博士后科学基金第58批面上资助项目"比较视野中的多民族国家族际政治整合实践路径研究"（2015M580280）；中国博士后科学基金第九批特别资助项目"多民族国家族际政治整合的理论建构与实践探索"（2016T90327）；河北省民族事务委员会2020年度民族领域研究项目"印尼、马来西亚与新加坡族际政治整合的经验比较与现实启示"（202009）

序

近代以来对国际秩序演进和文化结构变迁产生最重大影响的事件，莫过于民族国家的创建。一方面，可以把1648年签订的《威斯特伐利亚和约》视为现代国际秩序的起点——签约国签订和约，一致认可了民族国家这一国家组织形态，甚至可以认为，民族国家是整个现代国际秩序的肇始和基础。另一方面，民族国家也在拥有共同文化特征的民族与世俗政治权力结构（国家）之间架起桥梁，以"一个民族，一个国家"的价值观和路径，实现近代以来文化结构的两个相生相伴的变迁——主流文化与主流政治的交融一体。

随后，借助民族国家具有的诸多优势，比如强大的政治组织能力、社会动员能力和资源汲取能力，该范式开始在全球范围扩展。这一扩展有主动作为的，也有被动回应的。前者更多体现在美洲和大洋洲，早期移民不仅给当地带去了经济生产方式和文化生活方式，还复制了民族国家的国家结构形式；后者更多体现在亚洲、非洲和拉丁美洲，伴随殖民入侵与反抗殖民统治的斗争以及外来文明与本地文明之间的冲突，在艰难曲折的探索中逐渐建构自己的民族国家。这里的问题在于，无论是主动作为的，还是被动回应的，这些地区所建立的国家都不再符合西欧创建早期民族国家时的"一族一国"范式，而是在"多个民族"的基础上来建构国家的。于是,世界范围内的多民族国家,即"多个民族,一个国家"也就成了普遍意义上的民族国家实现方式。加之20世纪90年代以苏东剧变为标志的冷战结束,极大地推进了人类历史从本土历史走向世界历史的进程,世界民族的跨文化交往,外来移民(包括难民)的纷纷涌入,也使得西欧的早期民族国家逐渐发展成为事实上的多民族国家。

于是,理想的民族国家让位于现实的多民族国家,这是伴随民族国家全球扩展而出现的普遍现象。多个民族共同生活在同一个国家,也因此成为当今世界民族与国家两相结合的普遍方式——世界范围内的数以千计的民族,生活在数以百计的多民族国家之中。这里的问题在于,曾经通过"民族认同国家"而获得近乎天然的权力合法性的民族国家,现在面临的是怎样通过人为建构的方式,来让生活在国内的多个民族凝聚共同精神,铸牢共同意识,认同祖国家园。总之,当今世界的多民族国家普遍面临族际政治整合的重大任务:在保持国内不同民族自身文化特色的同时,塑造国家层面的现代统合民族,确保多元民族认同一体国家,为国家权力提供合法性来源。

如果以上学理性质的推导只会让我们看到族际政治整合对于多民族国家的抽象价值的话,那么20世纪90年代以来出现的族际政治冲突及其后果则向我们展示了一系列触目惊心的消极后果——发生在卢旺达的胡图族与图西族之间的大屠杀夺去了超过一百万人的生命;也门、苏丹、索马里等国家也因为持续不断的族际冲突而被西方主流政治学家视为"失败国家";2014年,西班牙的加泰罗尼亚和英国的苏格兰相继举行独立公投;更不要说2020年由于警察暴力执法导致非裔男子弗洛伊德致死事件所引发的席卷美国的种族冲突了。种种迹象表明,对于"我们是谁"的不同回答正成为多民族国家必须面对的严峻挑战。

鉴于族际政治整合对于多民族国家所具有的这种广泛而深远的影响,一方面,作为"当局者"的多民族国家往往会把族际政治整合视为国家战略层面的问题加以重视,积极进行实践探索——在这其中,既有成功的经验,也有失败的教训;另一方面,作为"旁观者"的中外很多学者和专家也高度关注这一问题,积极贡献自己的才华与智慧,相关研究成果纷纷涌现。值得注意的是,近年来在国内学界有一批中青年学者积极投身于族际政治整合问题的研究之中,取得一系列可喜可贺的成果。于春洋教授的新著《比较视野中的多民族国家族际整合》就是在这样的背景之下,经由多年学术深耕和精心筹划,三易其稿才最终得以完成的高质量、代表性成果。作为他博士后工作阶段的合作导师,这本书的出版让我倍感欣慰,欣然应允作序。

纵览全书,作者选取当今世界代表性多民族国家——英国、印度尼西亚、美国、新加坡、加拿大、尼日利亚六个国家作为研究样本,对这些国家建国以来的族际政治整合实践进程进行系统考察,再以这些国家在各自的族际政治整合实践进程中所表现出来的差异性特征对其进行类型划分,进而对这些国家不同类型的族际政治整合实践以及效绩进行比较分析,最终形成有关多民族国家族际政治整合的本体认知和理论分析框架。在此基础上,本书还用很大篇幅梳理了中国现代民族国家建构以来的族际政治整合实践,形成对于中国族际政治整合实践经验的总结和策略的探讨。具体而言,本书的学术贡献主要体现在如下几个方面。

首先,本书为族际政治整合问题研究贡献了理想类型的分析视角。目前国内学界有关族际政治整合实践类型的研究较为罕见,更未出现以当今世界主要多民族国家作为研究样本,进而在对样本进行梳理的基础上作出理想类型划分的研究文献。本书在对六个国家的族际政治整合实践进行个案描述与特征概括的基础上,尝试将多民族国家族际政治整合实践划分为"集权干预型""平等融合型"和"联邦多元型"三种类型。其中,以英国、印度尼西亚为代表的"集权干预型"族际政治整合实践是在中央政府的强力主导与推动之下进行的,带有明显的拟制性特征和"集权干预"特点;以美国、新加坡为代表的"平等融合型"族际政治整合实践是在"民族平等"的理念之下展开的,试图以国内多民族的政治平等促成民族间的文化融合与一体;以加拿大、尼日利亚为代表的"联邦多元型"族际政治整合实践是以尊重国内不同民族的文化多样性为典型特征,试图以多元文化主义政策去推动国家统合民族的一体化进程。必须承认,这种类型学的分析可以帮助我们透过纷繁复杂的多国实践现象迷雾洞察族际政治整合的本质特征,富有启发性。

其次,本书为族际政治整合问题研究贡献了比较政治的研究方法。运用比较政治的研究方法对样本国家进行比较分析成为本书的一大亮点。经由比较分析,概括得出三种类型族际政治整合实践的主要路径与各自特点。比较而言,"集权干预型"是在单一制国家之中,依靠中央权力机关集权的力量去干预和主导国内族际关系互动,促成国内不同民族认同单一政治国家;"平等融合型"是以法律、制度和教育等方式来保障国内不同民族政治地位的平等,同时淡化和消解不同民族文化间的差异,以此推动国家统合民族的建构;"联邦多元型"是在联邦制国家之中,中央权力机关通过承认文化多元性、尊重文化差异的方式来实现国内不同民族的政治一体化,即以"文化多元"促成"政治一体"。在此基础之上,本书还对三种类型的族际政治整合实践的经验与教训进行评析,得出诸如"多民族国家这一'民族'与'国家'两相结合的政治结构形态不仅构成了族际政治整合实践的基础和前提，也在事实上构成了族际政治整合的分析单位"；"族际政治整合问题虽然发生在现实的多民族国家之中，却往往有着十分深刻的历史背景和文化渊源"；"国内不同民族群体、宗教群体以及文化群体在国家政治权力、经济利益和社会资源的分配中无法得到平等和公正的对待，是导致多民族发展中国家族际政治整合面临困境的核心因素"等一系列颇具价值的洞见。

再次，本书为族际政治整合问题研究贡献了民族政治的理论框架。在样本描述、类型分析和国别比较的基础之上，本书依托民族政治学的学科背景，初步搭建了一个有关多民族国家族际政治整合问题研究的理论框架。该框架由族际政治整合的"本体"与"关系"两个方面构成。一方面，在该理论框架的"本体"部分，重点探讨族际政治整合的概念界定及价值取向。本书把族际政治整合定义为多民族国家运用国家政治权力来使国内不同民族/族群（族裔）在保持自身文化多样性的同时实现国家统合民族一体化的过程及其结果。进而认为，"少数群体权利""族际政治民主"和民族生态观下的"万象共生"是族际政治整合的三种基本价值取向。另一方面，在该理论框架的"关系"部分，对族性、族群民族主义、多民族国家认同与族际政治整合的内在关联进行深度解析。本书从多民族国家面临族际政治问题现实出发，认为族性既能促进族际政治整合，有助于民族国家建构；又能破坏族际政治整合，阻碍民族国家建构。分析表明，族群民族主义对多民族国家造成负面影响，其发挥作用的机理在于族群认同超越国家认同，从而危及族际政治整合得以维系的心理基础。作为这一讨论的延伸，本书还指出族际政治整合与多民族国家认同存有密切关联。在全球化的叙事场景下，通过族际政治整合而将国内不同民族和亚文化群体筑成国家统合民族，是多民族国家必须完成的任务。

最后,本书为族际政治整合问题研究贡献了中国语境的实践方案。作为本土观照与研究的落脚点,本书用两章的篇幅集中讨论了中国语境中的族际政治整合实践问题。一方面,从近代以来中国民族国家建构的历史梳理中,不难发现其中也包含着族际政治整合的内在逻辑——无论是救亡图存愿望激发民族意识的觉醒,还是以中华民族建设为核心议题的国家统合民族一体化努力,以及铸牢中华民族共同体意识、实现中华民族伟大复兴的目标指引,都为多民族国家族际政治整合提供了极富启发的中国本土实践经验;另一方面,本书还提出结合我国的具体国情、历史文化传统和政治生态环境,当代中国族际政治整合实践也应具有自身的特色,应持续推进中国现代民族国家建构,坚持、发展和完善以民族区域自治为核心的民族政策体系,以"多元一体"理论妥善协调处理民族利益与国家利益之间的张力。此外,结合集权干预型族际政治整合的他国实践经验,强化中央权力机关的政治权威,加强国家权力对于民族社会生活的干预能力;通过意识形态的整合功能来巩固族际政治整合成果;坚持以关照少数民族利益为特征的民族政策取向不动摇等,也是当代中国族际政治整合的可选策略。

鉴于以上分析,于春洋教授的新著视野宽广、立意高远、思路清晰、逻辑缜密、方法得当、不乏创新,是近年国内族际政治整合乃至民族政治研究领域出现的一部代表性力作。同时,还有如下一些问题尚未得到有效回应与解决,可以在以后的研究工作中重点关注:在当今世界主要多民族国家族际政治整合实践的经验教训之中,值得中国努力汲取的主要启示是什么?结合书中对于三种族际政治整合实践类型的利弊评析以及形成的一般规律与基本经验总结,中国在进行族际政治整合实践的过程中需要避免的"整合陷阱"有哪些,如何避免这些陷阱?作为超大型、发展中的多民族国家,中国族际政治整合的特殊性究竟特殊在哪里?如何借鉴他国经验,汲取中国历史上的边疆治理智慧和民族政策精华,维系和不断推进作为"命运共同体"的中华民族认同,实现"各民族和睦相处、和衷共济、和谐发展"?一句话:如何守正创新?

习近平总书记在2014年9月召开的中央民族工作会议上指出:"那种把多民族当'包袱',把民族问题当'麻烦',把少数民族当作'外人',企图通过取消民族身份、忽略民族存在来一劳永逸解决民族问题的想法是行不通的。"一旦我们跳出二元对立、非此即彼的认知框架,以万物关联、互补共生的角度关照民族与国家,审视族际关系,在环境与主体的互动之中实现族际关系的"文化自觉",在民族生态世界寻求多民族文化群体各自的"生态位",让每个民族文化群体所秉持文化的价值在尊重多样、包容差异的氛围之中展现自身的独特魅力,就容易形成民族文化生态群落,这才是维持族际关系和谐、实现族际政治整合的长久之计。

中共十九大报告明确提出要"铸牢中华民族共同体意识,加强各民族交往交流交融,促进各民族像石榴籽一样紧紧抱在一起,共同团结奋斗、共同繁荣发展"。希望学界同仁砥砺前行、深耕细作,为推进多民族国家族际政治整合研究不断走向深入,贡献自己的力量。

2021年1月17日

目 录

第一章 导论

第一节 族际政治的出场 …………………………………… 001
第二节 族际政治问题研究的现状 ………………………… 004
第三节 主要内容与思路方法 ……………………………… 014
本章小结 ……………………………………………………… 021

第二章 多民族国家族际政治整合实践的个案描述

第一节 样本选取：六国族际政治整合实践 …………… 023
第二节 英国、印度尼西亚：集权干预下的国族建构 …… 028
第三节 美国、新加坡：权利平等视野中的文化整合 …… 043
第四节 加拿大、尼日利亚：以联邦国家促成多元一体 …… 054
本章小结 ……………………………………………………… 072

第三章 多民族国家族际政治整合的实践类型及其比较

第一节 族际政治整合多国实践的类型划分 …………… 075
第二节 集权干预型族际政治整合实践的内容与特征 …… 076

第三节　平等融合型族际政治整合实践的内容与特征 …… 086
第四节　联邦多元型族际政治整合实践的内容与特征 …… 092
第五节　国别比较：共性、困境及其化解 …………………… 098
本章小结 …………………………………………………………… 107

第四章　多民族国家族际政治整合的理论分析框架

第一节　族际政治整合的概念界定 ……………………………… 111
第二节　族际政治整合的三种基本价值取向 …………………… 117
第三节　族性对族际政治整合的双重影响 ……………………… 124
第四节　族裔民族主义与族际政治整合 ………………………… 129
第五节　多民族国家认同与族际政治整合 ……………………… 138
本章小结 …………………………………………………………… 152

第五章　多民族国家族际政治整合的中国经验（上）

第一节　民族国家建构的前期准备：晚清中国政治发展 …… 156
第二节　中国现代民族国家的早期建构与初步确立 …………… 167
第三节　当代中国民族国家建构的阶段划分与特点 …………… 177
第四节　新时代中国民族国家建构的经验与成就 ……………… 188
本章小结 …………………………………………………………… 204

第六章　多民族国家族际政治整合的中国经验（下）

第一节　当代中国民族政策的价值定位与政策实践 …………… 209
第二节　族际政治视野中的新时代中国民族事务治理 ………… 215
第三节　族际政治视野中的新时代中国府际关系协调 ………… 229
第四节　当代中国族际政治整合的实践策略 …………………… 243
本章小结 …………………………………………………………… 254

余论：族性、族际政治与多民族国家的未来 ················ 257
主要参考文献 ························· 261
后记 ····························· 265

第一章　导论

从世界范围来看,绝大多数现代民族国家都是多民族国家。由于不同民族在历史记忆、文化背景、宗教信仰、生活方式等方面的差异以及利益诉求上的分殊,导致多民族国家内部不同民族之间存在持续不断的张力,容易引发民族关系紧张,甚至出现族际政治冲突。由此,协调族际关系、实现民族和谐就成为多民族国家必须面对的一个基本命题——也就是说,怎样让拥有多种历史文化异质性因素的不同民族共同生活在一个统一的国家之中,并且不会因为彼此利益诉求的不同而对国家的主权统一、领土完整、政治稳定和社会发展构成威胁。这个命题就是多民族国家的族际政治整合。本书尝试通过对当代世界主要多民族国家族际政治整合实践的个案描述和类型学比较,形成关于族际政治整合问题研究的规范分析结论,关照当代中国的族际政治整合现实。

第一节　族际政治的出场

作为族际关系的重要内容,族际政治是在族际交往过程中逐渐产生和发展起来的。族际政治是一种族际互动的政治形态,有着自身特殊的本质和丰富的内涵。随着多民族国家内部族际交往的迅猛发展,族际政治互动变得更加频繁和广泛,日益成为影响多民族国家未来走向和民族政治发展的重要变量。现实政治生活中的族际政治互动,迫切需要族际政治研究的开展和族际政治理论的指导,由此,族际政治及其理论研究应运而生。

自从民族形成之后,族际交往和基于这种交往而形成的族际关系,就成为"多民族国家难以回避的历史与现实问题"①。随着民族形态的更迭,自发民族向自觉民族递进,作为维系民族存在的"共同心理素质"的民族意识也在不断增强,不同民族共同体之间的分界也由此变得清晰。同时,随着生产力的发展和生产方式的变迁,社会分工越发变得精细,人与人之间的合作和共事成为生产和生活的常态。在这一背景之下,族际交往开始变得频繁而广泛,建立在族际交往基础之上的族际关系也开始变得复杂。最终,伴随着机器大工业时代的到来和人口流动的增加,族际交往开始突破了地域的界限,逐渐从最初的同一地域范围之内的毗邻民族间的交往走向跨地域的族际交往发展,而且交往方式开始变得丰富多彩。由此,族际关系也发生了重大变化,基于族际交往的不同性质而形成了族际经济关系、族际文化关系和族际政治关系。

真正对族际政治的发展起到根本性作用的标志性事件是民族国家的出现。随着民族国家的出现及其在全球的扩展,"所有民族都被纳入到国家这个政治共同体中,在这个政治空间中与其他民族发生联系,结成新的交往关系";同时,生活在这个政治共同体中的各个民族,"彼此之间的关系不是孤立的,任意的,而

---

① 刘泓:《阿富汗的族际关系与国家重建》,《烟台大学学报(哲学社会科学版)》2021年第1期。

是通过政治法律制度和彼此之间的经济文化交往联系在一起的"①。由此,族际关系的政治意蕴得以凸显。一方面,民族国家的出现,使得发生在这一政治共同体之内的任何族际交往都被烙上了政治的印记。由于历史境遇、文化传统和社会经济发展程度等客观原因,生活在民族国家中的不同民族在经济状况、社会生活、文化习俗、宗教信仰、受教育程度等方面都存在差别。而国家以何种方式对待这些差异,包括国家的主流意识形态、国家的各项民族政策,都极大地影响着国内的族际关系。另一方面,民族国家内部的族际关系问题只能通过政治途径加以解决。一般而言,民族国家内部的族际关系主要受到民族构成情况和各民族占有国家公共权力资源情况的制约,后者对于族际关系的影响是非常显著的。事实上,对于国家公共权力资源的占有情况直接决定着一个民族能否有效地维护本民族的利益。

随着民族国家作为一种国家建构新范式在全球范围扩展,至少出现了两个与族际政治息息相关的新情况:一个是随着效仿西欧民族国家范式而建立起来的大量民族国家的涌现,世界体系很快就进入民族国家的时代,观察这些民族国家的内部民族结构就会发现,国内民族的多样性取代了西欧初创民族国家内部民族结构的单一性。也就是说,"民族国家构建起来后,国内的族类群体或民族的多样性仍然存在"②。另一个情况是原来的民族国家随着移民的纷纷涌入,以及这些移民群体为了更好地维护自身利益而组织起来,开始以越来越积极主动的方式来表达自己的利益诉求,导致西欧原生民族国家呈现多族化发展

---

① 王建娥:《族际政治民主化:多民族国家建设和谐社会的重要课题》,《民族研究》2006年第5期。
② 周平:《族际政治:中国该如何选择?》,《政治学研究》2018年第2期。

的趋势。显然,这两种情况都表明族际政治已经成为一种刚性的事实,无法回避。

还需说明的是,在国家形态发展到民族国家阶段之前,由不同民族共同体建立的国家,无论是城邦国家,还是封建君主专制的王朝国家,它们之间的关系并不是现在意义上的国际政治关系,而只是族际政治的特殊表现形式。到了民族国家时代,随着民族国家的全球性扩展,逐渐形成了一个以民族国家作为基本政治单位和行为主体的世界体系。这时,民族国家之间的交往及其互动关系就超出了族际政治的边界,一种新的政治形态——国际政治随之确立。由此,在民族国家时代,族际政治主要存在于民族国家的内部。一般而言,族际政治主要由如下四个层面的政治关系构成:其一,不同少数民族之间的政治关系;其二,少数民族与主体民族之间的政治关系;其三,少数民族与国家之间的政治关系;其四,少数民族内部的政治关系。民族国家内部四个不同层面的政治关系,无论是对民族国家自身,还是对由民族国家构成的世界体系而言,都具有非常重要的影响。它们共同构成了民族国家时代族际政治的基本内容。

第二节 族际政治问题研究的现状

经济全球化浪潮把世界所有国家和地区日益紧密地联系在一起,并由此促发国家和地区间前所未有的经济、政治、文化交往与互动,以及民族人口的全球性流动。在这一背景之下,传统民族国家的内部民族结构发生了巨大变化,以往相对单一的民族成分及其文化形态逐渐让位于民族多样、文化多元的多民族国家现实,普遍存在着民族与国家、国家内部不同民族之间的张力。由此,关注族际基于自身民族利益并诉诸政治权力的族际互动,探索不同民族(族群)如何在多民族国家这一政治共同体之中共存共生的族际政治问题研究得以生成,并很快发展成为国内外学界研究的焦点话题之一。

一、国外研究述要

族际政治研究始于西方学界。

20世纪上半叶,西方一些国家推行同化主义政策,导致国内少数族群意识觉醒,要求获得平等权利并付诸集体行动。这让很多学者注意到少数族群与多民族国家的复杂关系,杜波伊斯(B. Dubois)在《黑人的灵魂》(1920)[1]、鲁思·本尼迪克特(Ruth Benedict)在《文化的类型》(1934)[2]、《种族:科学与政治》(1940)[3]、《菊与刀》(1946)[4]中开始了对多民族国家族际政治问题的最初讨论。

20世纪60—80年代,伴随西方政治学的"行为主义革命","认同危机"[5](Lucian W. Pye,1965)和"国家认同意识"[6](Gabriel A. Almond、G. Bingham Powell,1984)的概念得以出现,政治整合问题被放置在民族—政治文化层面加以讨论,主要关注多民族国家的少数群体。

---

[1] W. E. B. Du Bois, *The Souls of Black Folk: Essays and Sketches*, New York: Vintage Books, 1903.

[2] R. Benedict, *Patterns of Culture*, New York: Houghton Mifflin Company, 1934.

[3] R. Benedict, *Race: Science and Politics*, New York: New Age Books, 1940.

[4] R. Benedict, *The Chrysanthemum and the Sword: Patterns of Japanese and Culture*, Rutland, VT and Tokyo, Japan: Charles E. Tuttle Co, 1946.

[5] L. W. Pye, The Concept of Political Development. The annals of the American Academy of Political and Social Science, Vol. 358, No. 1, 1965.

[6] A. G. Almond, & G. B. Powell, *Comparative Politics Today: A World View*. 3rd Edition, Boston: Brown Company, 1984.

20世纪90年代,随着苏东剧变、冷战结束以及非洲部族冲突的愈演愈烈,西方学界的研究旨趣发生明显转向:由此前的关注意识形态、热衷社会运动,倾心于对种族、阶级、性别这些基本概念以及由此派生和变异出来的各种理论派别的研究,转向对于民族(族群)、民族主义、民族国家以及民族与国家之间关系的研究。这一时期,相关领域的学术专著和出版物纷纷涌现,其中,以艾德里安·黑斯廷斯(Adrian Hastings)的《民族体的建构》(1997)[1]、菲利克斯·格罗斯(Feliks Gross)的《公民与国家——民族、部族和族属身份》(1998)[2]和《公民权与族属意识》(1999)[3]等著作较具代表性。部分"新左派"社会学家,如哈贝马斯(Jürgen Habermas)[4]、沃勒斯坦(Immanuel Wallerstein)[5]、迈克尔·曼(Michael Mann)[6]等人,也将研究视野集中在政治社会中的民族(族群)问题,对于族群身份、族裔权利、族体意义以及族际关系问题表现出前所未有的热情。

这一阶段,族际政治研究的专业化程度不断提高,相关理论著作层出不穷,关涉族际政治研究的课程也相继在西方一些高校开设。西方学界研究旨趣的这次转向,是对经济全球化所带

---

[1] A. Hastings, *The Construction of Nationhood: Ethnicity, Religion and Nationalism*, Cambridge: Cambridge University Press, 1997.

[2] F. Gross, *The Civic and the Tribal State: The State, Ethnicity, and the Multiethnic State*, Westport & Connecticut & London: Greenwood Press, 1998.

[3] F. Gross, *Citizenship and Ethnicity*, Westport & Connecticut & London: Greenwood Press, 1999.

[4] J. Habermas, *Die Einbeziehung des Anderen*, Frankful: Suhrkarmp Verlag, 1996.

[5] I. Wallerstein, & E. Balibar, *Race, Nation, Class: Ambiguous Identities*, London: Verso Press, 1991.

[6] M. Mann, "Has Globalization Ended the Rise and Rise of the Nation-state?" *Review of International Political Economy*, Vol. 4, No. 3, 1997, pp. 472–496.

来的现实政治问题的一种理论回应,也是对以往政治学及民族问题研究的一种修正。它表明,西方学界已经开始把探讨不同民族(族群)的群体存在方式和群体利益关系的族际政治研究,提升到与个人权利研究等量齐观的高度;它也预示着在这个由政治一体、文化多元的多民族国家构成的世界上,观照群体的族际政治理论理应与观照个体的个人权利理论一样,成为现代国家政治理论的重要组成部分。西方学界初步形成一种共识:族裔身份的多样性和不同民族(族群)共存于一个国家是不可逆转的现实,想要维持这一政治共同体的存续,生活在其中的不同民族(族群)就要在政治资源的分配和共享上进行协调,在尊重和包容文化差异的基础上改善族际关系,最终达成统一的国家认同。这种为达成统一国家认同所进行的努力过程,就是多民族国家主导进行的族际政治整合。

进入21世纪,随着威尔·金里卡(Will Kymlicka)的《少数的权利》(2001)[1]、考夫曼(Stuart J. Kaufman)的《象征主义民族政治学》(2001)[2]、凯莉(Judith G. Kelley)的《欧洲民族政治学:权力的规范与动机》(2004)[3]、珀斯纳(Daniel N. Posner)的《非洲的制度与民族政治》(2005)[4]等著作的问世,族群权利、文化差异、民族政治成为研究热点。从学科视角考察,该阶段主要从历史学和心理学的角度描述族际政治与族群意识的生成机制及发

---

[1] W. Kymlicka, *The New Debate Over Minority Rights*, New York: Routledge, 2001.

[2] S. J. Kaufman, *Modern Hatreds: The Symbolic Politics of Ethnic War*, Ronald G. Ehrenberg: Cornell University Press, 2001.

[3] J. G. Kelley, *Ethnic Politics in Europe: The Power of Norms and Incentives*, New Jersey: Princeton University Press, 2004.

[4] D. N. Posner, *Institutions and Ethnic Politics in Africa*, Cambridge: Cambridge University Press, 2005.

展脉络,从民族学和人类学的角度分析族群、文化与国家多维认同关系及其调适,从哲学和政治学的角度讨论族际政治与国家认同、全球治理、地方主义的关系。

二、国内研究述要

国内学界较早注意到族际政治问题的学者是周星(1993),他在博士论文中首次使用"族际政治"一词,并在专著《民族政治学》中用一章的篇幅探讨族际政治关系的主要类型,以及影响族际政治关系的变量[①]。随后,陈建樾、王建娥相继发表《族际沟通与民族主义——族际政治的一种分析框架》(1996)[②]、《现代民族国家中的族际政治》(2004)[③]等一系列旨在介绍和评析西方族际政治理论、开拓和探索国内族际政治研究的理论文章,并将这些文章会同国内其他学者(郝时远、朱伦等人,2004)的相关研究成果结集出版为《族际政治与现代民族国家》[④]。可将该书视为这一阶段国内族际政治研究的阶段性总结。周平(2012)在国内学界率先提出多民族国家政治整合及政治整合模式问题,并在该领域进行了卓有成效的研究,他的专著《多民族国家的族际政治整合》[⑤]是其多年潜心研究的结晶。此外,常士訚教授在"族际政治文明"(2015)[⑥]及"多民族发展中国家"(2018)[⑦]等多种语境中

[①] 周星:《民族政治学》,中国社会科学出版社1993年版。
[②] 陈建樾:《族际沟通与民族主义——族际政治的一种分析框架》,《世界民族》1996年第1期。
[③] 王建娥:《现代民族国家中的族际政治》,《世界民族》2004年第4期。
[④] 王建娥、陈建樾:《族际政治与现代民族国家》,社会科学文献出版社2004年版。
[⑤] 周平:《多民族国家的族际政治整合》,中央编译出版社2012年版。
[⑥] 常士訚:《族际政治文明建设探析——以多民族发展中国家为背景》,《政治学研究》2015年第4期。
[⑦] 常士訚:《多民族发展中国家的族际合作治理——以亚非发展中国家为例》,《民族研究》2018年第2期。

对族际政治问题的研究让人印象深刻。这些研究是富有建设性的，也正是在上述两位学者的引领和推动下，国内学界对于族际政治问题的研究方兴未艾。

纵而观之，中西方学界对于族际政治问题的研究主要在思想理论建构和实践语境解读两个方向上展开。

就思想理论建构而言，有学者（严庆、高建、胡锐军、赵淼、侯万锋、陆海发、黄其松、李萍、钟贵峰等人）就族际政治整合的逻辑起点、基本特征、机制构建、主要功能、价值取向、理论来源、实践形态等问题展开研究，这些学者的研究往往立意高远，体现出推进族际政治整合研究朝向系统化、理论化发展的自觉努力，研究成果也颇具理论建树。但这些研究没能形成合力，尚未勾勒出族际政治整合的理论分析框架和逻辑结构层次。

就实践语境解读而言，有学者（青觉、包胜利、王宗礼、丁志刚、刘华安、陈纪、汤法远、李丹、朱碧波、左宏愿、张会龙、寇鸿顺、王志勇、何文钜、夏东民、周振超等人）在苏联、南斯拉夫、哈萨克斯坦、马来西亚、中国等多民族国家以及当代中国的民族自治地方、西部民族关系、民族政策、社会转型等具体语境中解读族际政治整合，这些研究多因强烈的问题意识和现实关怀而颇具借鉴意义，但研究视角较为单一，多以国家和政府作为研究主体，缺少少数民族主体性的研究视角，对于少数民族权利和利益的关注也稍显不足。

在上述学者的共同努力下，族际政治的理论图景与实践经验已然初步勾勒，跃然纸上。学界初步达成一种共识：当代世界，族裔身份的多样性和不同民族（族群）共存于一个国家政治结构之内是不可逆转的现实，想要维持这一政治结构（多民族国家）的存续，生活在其中的不同民族（族群）就要在国家公共权力资源的分配和共享上进行协调，在尊重和包容文化差异的基础上改善族际关系、维持国家认同。

目前,国内对于族际政治这一极具现实意义,又同民族国家建构及其全球扩展紧密相关的问题,理论研究为多,实证研究为少;共时性研究为多,历时性研究为少;共性视角为多,个案分析为少。这种状况也在阻碍着该项研究的学术价值和现实意义的体现。另外,学界尚未出现以当代世界主要多民族国家作为研究样本和分析单位,基于不同多民族国家族际政治整合实践的类型学划分而展开的族际政治整合类型比较研究,更未在此基础上建构多民族国家族际政治整合问题研究的理论分析框架,这些正是本书试图完成的工作。

三、族际政治理论的基本内容

族际政治互动形成于族际交往的过程中,并随着民族形态的变迁和交往状况的改变而发生改变。同时,族际政治互动也深刻影响着族际交往,进而影响着族际关系。"某个特定时期族际关系的状况,就是历史上长期族际政治互动的结果。"[①]随着民族国家时代的到来,特别是第二次世界大战之后新兴民族国家的迅速扩展,族际政治互动成为一种常态性的、普遍性的存在,族际政治在民族国家内部的地位和作用进一步彰显。在这一背景之下,把族际政治作为主题来进行理论研究,就显得十分必要。就目前族际政治研究的进展而言,初步形成了如下一些理论主张。

(一)族际政治是民族国家族际关系的本质

作为政治共同体的国家与作为人们共同体的民族在民族国家时代紧密地结合在一起,这使得国家在政治权力实施、政治体

---

① 周平:《论族际政治及族际政治研究》,《民族研究》2010年第2期。

制设计、法律政策制定、政治决策活动等政治过程中,必须要考虑到国内各民族在公共权力、经济利益和社会资源分配体系中的地位,以及各民族的自身文化在国家这个政治共同体框架内生存和发展的空间。国家政治体系的运作过程将直接关系到国内不同民族的利益得失,也因此直接影响着族际关系的性质和前景。

正是在这种意义上,民族国家时代的民族"在很大程度上是利益群体"[①],族际关系的核心内容,是国内各民族为实现自身的利益诉求而展开的政治活动,族际政治成为族际关系的本质。

(二) 冲突与整合是族际政治互动的基本形态

族际政治互动的方式有很多种,但所有方式都可以归结为族际冲突与族际整合两种基本形态。一般而言,族际冲突是用来表征族际政治的对抗和紧张状态的用语,其表现形式主要包括言论攻击、人身威胁、集体抗议、暴力冲突、群体性骚乱、种族(民族)清洗及屠杀等。令人颇感遗憾的是,族际冲突很有可能是今后相当长的一段时期内族际政治互动的常态性描述,"不同领域的因素均可能演化为族际冲突的肇因"[②]。族际整合则与族际冲突相反,它所描述的是多民族国家内部族际关系处于良好的状态,这种状态可以表现为民族之间的合作、和解与和谐。如何避免族际冲突,走向族际整合,是多民族国家普遍面临的重大理论与现实问题。

(三) 族际政治具有诸多基本特征

第一,民族是族际政治的主体。族际政治产生于不同的民族之间,是族际互动的一种政治形态,由此,民族构成了族际政

---

① N. Grazer & D. P. Moynihan, *Ethnicity*, Cambridge: Harvard University Press, 1975, pp. 7-8.
② 郝亚明:《族际关系中张力的来源与消解——兼论对铸牢中华民族共同体意识的政策启示》,《学术界》2021年第4期。

治的主体。需要指出的是,这里的民族应该从国内不同民族(构成多民族国家的多民族)的层面来加以理解。超出这个范围,恐怕就要进入国际政治与跨文化交往等领域,已然超出了族际政治这一概念的本意。同时,鉴于本书的核心议题都是围绕"多民族国家族际政治整合"问题得以展开,因此,此处对作为族际政治主体的民族的这一限定,就更具基础意义。

第二,族际政治发端于民族的集体权利诉求。"多民族国家不同民族特别是少数民族的存在及其集体权利诉求的正当性,已逐渐成为人们的基本共识,并与公民个人权利一道成为基本的人权规范。"[①]在民族国家的政治架构下,每个民族都拥有追求自身利益的权利,拥有参与国家公共事务管理和政治决策的权利。每个民族集体权利的实现,不仅关系到国家公共权力来源的合法性,也关系到国家政治权威的树立和国家解决族际冲突的能力。

第三,族际政治聚焦于民族的根本利益。族际政治互动不论以何种方式表现出来,其核心都是要维护民族的根本利益。族际政治是民族共同体在族际关系中运用政治手段争取、实现和维护民族根本利益的过程。

第四,族际政治总是与一定的意识形态相结合。族际政治互动的各方力量为了凝聚民族群众、提升民族情感、动员本民族的成员采取行动,都会借助于一定意识形态的力量。宗教在传统的族际政治互动中发挥了非常重要的作用,进入民族国家时代以来,各种形态的民族主义在族际政治互动中也产生了重要影响。

---

① 王建娥:《族际政治民主化:多民族国家建设和谐社会的重要课题》,《民族研究》2006年第5期。

(四) 族际政治拥有多种具体的表现形式

族际政治的具体表现形式主要包括族际竞争、族际战争、族际掠夺、族际压迫、族际反抗、族际分离、族际联合、族际帮扶等。

族际竞争是不同民族围绕着国家政治权力而展开的各种争夺,其目的是为了实现民族自身利益的最大化。

族际战争是族际竞争渐次升级后的最终形态,它是直接采取武力征服的方式来维护本民族利益的政治过程。这里不排除某些民族政治精英假以民族利益之名而进行的非正义战争。此外,民族间的仇杀或以民族名义进行的恐怖活动,属于族际战争的特殊形式。

族际掠夺是某一民族依仗自己的军事实力而针对其他民族的财富、资源和人口所进行的掠夺,它往往是伴随着族际战争而发生的,偶尔也是发动族际战争的目的。

族际压迫是某一民族凭借自身的强势地位而从经济、政治、文化、资源等方面剥夺其他弱小民族,谋求本民族自身利益最大化的族际政治形式。殖民统治是族际压迫的典型表现。

族际反抗是处于被压迫地位的民族采取军事的或非军事的手段,争取自身利益、反抗族际压迫的行为。殖民地民族进行的民族解放运动是其典型表现。

族际分离是一国国内的某个少数民族试图从该国政治体系中分离出去,成立或并入本民族国家政治体系的行为。该行为一旦得逞,族际分离活动即告终止,它所造成的直接后果是其母体国的分裂。

族际联合是生活在共同地域范围内的两个或多个民族基于自身民族利益的考虑,联合创建统一民族国家的行为。族际联合的结果或是建立起多民族的联邦制国家,或是在单一制国家内部实行民族自治或区域自治,这是民族国家时代族际联合的主要形式。

族际帮扶是多民族国家中的某一民族(主要是主体民族)在政府的倡议和政策引导下,对其他弱小民族进行帮扶的行为。族际帮扶有利于促进族际整合,实现族际关系的和谐发展。

(五) 政党在族际政治中发挥重要作用

近代西欧在创建民族国家的过程中,也创造了政党这一政治形式,进而围绕这一政治形式建立了政党制度。政党虽然是阶级斗争的产物,但是在民族国家内部,族际政治是最为基本的社会政治关系,政党要想在民族国家的制度框架内生存,就必然要与族际政治发生联系。同时,政党要为自己所代表的社会阶级(阶层)争取利益,其作用集中表现在通过竞选而赢得或捍卫政治权力,以及运用政治权力来维护和实现自己所代表的社会阶级(阶层)的利益。在这一过程中,政党自然要照顾到国内族际政治的和谐与发展,哪怕这种做法并非出于它的本意。

在第二次世界大战后兴起的民族解放运动中,那些被压迫民族在争取自身民族独立的运动中,大多采纳了政党这种政治形式,并把政党制度作为新生民族国家的政治制度之一。因此,政党更加全面地介入了族际政治。对于中国而言,自新中国成立以来,这项任务就落到取得执政地位的中国共产党的身上[①]。

第三节　主要内容与思路方法

本书拟在充分借鉴和吸收国内外相关研究成果的基础上,围绕"多民族国家族际政治整合"问题展开基础理论研究,通过对当今世界主要多民族国家族际政治整合实践个案的描述与类

---

① 周平:《中国共产党的族际政治整合策略》,《理论与改革》2021 年第 4 期。

型比较，形成对族际政治整合问题的本体论认知，初步建构多民族国家族际政治整合问题研究的理论分析框架，为族际政治整合问题研究的深化与拓展提供类型学视角、比较政治学支撑与基础理论准备，也为当代中国的族际政治整合实践提供他国镜鉴。

一、主要内容

本书拟在如下五个方面展开研究。

（一）族际政治的生成逻辑

本书力图分析族际政治的生成逻辑，由此引出族际政治整合问题的由来，并以此作为研究的逻辑起点。作为一种典型的和具有强烈示范效应的国家形态，民族国家的全球扩展使得原本并不具有"一个民族，一个国家"典型特征的非西欧国家纷纷将内部所有民族都纳入这一政治共同体之中，建立起"多个民族，一个国家"的多民族国家。而曾经被认为是典型民族国家的西欧国家在全球化背景下，国内的民族构成也由单一转向多元。由此，族际交往关系的政治属性开始凸显，族际政治得以生成：多民族国家的存在，使得发生在这一政治共同体之内的任何族际交往都被烙上了政治印记，国家内部的族际关系问题最终总要通过政治途径加以解决，而对国家权力资源的占有情况，则直接决定着多民族国家内部不同民族能否有效地维护本民族利益。

于是，国内不同民族围绕国家权力形成了一种竞争性关系，进而危及国家统一、政治稳定、民族团结。鉴于此，族际政治整合——把国内各民族的利益诉求纳入主权国家能够容忍的范围之内，并通过一系列政策和措施来回应和观照不同民族的（群体或个体）权利，使多个民族认同同一国家，成为每个多民族国家必须完成的任务。

（二）族际政治整合多国实践的个案描述

为协调族际关系，维护国家统一、政治稳定和民族团结，多民族国家纷纷结合本国具体国情展开了族际政治整合的实践探索。本书通过对当今世界主要多民族国家——英国、印度尼西亚、美国、新加坡、加拿大、尼日利亚六个国家的族际政治整合实践路径选择、具体方式进行描述，并将这种描述与上述国家的现代民族国家建构与民族政治发展历程相结合，力争展现上述国家族际政治整合实践的全貌。

比较而言，英国和印度尼西亚两国都是通过中央集权的力量来主导国家民族建构的，族际政治整合实践带有鲜明的集权干预色彩；美国和新加坡的族际政治整合实践中贯穿了（公民）权利平等的主线，是在政治平等和法律平等的原则主导下推进族际政治整合的，其整合则带有较为明显的文化一体化特征——前者是试图以盎格鲁-萨克逊文化统领美利坚民族建构，后者则以"共同价值观"来引领"新加坡人"的建构；加拿大和尼日利亚主要依托联邦政府的力量，以尊重国内不同族群文化多样性的多元文化主义政策来推进多个民族认同统一国家的族际政治整合进程。

（三）族际政治整合多国实践的类型划分与比较

本书依据多民族国家族际政治整合实践个案描述中呈现出来的共性特征，来对族际政治整合的多国实践进行理想类型划分。概括总结每个类型族际政治整合的内容和特点，并对不同的实践类型进行比较和评析。族际政治整合实践有三种理想类型，分别是以英国、印度尼西亚为代表的集权干预型族际政治整合，美国和新加坡为代表的平等融合型族际政治整合，以及以加拿大和尼日利亚为代表的联邦多元型族际政治整合。

比较而言,集权干预型族际政治整合是在单一制国家之中,依靠中央权力机关(主要是中央政府)集权的力量去干预和主导国内族际关系互动,促成国内不同民族认同单一政治国家;平等融合型族际政治整合是以法律、制度和教育等方式来保障国内不同民族政治地位的平等,同时淡化和消解不同民族文化间的差异,以此推动国家民族的建构;联邦多元型族际政治整合是在联邦制国家中,中央权力机关(主要是中央政府)通过承认文化多元性、尊重文化差异的方式来实现国内不同民族的政治一体化,即以文化多元促成政治一体。在此基础上,本书还将对作为多民族发展国家的印度尼西亚和尼日利亚两国族际政治整合实践的共性、困境及其化解问题进行比较分析。

(四)多民族国家族际政治整合的理论分析框架

本书力图在当代世界主要多民族国家族际政治整合实践的类型划分与比较的基础上,形成对于族际政治整合的本体认知,搭建多民族国家族际政治整合问题研究的理论分析框架。

这个分析框架的主要内容包括:其一,从政治整合到族际政治整合、从族际政治到族际政治整合两个维度去理解族际政治整合的概念边界,进而形成关于族际政治整合的概念界定;其二,从少数群体权利、族际政治民主和民族生态观下的"万象共生"三个层面去总结梳理学界业已形成的有关族际政治整合的三种基本价值取向;其三,学理分析族性的出场逻辑、族性与族际政治的内在关联,在此基础上讨论族性对于族际政治整合所具有的正反双重影响;其四,20世纪90年代的族性张扬引发了带有逆全球化色彩的族裔民族主义浪潮,分析这一浪潮对于多民族国家族际政治整合的挑战,以及族裔民族主义与族际政治整合之间的内在关联；其五，形成对于多民族国家认同与族际政治整合内在关联的一般分析结论。

（五）多民族国家族际政治整合的中国经验

作为本书的本土观照与研究的落脚点，这部分内容将集中讨论中国语境中的族际政治整合实践问题。一方面，从近现代以来中国民族国家建构的历史梳理中，不难发现其中也包含着族际政治整合的内在逻辑——无论是救亡图存的愿望激发民族意识的觉醒，还是以中华民族建设为核心议题的国族一体化努力，以及实现中华民族伟大复兴的"中国梦"目标指引，都为多民族国家族际政治整合实践提供了极富启发的中国经验。系统梳理这一现代民族国家建构历程，构成了中国语境下的族际政治整合研究的重要组成内容。

另一方面，本书还将围绕以下问题展开讨论：其一，对以民族区域自治制度为核心的中国现行民族政策进行评析。因为这一政策体系也是推进和维持当代中国族际政治整合的重要制度安排。其二，在族际政治的视野中讨论新时代中国民族事务治理问题。通过民族事务治理来维持公共权力资源在国内不同民族间的均衡分配，是实现族际关系和谐、促进族际政治整合的重要途径。其三，在族际政治的视野中讨论新时代中国族际关系协调问题。以民族地方政府为中心，可以将府际关系划分为由中央政府与民族地方政府构成的纵向府际关系，以及由民族地方政府与民族/非民族地方政府构成的横向府际关系，两个层面的府际关系都会对当代中国族际政治整合产生重要影响。其四，提出当代中国族际政治整合的实践策略。

二、研究思路与方法

目前，国内学界有关族际政治整合多国实践的类型学研究较为罕见,更未出现以当今世界主要多民族国家作为基本分析单位和研究样本而在不同实践类型之间进行比较分析的研究文献。本书尝试将多民族国家族际政治整合实践概括为集权干预型、平等融合型和联邦多元型三种类型,为族际政治整合问题研究提供类型学分析与多国比较的视角,进而分析考察中国语境中的族际政治整合实践问题。

(一)研究思路

本书拟在充分进行选题设计和研究准备的基础上,从族际政治的生成逻辑这一命题入手,选取当今世界主要多民族国家——英国、印度尼西亚、美国、新加坡、加拿大、尼日利亚等国进行族际政治整合实践的个案描述,进而形成对于多民族国家族际政治整合实践的理想类型划分。结合多民族国家族际政治整合实践的比较分析,形成对于不同多民族国家族际政治整合实践理想类型的内容、特点和实践效果的一般结论。在完成上述研究工作的基础上,开始对族际政治整合问题进行本体认知,形成对于族际政治整合概念、价值取向、族性对族际政治整合的双重影响、族裔民族主义与族际政治整合关系、多民族国家认同与族际政治整合内在关联等一系列问题的学理认识,从而搭建多民族国家族际政治整合问题研究的学理分析框架。最后,用以上研究结论观照近现代以来中国族际政治整合的现实,梳理中国现代民族国家建构历程,分析当代中国民族政策体系对于族际政治整合实践的指导和影响,讨论新时代民族事务治理、府际关系协调与族际政治整合的关系,进而结合多民族国家族际政治整合实践的经验教训和一般规律,提出当代中国族际政治整合的实践策略。

本书的研究技术路线,如图 1.1 所示。

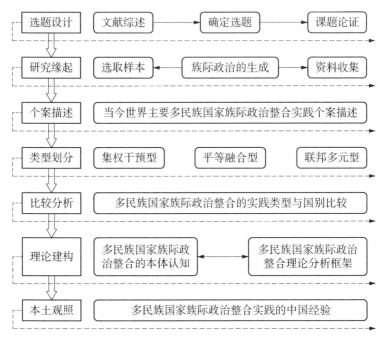

图 1.1　研究技术路线图

（二）研究方法

本书遵循从个性到共性、从现象到本质、从经验研究到规范分析的研究逻辑，以民族政治学作为研究的主要专业背景，运用比较政治学的研究方法，借鉴历史学、社会学等多学科理论，进行跨学科的综合性基础研究。所使用的具体研究方法主要有个案分析法、比较分析法、历史分析法和规范分析法。

个案分析法主要用于以当今世界主要多民族国家作为研究个案和分析样本而进行的族际政治整合实践路径选择、具体方式、客观效果的描述性研究。选取的个案主要为英国、印度尼西亚、美国、新加坡、加拿大、尼日利亚六个国家。

比较分析法主要用于三种族际政治整合多国实践类型之间的横向比较分析。通过比较形成每个实践类型共性特征和不同类型差异的概括，进而结合族际政治整合实践产生的客观效果，对不同实践类型进行利弊评析。

历史分析法主要用于英国、印度尼西亚、美国、新加坡、加拿大、尼日利亚、中国七个国家族际政治整合实践历程的纵向历时性梳理。

规范分析法主要用于多民族国家族际政治整合实践一般规律与基本经验的总结、族际政治整合的本体认知、多民族国家族际政治整合问题研究理论分析框架的搭建，以及对当代中国族际政治整合实践策略等内容的研究。

本　章　小　结

当今世界，每个多民族国家都面临着怎样将拥有多种历史文化异质性因素的不同民族纳入统一政治国家的结构中，并且让这些民族不会因为彼此利益诉求的不同而对国家的主权统一、领土完整、政治稳定和社会发展构成威胁的问题，这个问题就是多民族国家的族际政治整合。

厘清族际政治整合问题的前提是要理解族际政治的生成，也就是为什么会出现族际政治这个问题。分析表明，作为族际关系的重要内容，族际政治是在族际交往过程中逐渐产生和发展起来的。族际政治是一种族际互动的政治形态，有着自身特殊的本质和丰富的内涵。随着多民族国家内部族际交往的迅猛发展，族际政治互动也在变得更加频繁和广泛，日益成为影响多民族国家未来走向和民族政治发展的重要变量。

国外学界对于族际政治问题的研究可以追溯到 20 世纪上

半叶,起因主要在于推行同化主义政策的很多国家内部出现了少数族群的反抗行动,这让很多学者注意到少数族群与国家发展之间存在复杂的特殊关系。此后,西方学界的研究旨趣发生明显转向:由此前的关注意识形态、热衷社会运动,倾心于对种族、阶级、性别这些基本概念以及由此派生和变异出来的各种理论派别的研究,转向对于民族(族群)、民族主义、民族国家以及民族与国家之间关系的研究。并且达成了初步共识:族裔身份的多样性和不同民族(族群)共存于一个国家是不可逆转的现实,想要维持这一政治共同体的存续,生活在其中的不同民族(族群)就要在政治资源的分配和共享上进行协调,在尊重和包容文化差异的基础上改善族际关系,最终达成统一的国家认同。这个过程就是族际政治整合。

国内学界对于族际政治整合问题的研究主要在抽象理论建构和具体语境解读两个向度展开。前者的研究往往立意高远,体现出推进族际政治整合研究朝向系统化、理论化发展的自觉努力,研究成果也颇具理论建树。但这些研究没能形成合力,尚未勾勒出族际政治整合的理论分析框架和逻辑结构层次;后者研究多因强烈的问题意识和现实关怀而颇具借鉴意义,但研究视角较为单一,多以国家和政府作为研究主体,缺少少数民族主体性的研究视角,对于少数民族权利/利益的关注也稍显不足。

综而观之,目前学界尚未出现以当代世界主要多民族国家作为研究样本和分析单位,基于不同多民族国家族际政治整合实践的类型学划分而展开的族际政治整合类型比较研究,更未在此基础上建构多民族国家族际政治整合问题研究的理论分析框架,而这正是本书试图完成的工作。

第二章　多民族国家族际政治整合实践的个案描述

就世界范围来看,当今世界的绝大多数现代民族国家都是多民族国家。由于不同民族在历史记忆、文化背景、宗教信仰、生活方式等方面的差异以及利益诉求上的分殊,导致多民族国家内部不同民族之间存在持续不断的张力,容易引发民族关系紧张,甚至出现族际政治冲突,破坏民族团结,危及政治稳定与国家统一。与此同时,多民族国家的"现代国家"属性又使得它必然要去追求主权统一、领土完整并以此作为国家核心利益。由此,协调族际关系、推进族际政治整合就成为多民族国家维持国家存在、推进国家建设的基本命题,各个国家无论是否出于主动,都在事实上围绕这一问题展开了自己的实践探索。

第一节　样本选取:六国族际政治整合实践

对于活跃于国际政治舞台上的任何一个多民族国家而言,能否稳定而持久地确保国内不同民族之间关系的良性互动,增进族际政治整合,将直接关系着整个国家的巩固和存续。因此,不管哪个国家,"总是要根据族际关系的特点和演变过程中出现的新情况和新问题,适时调整族际政治整合方式,以保持必要的族际整合能力"①。本章选取当今世界主要多民族国家中的英国、印度尼西亚、美国、新加坡、加拿大和尼日利亚六个国家作为分析样本,结合这些国家的民族国家建构进程对其族际政治整合实践进行个案描述,寻求其中的一般规律与成功经验。

一、英国

回顾近代以来的世界历史发展进程可以发现,英国在其中发挥了其他国家无法效仿也难以企及的重要作用,作出了重大贡献。的确,从封建国家发展成为君主专制国家再到君主立宪制国家,从落后的农业国发展为世界上第一个进行工业革命的国家再到成为"头号工业强国",从民族国家成长为"日不落帝国"——英国在近代以来的世界历史发展中一直遥遥领先,长期引领世界历史的走向。作为西欧少数几个原发或内生的民族国家之一,英国的民族国家建构也为随后到来的民族国家全球扩展提供了经典范例,成为位于不同大陆的许多国家竞相模仿的对象,民族国家已然成为当今世界国际关系的基本分析单位。然而,随着国力的逐渐衰落、世界影响力和全球地位的下降,英国国内的族际关系问题日益凸显,族际政治整合的压力也成为困扰英国并影响联合王国未来走向的难题。有调查显示,对于英国的认同在联合王国的四个组成部分中不总是一致,并不是每一个英国人都认为自己是"英国人"②,苏格兰独立问题以及

---

① 周平:《论构建我国完善的族际政治整合模式》,《当代中国政治研究报告(Ⅳ)》,社会科学文献出版社 2006 年版,第 210 页。
② 2011 年 10 月,You Gov 公司针对英国公民的一项民意调查显示,只有 19% 的受调查者认为自己是"英国人",其他人都认为自己首先是"英格兰人""苏格兰人""威尔士人"或"爱尔兰人"。这意味着当代很多英国人对于几百年前各自"故国"的认同仍然强于对"联合王国"的国家认同。——笔者注

"脱欧"事件则更让英国的未来发展充满了不确定性。对该国族际政治整合实践进行描述,具有鲜明的典型意义和现实价值。

二、印度尼西亚

作为东南亚地区最大的一个多民族、多宗教共生并存的"千岛之国",印度尼西亚在获得独立建国之前的长达三百多年的时间里,一直是荷兰的殖民地。这种殖民统治开始于 1619 年①,以荷兰殖民者将其占领的雅加达更名为"巴达维亚",并将其作为荷兰东印度公司的首府为标志。为了维持自己的殖民统治,荷兰殖民者在当地实施了包括鼓励和迫使大批华人移民巴达维亚和周边岛屿、以"强迫种植制"为代表的掠夺性殖民经济发展政策、以社会等级制为典型特征的种族歧视政策在内的一系列殖民政策措施,以及"以夷制夷""分而治之"的殖民统治理念,这些政策和理念对独立建国之后的印度尼西亚政治发展产生了强烈而深远的影响。随着 1945 年宣布独立建国,特别是在几经周折之后的 1950 年 8 月宣布正式成立统一的印度尼西亚共和国,印度尼西亚走上了建设现代民族国家、推进多民族国家族际政治整合的发展道路。通过梳理印度尼西亚独立建国以来的族际政治整合实践探索走向,可以为本研究提供来自多民族发展中国家族际政治整合实践的分析样本,较具代表性和典型意义。

三、美国

作为当今世界唯一的超级大国,美国是一个典型的移民国

---

① 另有研究指出,1596 年 6 月,荷兰人德·豪特曼(de Hotman)率领 4 艘船只抵达西爪哇港口万丹,由此开始了荷兰对印尼群岛的殖民征服。参见 H. Sjaaedema, "One View on the Position of the Eurasian in Indonesian Society", *The Far Easetern Quarterly*, Vol. 5, No. 2, 1946, p. 172. ——笔者注

家,国内民族结构上的多样化特色和异质性因素十分明显,由来已久的种族歧视问题也让美国社会持续面临内部分裂的危险,族际政治整合的压力随之凸显。为实现国内各个族群之间关系的和谐与国家政治一体化,在20世纪中期美国民权运动发生之前,美国主要采取"大熔炉"政策,这一政策被认为是失败的;民权运动发生之后,以"肯定性行动"为标志,美国开始把民族政策转向多元文化主义色彩的"马赛克"政策。这一民族政策被认为是正向的、积极的,有效地缓解了国内族际关系的紧张,推进了该国的族际政治整合。对于美国族际政治整合实践的梳理与分析,可以帮助我们寻求其中的规律性认识,总结经验教训。

四、新加坡

虽然新加坡的领土面积很小,人口也少,但素有"民族博物馆"之称,而且在建国前后,新加坡也经历过多起民族冲突,族际政治整合压力巨大。有资料显示,截至2020年6月,包括公民与永久居民,新加坡的总人口为569万,其中,人口比重最高的三个民族分别是华人(74.3%)、马来人(13.5%)和印度人(9.0%),占新加坡总人口的96.8%[1]。虽然新加坡并不突出国内不同民族之间的异质性因素,将国民统称为"新加坡人",也没有正式出台过官方意义上的"民族政策",但新加坡在促进族际政治整合的领域进行了一系列卓有成效的探索,发展成为"东南亚各新兴国家中政治最清廉稳定、经济最繁荣进步、社会最和谐安定的国家"[2],形成了民族关系和谐、族际政治稳定的现状。梳

---

[1] Singapore Department of Statistics (DOS). Singapore Census of Population 2020, Statistical Release 1: Demographic Characteristics, Education, language and Religion. http://www.singstat.gov.sg. 2022-01-10.

[2] 郭振明:《新加坡的语言与社会》,正中书局1995年版,第5页。

理新加坡族际政治整合实践的历程及其经验,对当代多民族国家族际政治整合具有积极意义。

五、加拿大

作为由法国、英国和北美殖民地演变而来的移民国家和多民族社会,加拿大汇集了来自世界各地的移民,在其三千多万的国家人口中,包含了百余个民族,被誉为"多民族的马赛克社会"。纵观加拿大的民族国家建构历程至少可以发现:一方面,作为法国和英国殖民统治的历史遗产,加拿大的英、法裔民族矛盾问题一直如影随形,但加拿大并没有因此而像其他一些国家那样分崩离析,相反,它始终保持着国家形态的完整和统一;另一方面,自1971年加拿大政府宣布实行多元文化主义政策以来,国内民族关系得到很大改善,多元文化主义政策成为加拿大国家与民族智慧的象征,为其他国家解决民族问题提供了全新的政策取向,成为备受瞩目的国际焦点——虽然伴随欧洲移民问题的困境和以法国巴黎巴塔克兰歌剧院遭遇"伊斯兰国"极端组织袭击为标志性事件的"多元文化主义失败论"成为近一段时间的主要论调,但多元文化主义理念本身的价值依然不容小觑。由此,对加拿大民族国家建构进程中的族际政治整合实践进行描述和分析,具有重要的学术价值和现实意义。

六、尼日利亚

作为非洲最大的多民族发展中国家,尼日利亚被认为是非洲的文明古国之一,因为部族国家与城邦国家在这片古老的土地延绵了上千年之久。15世纪,这种国家形态自然演进的历史因欧洲列强的到来而被迫中断,随后,这些欧洲列强(18世纪以后主要是英国)在这里开启了长达四百年的殖民统治。这种情况一直持续到20世纪中期才发生根本改变——伴随民族意识的普遍觉醒和民族主义运动的持续高涨，尼日利亚终于完成了从殖民地到民族国家的嬗变。这一嬗变也构成了尼日利亚族际政治整合的起点。此后，无论是在"军人主政"时期（1960—1999）还是在"还政于民"（1999年）以后，独立建国以来的尼日利亚历届政府都为实现国家的族际政治整合进行了坚持不懈地努力，哪怕这些努力的性质和方向看起来并不总是一致。梳理尼日利亚族际政治的整合实践进程，总结其中的经验与教训，对于广大多民族发展中国家的族际政治整合具有重要的借鉴意义与启示作用。

第二节　英国、印度尼西亚：集权干预下的国族建构

英国与印度尼西亚（下文简称印尼）都是单一制多民族国家，中央政府的集权力量是整合国内资源、平衡不同民族和各种利益派别关系、推进族际政治整合的主体。回顾两国的民族国家建构历程可以发现，英国民族国家建构始于英格兰的民族建构与族性生成，都铎王朝则为英格兰民族组建并巩固了一个强大的单一制中央集权国家。这一历程及其确立的英国民族国家构成了该国族际政治整合可以依托的政治结构。随着欧洲一体化进程的加快与英国宣布"脱欧"，以及苏格兰独立问题、北爱尔兰民族分离主义带来的种种不确定性，导致族际政治整合的压力将继续困扰这个国家，并对该国的未来发展产生重大影响。印度尼西亚自独立建国以来，其政治发展经历三个主要阶段。与此相联系，可以把该国的族际政治整合实践进程概括为三个时期：建国初期，苏加诺通过凝聚意识形态共识、推进民主制度转换等方式，进行族际政治整合的早期基础性实践，而军队在国

家政治生活中作用的提升为苏哈托军人政权的建立埋下伏笔;随后,官僚威权体制得以确立,苏哈托通过"双重职能"提升军队地位、限制政党政治发展、领导经济建设等方式,进行了一系列威权整合实践,该实践带有鲜明的聚合性、自主性和脆弱性;后苏哈托时代,印尼进入民主政治转型时期,其族际政治整合的实践路径也随之由权威整合转换为民主整合。在该国政治民主化改革取得巨大成绩的同时,其政治民主化进程中的深层问题也暴露出来。目前,印尼在族际政治整合方面还有非常繁重的任务要去完成,这一整合的效绩对国家的未来发展至关重要。

一、英国族际政治整合实践

英国(也被称作联合王国)是大不列颠及北爱尔兰联合王国(The United Kingdom of Great Britain and Northern Ireland)的通称,其主体民族主要由英格兰人(English)、苏格兰人(Scotch)、威尔士人(Welsh)和爱尔兰人(Irish)构成。其中,英格兰人在英国居于主导地位,在整个国家的政治、经济、文化、军事等领域处于绝对优势地位。也正因为如此,民间和学界形成了以"英格兰"代表整个英国的舆论氛围。近代以来的英国之所以在那么长的时间里引领世界历史走向并称霸世界,是与英格兰民族的民族建构与族性生成密不可分的。

(一) 英格兰的民族建构与族性生成

总体而言,英格兰民族的民族建构与族性生成大致经历了如下过程:日耳曼人[①]对不列颠群岛的征服奠定了英格兰民族

[①] 这里的日耳曼人是指当时广义上的日耳曼人,又称条顿人(Teutoni),主要分布于易北河河口附近北海沿岸。迁入和最后定居不列颠群岛的日耳曼人主要包括盎格鲁人(Angles)、撒克逊人(Saxons)和朱特人(Jutes)。——笔者注

得以形成的基础。之后,黑斯廷斯战役(Battle of Hastings)的失败及其带来的诺曼人征服则让英格兰民族逐渐走向成熟。而在"百年战争"(Hundred Years' War,1337—1453)中,英国军队在欧洲大陆战场上的失利迫使英格兰人重新审视自己的岛国地位及民族身份,历经一个多世纪的打磨与积淀,英格兰人的海岛民族特性终于在伊丽莎白一世(Elizabeth Ⅰ,1533—1603)时期得以最终确立。

日耳曼人对不列颠群岛的征服奠定了英格兰民族得以形成的基础。5世纪中期,随着罗马势力在不列颠群岛的衰落,日耳曼人以雇佣军的身份不断涌入并逐渐占据了不列颠群岛的大部分地区,并于600年前后在此建立了一些小的王国。其间,日耳曼人中的一支——盎格鲁人把自己生活的领地称为盎格鲁国(Engle-land),也就是今天的英格兰[①]。此后,具有日耳曼血统的盎格鲁人、撒克逊人和朱特人在争夺财产和土地的战争中不断厮杀、相互征伐,也正是在此过程中他们彼此融合,盎格鲁-撒克逊文明的雏形开始出现,这一文明正是英格兰民族的文化内核。

随着黑斯廷斯战役的失败及其带来的诺曼人征服,英格兰民族开始走向成熟。盎格鲁-撒克逊各支系之间的混战终于在928年落下帷幕,西撒克逊的国王埃尔弗雷德(Alfred)在击退丹麦人的入侵之后,宣布自己是英格兰的国王(King of England),其继承者埃德加(Edgar)于973年完成了英格兰的统一。然而,随着1066年无嗣的爱德华国王的去世,王位继承权的争夺让英格兰再次被外族征服,诺曼底公爵威廉率领的公国军队在黑斯廷斯战役上大败英军,英格兰的历史也随之进入诺曼人征服的

---

① [英]屈勒味林:《英国史(上)》,钱瑞升译,红旗出版社2017年版,第30页。

历史时期。

在英格兰被诺曼人征服的三百多年时间里,诺曼底公国的势力范围与统辖区域也在不断扩展。及至 14 世纪初期,诺曼底公国不仅已经控制了威尔士,而且还征服了爱尔兰与苏格兰。再之后,爱德华三世在利益驱使之下向法国宣战,从而开启了"百年战争"。虽然在战争爆发之后的很长时间里英格兰都掌握着主动权,一度占领了包括巴黎在内的法国广大领土,然而这场旷日持久的战争最终还是以英格兰的失败告终。此后的英格兰陷入对自己地位与身份的深刻反思之中,逐步放弃了"大陆情结",开始把英格兰作为自己唯一的"家园"。"百年战争"的失利让英格兰人重新审视自己的地位与身份,最终在伊丽莎白一世时期确立了自己的海岛民族特性,并实现了本民族的海上崛起。经过多年的努力,英国海军终于在 1588 年击败了西班牙的"无敌舰队",一跃成为新的海洋国家,英国的国家整合优势得以体现,为并后来英国成为"日不落帝国"铺平了前进的道路。

(二) 都铎王朝与英国民族国家的确立

都铎王朝(Tudor dynasty, 1485—1603)的建立在英国近代历史上具有十分重要的转折意义,在英国民族国家建构的过程中也具有无可替代的作用。在这一时期,英格兰人逐渐摆脱了中世纪形成的对罗马教皇的依附关系,民族意识开始觉醒,先后打败了西班牙、葡萄牙等国家,剔除了外来势力对英格兰的威胁、干涉与影响,"形成了以都铎王朝为核心的民族国家,并因此奠定了英国迈向现代国家和走向殖民贸易帝国的基础"[①]。该王

---

① 姜守明:《教皇权的衰落与英国民族国家的兴起》,《辽宁大学学报(哲学社会科学版)》2006 年第 1 期。

朝历时118年,包括亨利七世(Henry VII,1457—1509)在内一共有5位君主执政①。一百多年来,都铎王朝海外殖民扩张与对外贸易的深入开展以及资本主义工商业的蓬勃发展,都显著提升了英国这个新兴民族国家在欧洲乃至全世界的影响力;国家政治生活领域内的法律、军事和政府改革强化了中央政府的权威,巩固了王权,从而扭转了多年以来一直存在的地方贵族拥兵自重并与中央政府分庭抗礼的局面,奠定了国家统一、民族团结的国内政治环境;发起了自上而下的宗教改革,这次改革给英格兰人带来了一场思想意识领域内的革命,英格兰人的民族主义精神和爱国主义情感都被空前地激发出来。正因为如此,有学者在评价都铎王朝历史功绩的时候指出,该王朝最大的贡献就在于"它组建并且巩固了民族国家",显著提升了英国的国际地位,"把英国推进到了可以发动现代化的起点上"②;"经历都铎王朝之后,英国完全走出了旧时代,向着现代民族国家大踏步地前进"③。经过这一历程而确立的英国民族国家,不仅为该国族际政治整合实践提供了一个中央集权的政治结构,而且从更为广阔的视野来看,"英国民族国家的形成具有世界历史的意义"④。作为西欧初创民族国家的典型代表,英国的民族国家建构范例很快就被欧洲各国纷纷效仿,并且具备了全球范围的示范效应。

---

① 这五位君主及在位时间分别是亨利七世(1485—1509)、亨利八世(1509—1547)、爱德华六世(1547—1553)、玛丽一世(1553—1558)和伊丽莎白一世(1558—1603)。——笔者注
② 钱乘旦、许洁明:《英国通史》,上海社会科学院出版社2007年版,第125页。
③ [英]G.R.波特:《新编剑桥世界近代史》(第1卷),中国社会科学院世界历史研究所组译,中国社会科学出版社1999年版,第608页。
④ 周平:《现代国家基础性的社会政治机制——基于国族的分析视角》,《中国社会科学》2020年第3期。

(三) 族际政治整合的内外困境与联合王国的未来

必须承认,第二次世界大战以来,英国在族际政治整合领域面临着越来越严峻的压力和挑战,这种压力与挑战既来自外部国际环境与国家地位的变化,也与国家内部身份认同的压力息息相关。一方面,作为世界少数几个具有原发性质或内生形态的民族国家,英国的民族国家建构不仅成为让英国引领近代以来世界历史的标志性事件,也让由此产生的示范效应在全球范围内扩展。英国的民族国家建构被认为是成功的、富有建设性和示范性的,时至今日,依然不可否认"英国曾在世界历史演变和国际关系舞台上发挥过重要而显赫的作用"①。然而,随着海外殖民地的纷纷独立、美国的迅速成长及其在第二次世界大战之后的崛起,英国不得不面对由于自身国力衰落所导致的世界影响力和全球地位下降的现实。这一现实势必引发英格兰民族自豪感的微妙变化,以往被外部评价塑造的民族整合优势正在衰落;另一方面,国家身份认同的困境也日益凸显,成为困扰英国的一个非常突出的问题,因为"不管是从实践层面还是从理论层面,'去英国化'的趋势似乎从未退出历史舞台。……英国国家身份认同问题并没有因其悠久的历史而得到很好的解决"②。在北爱尔兰民族分离主义的影响之下,民主意识与地区权力意识也在苏格兰和威尔士得到了持续增长。苏格兰独立问题正是在这一背景之下出现的,这一问题的走向也在影响着联合王国的未来。

---

① 吴志成、赵圆圆:《英国参与全球治理分析》,《南开学报(哲学社会科学版)》2014年第4期。
② 这是潘兴明教授的观点,参见左敏:《成长之路:民族国家的过去与未来》,《学海》2010年第1期。——笔者注

二、印度尼西亚族际政治整合实践

概括而言,可以把独立建国以来的印度尼西亚(简称印尼)政治发展划分为三个主要阶段,分别是:1945—1965 年,苏加诺领导下的"多党议会民主"与"有领导的民主"探索阶段;1965—1998 年,苏哈托统治之下的官僚威权体制实施阶段;1998 年 5 月以后,哈比比开启的至今尚未完成的政治民主化转型阶段①。在印尼政治发展的不同阶段,该国族际政治整合的实践也表现出不同的特点。

(一)苏加诺与印尼建国初期的基础性族际政治整合实践

关于印尼以何种方式建国的问题,两种相持不下的争论持续了很长时间:"一是建立联邦制还是单一制国家的问题;二是建立世俗的国家还是伊斯兰教国家的问题"②。这种争论在建国之初的印尼政治发展进程中表现得非常明显。关于第一个问题,在 1945 年 8 月印尼独立建国不久,荷兰殖民者不甘心失去自己的殖民统治权而对印尼进行了粗暴的武装干涉,成立所谓的"临时联邦政府",并在此后三年时间陆续建立了 15 "联邦区",试图以此对抗独立建国的印尼政府。1949 年 11 月,荷兰殖民者更是逼迫印尼与之签订《圆桌会议协定》,该协定不仅规定印尼要采取联邦制政体,而且让印尼在事实上沦为荷兰王国的一个自治邦。在这一背景之下,联邦制被普遍认为是荷兰殖民者分化印尼、维持宗主国既得利益的政体安排。由此,印尼民族主义运动的领导者(主要是苏加诺和哈达)和民众最终达成了建立统一的单一制国家的政体共识。1950 年,印尼更是掀起了声势浩

---

① 于春洋:《印度尼西亚政治整合的实践进程与效绩评析》,《南洋问题研究》2017 年第 2 期。
② 张洁:《从亚齐分离运动看印尼的民族分离主义问题》,《当代亚太》2000 年第 7 期。

第二章 多民族国家族际政治整合实践的个案描述

大的民族独立运动,此前建立的"临时联邦政府"和"联邦区"纷纷瓦解。1950年8月,统一的单一制印尼共和国正式宣布成立。关于建立世俗国家还是伊斯兰教国家的问题,几经权衡,印尼最终还是作出了建立世俗国家的选择,尽管印尼是世界上拥有穆斯林人口最多的国家,穆斯林在印尼国家人口中的比重高达85%。作出这种选择的主要原因在于印尼的社会文化传统以及该国的伊斯兰教弱政治化的特点:其一,印尼共和国的立国思想是潘查希拉(Pancasila)①,而不是伊斯兰教;其二,伊斯兰教在印尼社会中的政治动员能力是非常有限的,也不构成国家政权合法性的来源;其三,伊斯兰教政党长期无法左右印尼的政治生活,只有那些遵循"潘查希拉原则"和以民族主义作为立党思想的政党才有生存和发展的空间。

回顾苏加诺领导下的印尼建国初期基础性族际政治整合的实践,可以将其主要做法概括为如下几个方面。

第一,达成意识形态共识,努力塑造潘查希拉"国家思想观"。作为一个"千岛之国",印尼地理空间的分散性与碎片化特征鲜明,加之该国的多民族结构和多宗教构成,文化多样性是该国的典型特征。早在印尼民族独立运动之时,信奉民族主义、马克思主义和伊斯兰教的不同政治派别之间的碰撞与交锋就已然存在,获得独立之后的印尼,迫切需要摆脱无休止的争论,"努力使不同类型的民族主义情感转变成对国家的强烈忠诚"②,达成意识形态共识,为国家政治整合提供思想资源。在这一背景之下,苏加诺创造性地提出将潘查希拉作为印尼立国思想基础的

---

① 孙云霄:《国族与部族:印度尼西亚的双轨认同》,《文化纵横》2019年第3期。
② [美]卢西恩·W.派伊:《东南亚政治制度》,刘笑盈等译,广西人民出版社1993年版,第66页。

主张。潘查希拉也称"建国五基",包括民族主义、人道主义、代表制之下的民主协商、实现社会正义以及信仰神道五个相互依存的方面。"建国五基"被后来的印尼历届领导人所遵从,逐渐成为名副其实的"国家思想观"。

第二,积极推进民主政治从多党议会民主到有领导的民主的转向。建国初期的印尼尝试移植西方的民主制度,实行议会制和多党制。20 世纪 50 年代,印尼的政党一度达到 46 个。代表不同阶层、不同种族与政治集团的政党之间的频繁党争和内阁更迭成为这一时期印尼政治生活的常态。回顾这段历史,苏加诺不无感慨地指出:"回想过去的 11 年,我认为我们所经历的民主不是印尼想到的民主,它显然与印尼的民族灵魂不相协调。"[①]鉴于这种岌岌可危的状况,苏加诺着手改进印尼的民主政治,提出用有领导的民主(Guided Democracy)进行国家政治整合,旨在以此"弥补多党议会民主给印尼带来的政治分裂"[②]。随着有领导的民主的推进,印尼总统的权力扩大并处于强势地位,直至 1960 年解散国会,将国家权力集中于总统。当然,这种努力也造成印尼朝"极限政府迈进了一步"[③],为官僚威权体制的实施与苏哈托军人政权的建立创造了条件。

第三,军队的自给自足导致其力量开始溢出,呈现主导国家政治生活走向的态势。由于国力有限,迫使印尼军队寻求自给自足的方式,这让很多军官的实际指挥权也从军事领域逐渐扩

---

① Herhert Feith, Lance Castle. eds, *Indonesia Political Thinking*, 1945—1965, Connell University Press, 1970, p. 84.
② 李斌:《独立模式对建国初期政治发展的影响:印度尼西亚与马来西亚的比较》,《东南亚研究》2001 年第 4 期。
③ [新西兰]尼古拉斯·塔林:《剑桥东南亚史》,王士录等译,云南人民出版社 2003 年版,第 434 页。

展到财政(甚至侵吞国家财产)、外贸(甚至走私)、粮食种植与给养等多个领域。"这一事实促使一些印尼军官认为他们能够胜任政治领导角色,甚至也有能力掌控国家方向。"[①]印尼独立建国之后,军人左右国家政治走向以及军人专政的迹象开始出现。1952年,因一些军官对于议会通过的军队整编改革议案不满而发生了军队出兵逼迫苏加诺解散议会的事件,该事件虽然没有成功,却为印尼军人干政开了一个恶劣的先例。1957年,频繁发生的武装叛乱和地方分裂活动迫使印尼政府宣布实施军事管制,进一步在事实上承认了军队力量非军事化发展的合法性。这些迹象都为1965年苏哈托通过镇压"9·30军事政变"、建立军人独裁统治的官僚威权体制铺平了道路。

(二) 苏哈托与印尼军政时期的威权型族际政治整合实践

苏哈托从1965年镇压"9·30军事政变"让自己一举成为印尼国家最高权力的实际掌控者,到1968年3月当选为印尼国家总统,再到1998年5月被迫辞职,其统治印尼的时间长达32年之久,他本人也因此成为世界范围内总统任期最长的人。在位期间,苏哈托在印尼建立了带有鲜明军人主政色彩的官僚威权体制,而"威权型族际政治整合"也成为描述这一时期印尼族际政治整合的关键词。总体而言,可以将威权型族际政治整合实践概括为如下几个方面。

第一,赋予军队"双重职能",进而让军队成为统领威权型族际政治整合的"基石"。和任何一种军人政权一样,军队自然也是苏哈托掌控国家权力的最好工具。正因为如此,军队也成为推进这一时期印尼族际政治整合的关键力量。为了发挥军队力

[①] 李斌:《独立模式对建国初期政治发展的影响:印度尼西亚与马来西亚的比较》,《东南亚研究》2001年第4期。

量的最大功效，苏哈托抛出了所谓的"双重职能"(dwifungsi)论调，强调"陆军……不但要对军事战术负有责任，同时也要对社会生活各个领域负有责任"①。在"双重职能"的指引下，苏哈托敦促国会制定法律，明确规定军队既是军事力量，还是社会力量。在苏哈托的大力推进下，军队转变成为"唯一负有安全和政治双重职能的国家机构"②，进而全方位地参与到国家的政治生活之中。在苏哈托治下的印尼威权型族际政治整合实践中，军队作为国家政治生活的"基石"发挥了主导性作用。

第二，限制政党政治发展，建立官僚威权政治体制。为了避免在自己执政时期出现建国初期的政党林立、内阁频更、政局动荡的局面，苏哈托着力实施了一系列旨在监控政党和抑制党争的政策措施。这些措施主要包括以印尼共产党支持"9·30军事政变"为由，对其进行了残酷的镇压与屠杀；将印尼林立的众多政党简化合并为先物质后精神的印尼民主党(PDI)和先精神后物质的团结建设党(PPP)，并对这两个主要政党进行了严格的限制和改造；大力扶持和发展自己掌控的专业集团党(Golkar)③，以此对抗印尼仅存的两个反对党印尼民主党和团结建设党。

第三，大力推进苏加诺提出的潘查希拉原则，用潘查希拉凝聚共识，打造印尼官方的意识形态。在特定的时代背景下，这些政策措施有利于实现印尼的族际政治整合，一个强有力的官僚

---

① 骆沙舟、吴崇伯：《当代各国政治体制——东南亚诸国》，兰州大学出版社1998年版，第219页。
② Douglas E. Ramage, *Politics in Indonesia*: *Democracy*, *Islam and the Ideology of Tolerance*, New York: Routledge Press, 2005, p.79.
③ John Bresnan, *Managing Indonesia*: *The Modern Political Economy*, New York: Columbia University Press, 1993, p.59.

第二章 多民族国家族际政治整合实践的个案描述

威权体制也因此得以确立。

第四,经济建设取得成效,为威权型族际政治整合提供了合法性来源。苏哈托掌控国家政权以后,先是用了大约三年的时间让濒危的印尼经济得以稳定和恢复,在1969年年初开启了全面的经济建设努力,取得了很好的经济发展成效,这也是苏哈托被誉为印尼"建设之父"并长期掌控印尼国家政权的重要原因。从经济发展战略上看,20世纪70年代,印尼积极倡导和培育国内替代进口工业的发展,70年代末和整个80年代,则以出口导向型工业为重点。1997年,印尼的国内生产总值达到230亿美元,在全球180多个国家与地区中排名第23位①。印尼也因此被世界银行列为当时全世界经济发展最快的十个发展中国家之一。

(三) 后苏哈托时代②的印尼民主化转型与民主型族际政治整合实践

1998年5月,苏哈托宣布辞去印尼总统职务,也宣告了官僚威权体制在该国统治的终结。此后,印尼进入民主政治转型时期,其族际政治整合的路径也随之从威权型族际政治整合向民主型族际政治整合迈进。总体而言,印尼这一时期的民主型族际政治整合是在获得民主的华丽外衣与难以具备民主内核之间的张力中艰难前行的。种种迹象表明,印尼族际政治整合依然任重而道远,前景并不明朗。

一方面,印尼政治民主化改革取得显著成绩,为该国的族际政治整合披上了一件华丽的外衣。哈比比于1998年5月到1999年10月担任印尼共和国总统,主政时期大力推进印尼政治

---

① 赵和曼:《东南亚手册》,广西人民出版社2000年版,第103页。
② 本书关于"后苏哈托时代"的提法涵盖了苏哈托下台直至今日的印尼政治发展历程,先后经历了哈比比(1998—1999)、瓦希德(1999—2001)、梅加瓦蒂(2001—2004)、苏西洛(2004—2014)、佐科·维多多(2014—   )5任国家总统。——笔者注

民主改革，实行了包括解除党禁、恢复言论自由和新闻出版自由、削弱军队在政治生活中的影响力、加强国会和人民协商会议的权力、扩大地区自主权在内的一系列政治改革措施，让印尼成为所谓的"世界上第三大民主国家"[①]。然而，由于哈比比政权无法得到军队的支持，也无法有效应对由于威权统治的驱除而爆发出来的民族分离主义运动与民族宗教冲突，最终致使哈比比领导的专业集团党在国会选举中败给了瓦希德领导的民族复兴党。随后，在瓦希德和梅加瓦蒂两任总统的带领下，印尼全面开启了政治民主化进程。2004年10月，苏西洛作为印尼历史上的首位直选总统成功问鼎印尼的权力巅峰，并在2009年实现了连选连任。2014年10月，深受印尼人民爱戴的民主斗争党总统候选人、雅加达特区首长佐科·维多多获得总统竞选的胜利，目前正在致力于全面推动印尼各项改革事业的蓬勃发展。

回顾后苏哈托时代的印尼政治民主化进程，其主要成绩包括：其一，建立由国会和地区人民代表院组成的两院制的立法机构。2004年4月，印尼成功举行了国会成员和地区人民代表院代表的选举。其二，颁布实施新的《政党法》，解除党禁，恢复多党政治。哈比比上台之后，随即颁布《政党法》宣布解除党禁。1999年1月，在国会获得通过的新《政党法》中规定，只要有50名年满21周岁的公民，承诺不违背国家利益的底线就可以自由组建政党。其三，几经努力，终于实现了总统由全民直接选举的民主化目标。经过2009年和2014年的两次总统大选，"印尼的民主制度日益成熟，民主力量日渐强大，民主理念深入人心"[②]。

[①] 张祖兴：《评哈比比执政时期印尼的政治改革》，《东南亚研究》2002年第2期。
[②] 李皖南：《2014年印尼总统大选出现的新变化及其影响》，《东南亚研究》2014年第5期。

第二章 多民族国家族际政治整合实践的个案描述

此外,在地方自治、军队与政治生活相分离、公民自由权利的赋予与保障、加强权力监督与制衡、惩治腐败等方面,后苏哈托时代的印尼政治精英们也作出了积极的尝试与探索。

另一方面,印尼政治民主化进程中也存在着不容忽视的深层次问题,这些问题构成了该国族际政治整合堪忧的内核。

第一,既得利益集团严重阻碍和干扰着印尼民主化的进程。在苏哈托长达32年的统治时期里,印尼形成了一个以苏哈托家族、军人、专业集团、政党精英阶层、依附于苏哈托家族的大企业集团构成的既得利益集团。既得利益集团并未随着苏哈托的下台而土崩瓦解,恰恰相反,他们依然以多种方式把持着国家权力的要害部门,掌控大量社会资源。后苏哈托时代的历届"印尼政府所实施的政治经济领域改革必然会触及他们的既得利益,也势必要引发他们的阻挠、排斥甚至破坏"[①]。在打破既得利益集团的既得利益方面,后苏哈托时代的历届政府做得并不算好。

第二,既缺乏成熟的政党政治制度,也缺乏成熟的政党。独立建国之后的印尼在苏加诺的带领下实行多党制,后来到"有领导的民主"时期政党则被大规模压缩,苏哈托时期进一步压缩为3个政党并且形成了一党掌控下的三党体制,再到苏比比解除党禁,政党数量一度达到237个之多。问题的关键是,"对于政治发展来说,重要的问题不是政党的数量,而是政党制度的力量以及它的适应能力"[②]。在政治参与热情高涨、民主意识普遍提高

[①] 张月:《从政治层面看印尼民主化改革艰难的原因》,《东南亚研究》2010年第1期。
[②] [美]塞缪尔·亨廷顿:《变动社会的政治秩序》,张岱云、聂振雄等译,上海译文出版社1988年版,第407页。

的同时,是印尼政党政治的脆弱和政党的发育不良。

第三,与以往缺乏民主传统的金字塔式社会结构和"强国家、弱社会"的威权政治体制特征相联系,印尼也难以在短期内形成国家政治民主化所需要的社会基础。加之印尼社会的多民族、多宗教和地理空间上的多岛屿特征,导致多元种族与民族多样性、多元宗教与文化多样性、中央与地方、爪哇与外岛、原住民与外来移民、温和派与激进派、世俗取向与伊斯兰取向的共存与冲突此起彼伏、错综复杂。所有这一切都使得印尼民主化进程所需要的社会基础的培育和塑造绝非易事。

除此之外,民族分离主义运动也增加了印尼族际政治整合的不确定性。作为一个人口数量超过2.6亿的多民族国家,印尼的民族构成较为复杂,有100多个民族,其中,人口最多的民族是爪哇人,约占该国总人口的45%;比重较大的民族分别是巽他人(14%)、印尼马来人(7%)和马都拉人(7%),其他民族约占27%。这种复杂的民族构成加上印尼"千岛之国"的地理空间状况,导致该国在独立建国之后一直面临着如何把多民族、多宗教及其碎片化地理分布的不同民族群体整合为统一的国家民族进而形成国家认同的巨大压力。作为这种压力的最直接的反映,印尼民族分离主义运动一直存在着。在苏哈托统治时期,高度中央集权、专业集团一党执政与军人政权三者结合之下的官僚威权体制使得民族分离主义运动处于蛰伏状态,随着苏哈托的下台和印尼民主化进程的开启,民族分离主义运动也风起云涌。1999年8月30日,在联合国的主持下,东帝汶举行了全民公决,2002年5月19日,东帝汶正式宣布独立。伊里安查亚、马鲁古、加里曼丹、亚齐的民族分离主义运动此起彼伏,成为干扰和破坏印尼族际政治整合的重要变量。

第三节 美国、新加坡：权利平等视野中的文化整合

同样属于多民族国家的美国与新加坡，无论是在国家组织形式、领土面积、人口数量、经济发展程度还是在历史记忆、文化形态方面，都存在巨大的差异，但是两国在族际政治整合实践方面却存在一个惊人的共性：两国都努力赋予国内不同群体成员以平等的政治权利，并以此作为推进族际政治整合的核心之所在。这种努力无疑会帮助这两个国家很好地解决国内民族关系和谐与社会稳定的问题，但也存在很多深层次的问题值得进一步地思考。

一、美国族际政治整合实践

在谈及美国族际政治整合实践问题之前，我们先要了解的一个基本事实是：美国建国时期的族群构成基础是多元的。我们知道，北美殖民地是清教徒们为实现"公民和宗教自由"所选择的奋斗之地。有研究指出，在美国独立之前，殖民地80%的居民是英国移民及其后裔，这是后来盎格鲁-撒克逊文化成为美国主流文化的基础，但是美国并没有形成单一的民族和民族文化。剩余的20%居民来自其他文化背景的民族和国家，在"自由"价值观的影响下，很多居民保存着自己的文化和宗教信仰[1]。回顾美国建国以来的族际政治整合实践可以发现，无论是20世纪中期美国民权运动发生之前的民族"大熔炉"政策，还是后来的以"肯定性行动"为标志的当代美国带有多元文化主义色彩的民族

---

[1] 参见徐希才：《美国少数族群的双重认同轨迹及其影响》，《世界民族》2020年第2期。

"马赛克"政策,美国在推进国内族际政治整合领域实施的那些民族政策在本质上从未突破"政治平等"的范畴。致力于实现国内不同身份社会成员的政治权利平等而又仅止于此,这是认识和理解美国族际政治整合实践的重要线索。

(一)实施种族歧视的民族"大熔炉"政策

"美国虽然早在《独立宣言》中就已宣称'人生而平等'",但是让人颇感意外和遗憾的是,"在较长的历史时期里,该国一直奉行歧视性的民族政策"①。一言以蔽之,"熔炉理论的核心在于各种亚文化与民族文化融而为一,形成一种全新的文化,即美国文化"②。对以此为基础形成的美国民族"大熔炉"政策稍加分析可以发现,它所倡导的种族融合在很大程度上仅仅只是"盎格鲁-撒克逊民族"的融合,对其他族裔则更多地表现为种族歧视基础之上的隔离、排斥、驱赶甚至屠杀。显然,这是一种同化主义取向的族际政治整合思路,本质上是想通过去除其他族裔群体文化甚至生命的方式来构建一个盎格鲁-撒克逊化的美利坚民族。

从国家结构形式的宏观范式入手,作为现代联邦制国家的典型代表,美国的联邦制结构决定了其联邦政府全面负责全国性事务,州政府则负责处理地方性事务。这种中央与地方的分权模式似乎把民族因素排除在国家结构建构之外,然而在实质上,这种分权模式正是"建立在白人种族政治基础上的权力结构设计",因为从历史的角度考察,美国所确立的市民社会"是建立在把黑人、印第安人等非欧洲人排除在外的基础之上的",而且在很大程度上,正因为把这些"劣等种族"作为参照对象,美国才

---

① 杨恕、李捷:《当代美国民族政策述评》,《世界民族》2008年第1期。
② 朱碧波:《美国族际政治整合模式研究》,《理论月刊》2017年第6期。

第二章 多民族国家族际政治整合实践的个案描述

得以建构起白人种族群体内部的民族认同①。由此,在民族国家的初创阶段,美国基于对"劣等种族"的种族歧视建立起了一个无论"人种、民族属性和宗教"都"高度均质的社会"②。显然,这种"高度均质的社会"是以对美国国内的印第安人、黑人等"劣等种族"平等权利的剥夺为代价的,以至于从人口构成的角度看,"美国的人口,除印第安人以外,在 1790 年共 3 929 000 人,其中,698 000 人是奴隶,不被视为美国社会成员"③。

回顾 20 世纪中期民权运动之前的美国民族关系史,可以发现那里充斥着大量移民群体、移民群体与印第安土著居民、白种人及其后裔与黑人奴隶及其后裔、美国主流社会成员与其他后来移民之间的冲突和斗争。因此可以认为,种族歧视以及对于种族歧视的反抗是那个时期美国族际政治整合遇到的最大挑战。对此问题,有学者从"美国人"和印第安人的关系角度作出了说明。他指出:"美国历史形成的经验是,对土著美国人进行长期战争。这一事实又继而产生了美国人的形象,不是作为刽子手,而是一个'新兴的民族'"④。同样的事情也发生在非"盎格鲁-撒克逊民族"和其他移民及其后裔身上,美国政府在相当长的时间里没有赋予这些民族以宪法规定的平等(哪怕这只是政治平等)地位,此举是导致美国建国之后民族关系领域问题层出不穷的重要原因。

总之,在 20 世纪中叶民权运动兴起之前,美国的民族"大熔

---

① 郝时远:《美国是中国解决民族问题的榜样吗?——评"第二代民族政策"的"国际经验教训"说》,《世界民族》2012 年第 2 期。
② [美]塞缪尔·亨廷顿:《我们是谁?——美国国家特性面临的挑战》,程克雄译,新华出版社 2005 年版,第 39 页。
③ 同上。
④ P. L. Vanden Berghe, "The Dynamics of Racial Prejudice An Ideal-Type Dichotomy", *Social Forces*, Vol. 37, No. 2, 1958, pp. 138 – 141.

炉"政策一直是建立在种族歧视的基础之上的,并千方百计地维护这种种族歧视政策的合法性,哪怕与此同时,美国政府还一直在实践着宪法所规定的平等原则。显然,"美国人希望建立一个在平等原则之上运行的社会,但是不想建立一个由平等的人组成的社会"[①]。这句话对于理解美国民族"大熔炉"政策实践具有重要的启示意义。

(二)实施反对种族歧视的民族"马赛克"政策

民族"大熔炉"政策在相当长的时间里构成了美国民族政策的主流,只是在进入20世纪中期之后,美国政府才不得不作出调整,使其朝着反对民族歧视、尊重多元文化的方向发展,并且获得了有限成功。其实,早在1924年,霍拉斯·卡伦(Horace Kallen)就在专著《美国的文化与民主》中表达了自己对美国"大熔炉"政策的不满。他指出,在美国大行其道的"熔炉论"并不符合民族平等原则,主张用多元文化主义来取代"熔炉论",实现不同民族间的和谐共存。卡伦的主张在当时并没有引起更多人的关注。直至第二次世界大战之后,随着美国民权运动的蓬勃兴起,作为解决民族问题、推进族际政治整合的一种思路,他的观点才开始引人注目,进而成为美国民族"马赛克"政策的重要理论来源。由此,"马赛克式社会——取代大熔炉的概念而成了美国经历的本质……新的美国马赛克社会是一个具有种族特点的多元文化混合体。同时,与以往相比,这些种族特点又更明显、更浓郁、整体上也更富变化了"[②]。

当代美国的民族政策主要由三个层面构成:其一是旨在对

---

① [英]J. R. 波尔:《美国平等的历程》,张聚国译,东方出版社,2007年版,第399页。
② [美]兹比格涅夫·布热津斯基:《大抉择——美国站在十字路口》,王振西译,新华出版社2005年版,第213页。

所有民族的文化进行保护并推进其发展的政策;其二是以"肯定性行动"为核心的民族优惠政策——该政策从开始时的只针对黑人,发展为覆盖全部少数民族;其三是专门针对印第安原住民的保留地自治政策。综观当代美国民族政策的基本内容,可以将其核心原则概括为:在承认和保护少数民族作为美国公民的一切权利的同时,拒绝赋予这些少数民族作为民族群体的权利(除了印第安原住民)。

一方面,美国用法律的形式宣称"人人生而平等",确保每个民族个体成员的平等权利得到应有的尊重。这种平等权利在选举、就业和接受教育方面表现明显。在选举方面,20世纪美国先后签署了四部《民权法》,授权美国联邦政府可以在公民的选举权受到威胁或者被剥夺时提出诉讼,可以向带有明显种族歧视的选区派遣仲裁人员以监督选民登记,禁止法律上的种族隔离政策和种族歧视行为,废除投票前要对黑人进行文化知识测试的制度;在就业方面,1964年的《民权法》禁止以肤色、种族、宗教、性别和原国籍为借口而在联邦政府资助项目、公共设施与服务和雇工时有歧视行为。1965年通过的11246号行政令明确规定禁止就业歧视。1984年,美国民权委员会提出反对招工中的配额制度。1987年,美国最高法院裁决,支持优先雇用少数民族成员;在教育方面,最为典型的是1954年,美国最高法院在审理"布朗案"时推翻了倡导"隔离但公平"的所谓普莱西原则,裁定种族隔离教育制度违宪,予以废除。

另一方面,除了印第安原住民之外,美国拒绝赋予其他少数民族以群体权利。"美国在法律上所宣称的平等和其他权利只属于个人,属于个体的美国人,而不属于各个民族。"[①]换句话说,

---

① 杨恕、李捷:《当代美国民族政策述评》,《世界民族》2008年第1期。

美国更加注重的是对于独立的"美国人"、美国公民平等权利的保护,而不管这一个体归属于哪一民族。这一原则在美国的联邦制国家结构设计中表现明显。美国联邦制下的各个联邦成员的设立及其地域划分不以民族及其聚居地为单位,联邦成员所享有的自治权也是基于地域而非民族建立的。在很多美国学者看来,"当文化的差异和地理位置的差异重合时,可能就会出现暴力、自治或分离运动"①。这种联邦成员的制度设计从根本上杜绝了民族以地域为依凭谋求集体权利保障的可能性。

不难发现,美国建国以来的全部努力只是用以捍卫政治革命的胜利成果,即维护和确保政治国家的统治。只是当国内不同族裔间的矛盾日渐激化,族际政治关系走向冲突,危及政治国家统治的时候,作为维护和确保国家存续的一种手段,美国旨在维护族际政治整合的民族政策才会开始运作。从其实际的价值取向来看,它仅仅致力于国内不同族裔间抽象的政治平等——宪法意义上的公民权利平等,而不会致力于社会平等——人与人事实上的平等。在这一进程中,美国社会成员间事实上的不平等关系和市民社会的利己主义则不断得以强化和巩固。所有这一切,都使得当代美国的民族政策不可能为国内各族裔的真实平等和全面发展提供制度关怀,族际政治整合的未来依然存在很大的不确定性。

二、新加坡族际政治整合实践

东南亚往往被认为是多民族、多宗教、多文化相互交织、彼此碰撞,民族关系最为错综复杂的地区之一,本书在前面介绍了

---

① [美]塞缪尔·亨廷顿:《文明的冲突与世界秩序的重建》,周琪等译,新华出版社1994年版,第144页。

印度尼西亚族际政治整合的情况,作为东南亚国家的菲律宾,和印尼也有相类似的地方。菲律宾人民经过长期不懈的努力,最终于1946年7月从美国手中获得了民族解放和国家独立,建立了现代民族国家。而血统、宗教、语言等带有民族性的因素也让菲律宾的国家独立之路走得非常艰难①。然而,同样带有多民族、多宗教、多文化特征的新加坡却因其民族关系和睦、政治秩序稳定和经济繁荣发展给世人留下深刻的印象。新加坡获得的成功与该国族际政治整合实践密不可分。

(一) 建国之前的新加坡政治发展与族际关系走向

回顾新加坡的政治发展历程,与东南亚其他很多国家非常相似,它在殖民主义时代也经历过作为英国殖民地的历史,然后获得独立并逐渐发展成为一个移民社会。1819年,斯坦福德·来福士作为东印度公司的官员率领舰队入侵新加坡岛,迫使马来亚柔佛王国把新加坡岛割让给英国,这一年也被称为新加坡"因商开埠"。1824年,新加坡沦为英国的完全殖民地,开始了长达一个多世纪的被殖民统治时期。

殖民统治时期,基本奠定了新加坡今日的族群结构,该族群结构由华人、马来人、印度人三大族群构成,还有少量的欧洲人、阿拉伯人和巴基斯坦人等。和其他英属殖民地一样,英国在新加坡实施了"分而治之"的统治策略,在本已存在诸多不同的族群之间制造隔阂,欧洲人则整体凌驾于其他族群之上。及至日本法西斯占领新加坡期间,更是在"分而治之"的基础上推行"以夷制夷",刻意制造马来人和华人之间的隔阂,为新加坡民族关系的未来蒙上了一层阴影。1945年,日本战败投降,英国恢复对

---

① 参见张三南、解小宇:《政治整合视阈下的菲律宾国族建构》,《中南民族大学学报(人文社会科学版)》2020年第2期。

新加坡的殖民统治之后，新加坡的民族独立运动蓬勃发展。值得注意的是，这一时期的民族独立运动是以反对欧洲人为主要形式的。几经努力，英国被迫在1959年同意新加坡内部自治，成立自治邦。在李光耀的领导下，人民行动党组建了自治邦的政府，为争取早日独立和改善民族关系进行了一系列努力，但这一时期的新加坡民族关系非常紧张，最终导致了1964年的大规模种族冲突。

这次种族冲突除了上面提到的英国殖民者的"分而治之"策略和日本占领期间的"以夷制夷"政策，直接原因是在1963年新加坡加入马来西亚联邦之后，马来极端主义分子恶意煽动马来人的种族主义情绪，指责李光耀及其带领的人民行动党"敌视马来人""大搞中国沙文主义"，进而把马来人的怒火引向当地华人。1964年下半年，在新加坡的马来人和华人之间爆发了两次大规模的种族冲突，并最终导致新加坡退出马来西亚联邦，并于1965年8月9日成立独立的新加坡共和国。

（二）建国之后的新加坡族际政治整合实践

获得独立建国的新加坡，无论在族际关系领域面临的挑战还是在族际政治整合领域面临的压力，都不比其他东南亚国家容易处理。但新加坡政府通过一系列的族际政治整合实践，一举让新加坡发展为东南亚地区民族关系和睦、政治秩序稳定和经济繁荣发展的典范。新加坡学者赵善光教授主持的一项研究表明，在1969年至1989年，新加坡的民族和谐程度呈现不断提升的态势[①]，自1990年李光耀不再担任新加坡总理，转而出任内阁资政以来，新加坡被认为是世界上管理得最好的国家

---

① 转引自张植荣、崔晓雯：《新加坡民族治理：政策、过程及其启示》，《西藏研究》2013年第5期。

之一①。

总体而言,新加坡的族际政治整合实践策略主要包括如下几个方面的内容。

第一,将平等视为协调族际关系的最高原则,以宪法捍卫民族平等原则。有研究指出,新加坡是"后殖民时代第一个将'多元种族'写入宪政的国家"②。新加坡宪法规定,没有人有权利以民族、宗教、出生地等因素而歧视新加坡公民,所有公民在法律面前一律平等,并且将这一原则通过法律来确保实施。《新加坡共和国宪法》第六篇第八十九条第一款中明确规定:"政府应始终不渝地保护新加坡少数民族和少数宗教集团的利益";在第二款中明确规定:"政府应该承认新加坡本土人民马来人的特殊地位,政府应以这种态度行使职能,因而保护、保障、支持、照顾、促进马来人在政治、教育、宗教、经济、社会和文化方面的利益和马来语言,应是政府的职责"。可以看出,在宪法的这一条款中,马来人的特殊地位得以保障和尊重③。从宪法上赋予马来人以"特权",恰恰是平衡国内外民族关系、避免国内民族冲突、维持国内各民族平等关系的重要条款。

第二,将平等原则在教育与社会生活的各个领域加以贯彻落实。赋予各民族以广泛真实的平等语言权利,开展双语教育。早在建国之前的1956年,新加坡议会就提出平等双语教育政策宣言,承认马来语为国语、马来文为国文,将马来语、英语、华语

---

① 李京桦:《新加坡民族关系厘定的现实逻辑及启示》,《中南民族大学学报(人文社会科学版)》2014年第4期。
② Chua Beng Huat, "Taking Group Rights Seriously: Multiracialism in Singapore", Working Paper No. 124, Murdoch University, October 2005, p. 5, 1.
③ 辉明:《早期伊斯兰复兴运动在新加坡的发展及其影响》,《世界宗教文化》2020年第6期。

和淡米尔语四种语言同样作为官方语言,这一内容一直很好地保留到现在,新加坡无论大众传媒还是官方文件,都是用这四种语言文字来进行传播的。及至1966年,新加坡开始推行小学阶段的双语教育,要求学校教学中,要在四种官方语言中选择两种语言分别作为第一语言和第二语言,一般地,英语作为第一语言,母语作为第二语言。实践表明,这种语言政策有利于塑造新加坡各个民族的国家意识,自然也有利于族际政治整合目标的实现。除此之外,赋予全体公民以平等的国民教育权利、惠及少数族群以平等教育权利、利用大众传媒广泛宣传民族和谐内容,并对现实生活中发生的有碍族群和谐的言论和行为严加禁止,这些都是将民族平等原则落实在社会生活中的具体表现。

第三,多种措施积极推进"新加坡民族"行动。如前所述,由于英国殖民者长达百年的"分而治之"统治政策,导致新加坡各民族之间的隔阂和分歧较为严重,经济社会发展程度也存在相当大的差距。为了凝聚共识,夯实统一国家的民族共同体基础,新加坡在建国之后,政府把推进"新加坡民族"的国族建构的问题作为关乎国家根本利益的重大问题强力推进。其一,推进共同语言文化政策,在学校双语教育的基础上,要求学生熟练掌握英语,赋予英语以超越其他语言的特殊地位。并且在实践中,努力让熟练运用英语的学生有着众多的职业选择空间和较为优厚的薪酬待遇,只会用自己本民族母语的学生则不容易找到工作,从而逐渐让英语发展成通用语言,继而成为推进文化整合和凝聚共同价值观的语言文字载体。其二,带有强制性的组屋区政策。所谓强制性的组屋区政策,是指每个民族在每个组屋区都有比例的上限,要求新加坡的华人、马来人和印度人三大族群必须共同生活在同一组屋区,不允许某一组屋区被某一民族单独居住。这种同一个组屋由三个族群共同居住的政策,其实是用

第二章 多民族国家族际政治整合实践的个案描述

外部环境确保不同民族的自然接纳和彼此理解,进而达到民族融合的政策设计,实施以来,收效十分显著。其三,与组屋区政策相类似,实施集选区制度。该制度规定,同一个选区所产生的一组候选人之中,必须有一位是来自少数民族。这组候选人代表同一个政党来共同参加竞选,同时当选或者败选,这种制度安排的好处显而易见。由于华人占国家总人口的四分之三,如果用分散的票决制来决定候选人,少数民族的候选人就很难胜出,从而导致少数民族权益难以保障的消极可能性。

第四,打造新加坡共同文化价值观,催生各民族的国家认同。新加坡共同文化价值观的根基是"一体多元"。"一体多元"的思想基础是儒家思想所倡导和推崇的"大一统"思想、"以和为贵,和而不同"的思想,但是这些思想在新加坡族际政治整合过程中也得到了"本土化"的改造和调适[①]。早在1991年,新加坡政府出台了《共同价值白皮书》,对新加坡的共同文化价值观进行了概括。其内容包括:国家至上,社会为先;家庭为根,社会为本;关怀扶持,同舟共济;求同存异,协商共识;种族和谐,宗教宽容[②]。2002年,新加坡又启动了优良家风宣传计划,重点宣传婚姻和家庭的重要性,并在《联合早报》等媒体上宣传优良家风的案例[③]。必须承认,这套文化价值观在凝聚共识方面发挥着"最大公约数"的作用,因为不同民族都可以从自己的文化背景中对此加以解释。比如,华人可以从儒家文明的根基中寻找对这一价值观的思想根基,马来人和印度人则可以从自己的宗教信仰

---

① 参见毛春合:《多民族国家政治整合路径与启示——以新加坡为例》,《青海社会科学》2018年第3期。
② 参见毕世鸿:《多元、平等与和谐:新加坡族群政策评析》,《东南亚南亚研究》2009年第1期。
③ 参见刘波:《新加坡引领社会思潮的经验及启示》,《人民论坛》2019年第7期。

中窥见这一价值观的内核,从而容易基于共同文化价值观来培育各民族的国家认同感。正如新加坡学者黄朝翰和赵力涛指出的那样,这套"共同价值观可以给新加坡人民以方向感,使人民能够在决定自己的前途时发展出文化上的稳定因素"[①]。

总之,建国以来,新加坡以民族权利平等作为族际关系协调最高原则的族际政治整合实践取得显著成效,也让新加坡一跃成为东南亚地区民族关系和谐、政治秩序稳定、经济繁荣发展的多民族国家。

第四节 加拿大、尼日利亚：以联邦国家促成多元一体

加拿大和尼日利亚都是采取联邦制的多民族国家,领土面积辽阔,也都经历了西欧列强的长期殖民统治。两个国家在民族国家建构方式与政治发展历程上有很大不同,前者被视为多元文化主义政策实践较为成功的国家,族际政治整合效绩良好;后者经历了长期军人主政的国家建设阶段,族际关系时常陷入紧张冲突之中,但还政于民以来,尼日利亚政府采取了一系列积极的政策主张,在族际政治整合实践领域取得了很多可喜的成绩。两个国家族际政治整合实践的共性在于动用联邦国家的力量促成多元民族的政治一体化发展。

一、加拿大族际政治整合实践

作为一个典型的移民国家和多民族社会,加拿大一直保持

---

① ［新加坡］黄朝翰、赵力涛：《新加坡社会发展经验》,新加坡八方文化创作室2009年版,第84页。

着国家形态的完整和国内各族裔群体对民族国家较高程度的认同。回顾加拿大政治发展的主要历程可以发现，无论在最初的民族国家建构时期，还是在后来的民族认同与国家认同的双重构建以及多元文化主义政策的实践过程中，加拿大在族际政治整合领域都获得了不小的成功，有着自己独特的成功经验与启示。

（一）加拿大民族国家的形成与确立

从1608年法国人塞缪尔·德·尚普兰建立魁北克殖民地，到1867年正式摆脱殖民地地位，加拿大民族国家的形成用了两个半世纪。在这两百多年里，加拿大分别经历了"新法兰西"时期和英属加拿大时期，随着自治领（Dominion）的正式成立，作为民族国家的加拿大得以真正建立。

1608年到1763年是加拿大的"新法兰西"阶段，这是统一的加拿大民族形成的关键时期。1608年，尚普兰初建魁北克殖民地，这是法国在加拿大展开殖民活动的关键步骤，标志着"新法兰西"时期正式开始。由于主要居民多来自法国本土，使得"新法兰西"不仅移植了法国的行政机制，也因循法国的宗教信仰。到了18世纪，从社会形态上看，"新法兰西"已经发展成为一个信奉天主教、保守的、以农耕为主要生产方式的传统社会；从地域范围来看，"新法兰西"的领地已从北美大西洋沿岸扩展到内地心脏地区的辽阔疆域；从人口数量上看，来自法国的早期移民已经在这里繁衍了至少六万名后代。这些法兰西后裔依然保持着同大洋彼岸的宗主国一致的语言、信仰和风俗习惯，但在他们许多人眼中，法国已经是一个相当陌生的国度，比较而言，他们更愿意相信自己是北美人，并且他们也不同于南部的英属北美殖民地人，而是"加拿大"人。

随后，英法两国在北美开拓殖民地导致双方的摩擦冲突愈加频繁,1756年终于爆发了"七年战争",最终以"新法兰西"的覆灭和英属加拿大的建立而结束。双方于1763年签订《巴黎条约》,法国经营150年之久的北美殖民地完全落入英国手中。然而,一个由六万名法兰西后裔构成的法裔加拿大人共同体已然存在,他们聚居的"魁北克不只是'新法兰西'的政治首府,它还是精神、文化和地理的中心。在它的内部和周围形成了种族的、文化的、宗教的和语言的坚强传统,这些传统是法属加拿大人的向心力量"①。这一事实预示着全新的加拿大民族正在形成②。

1763年到1867年是英属加拿大时期,加拿大确立了民族国家的身份。英国取得加拿大统治权后,大力推行英国式的政治体制和文化,希望通过英裔新教移民输入的方式淡化法裔加拿大人对天主教的认同感,进而用英国文化去同化他们。1763年,英国王室颁布的《皇室公告》是为实现这一目标而进行的努力。然而,不仅当地英裔居民对此毫无兴趣,而且此举还遭到法裔加拿大人的坚决抵制。无奈之下,英国议会于1774年通过了《魁北克法案》,放弃在魁北克建立代议制度的尝试,承诺要成立一个由英裔和法裔共同组成的加拿大人政府,赋予法国民法与英国刑法同等的法律地位,把法语和英语同时作为魁北克的官方语言——这一步骤对于英法两大族裔的加拿大人的整合提供了一个很好的基础。

北美独立战争期间,有四万多名同情英国而反对美国独立的"效忠派"成员移居到加拿大的魁北克和新斯科舍,彻底改变

---

① [加]格莱兹布鲁克:《加拿大简史》,山东大学翻译组译,山东人民出版社1972年版,第60页。
② David V. J. Bell, *The Roots of Disunity*: *A Study of Canadian Political Culture*, New York: Oxford University Press, 1992, p. 95.

了魁北克法裔居民一统天下的局面。让英国政府感到棘手的是,这些"效忠派"很快就提出与法裔魁北克省相分离的要求,并希望建立起自己的代议制政府。几经周折,英国政府在1791年通过一项新法案,将魁北克划分为以英裔居民为主的上加拿大省和以法裔居民为主的下加拿大省,此举缓和了英裔居民和法裔居民之间的矛盾,却也使得两者之间的差异被固定下来,加拿大社会的二元性特征得以确立。北美独立战争期间,加拿大与北美十三个殖民地在政治、经济、文化诸方面存在的巨大差异使得它不可能与之形成反英同盟,而美国对此熟视无睹,执意要以武力兼并加拿大。美国的侵略行径激起加拿大人的强烈反对,民族主义意识由此觉醒。1812年,美国的入侵进一步激发加拿大内部紧密联合起来。1867年,英国议会最终通过了《1867年英属北美法案》,宣布魁北克省、安大略省、新斯科舍省、新不伦瑞克省共同组成统一的联邦国家,定名为加拿大自治领。这意味着加拿大在脱离殖民母体国、确立独立民族国家身份方面迈出决定性的一步。

(二) 加拿大民族认同与国家认同的双重建构

自治领的成立标志着加拿大民族国家的确立,然而,这时的"加拿大在很大程度上是政治联合的产物,而不是以民族感情作为保证的"[①]。法裔和英裔两大建国民族对于地方利益的过分追求和强烈的地域认同严重威胁着加拿大国家的统一和族际关系的和谐。由此,怎样建构加拿大人的民族认同与国家认同,推进族际政治整合,成为联邦必须要去解决的问题。"加拿大第一"(Canada First)运动的兴起为联邦建构民族与国家的双重认同

---

① Eva Mackey, *The House of Difference: Cultural Pulitics and National Identity in Canada*, New York: Routledge Press, 2005, p.42.

提供难得的机遇,联邦对独立政治身份的不懈追求更为这种双重认同建构提供了源源不竭的动力。

一方面,"加拿大第一"运动不仅是一场文化运动,更是一场政治运动,在一定意义上塑造了一个全新的加拿大民族,更为难得的是,在它的促发下,加拿大形成一种宝贵的民族精神,这种精神把自治领的各个部分紧密地联系在一起。成立初期的联邦被公认是脆弱的,好在这个时期,在应对约瑟夫·豪领导的反联邦运动的挑战中,"加拿大第一"运动应运而生。该运动的倡导者是查尔斯·梅尔、威廉·亚历山大·福斯特等人,他们认为"只有真正的加拿大民族感情才能够使联邦获得生命",主张"加拿大人必须懂得他们的历史根源,为理解他们力量的多种源泉而感到自豪,他们应该意识到他们的国家是一个整体,他们必须坚信他们前途无量"①。"加拿大第一"的主张很快得到联邦的肯定与支持,麦克唐纳政府通过开发西部、向西部地区移民、兴建太平洋铁路、保护关税等一系列"国家政策"的实施来回应他们的主张,巩固联邦的统一,促进联邦的发展。虽然"加拿大第一"运动的某些主张带有狭隘民族主义的痕迹,但它与《皇室公告》中的同化政策有很大不同,而且它为加拿大走一条不同于美国而又有别于英国的道路提供了思路,客观上表达了加拿大人对国家统一和民族独立的美好向往。

另一方面,谋求独立的政治身份也为加拿大双重认同的建构以及族际政治整合提供了源源不竭的动力与资源。早在自治领成立之前,加拿大人就已经表露出谋求独立政治身份的愿望。麦克唐纳曾经自信地宣告:"一个不同的殖民地体制正在

---

① [加]唐纳德·克赖顿:《加拿大近百年史(1867—1967)》,山东大学翻译组译,山东人民出版社1972年版,第35页。

渐渐发展起来,我们对母国的依赖、母国对我们权威性的保护均将逐年减小,我们和母国的关系也将逐渐变为健康而诚挚的同盟关系。"①自治领成立之后,联邦为谋求独立政治身份进行了不懈努力。随着国民经济的发展、军事实力的增强以及国际地位的提高,加拿大日益显露出对拥有完整国家主权的坚强决心。在此过程中,加拿大人对自己祖国的热爱、对自己民族的自豪感和自信心也在不断增强。第一次世界大战爆发之后,包括英裔和法裔在内的全部加拿大人都一致支持加拿大参战,在战争中与英军并肩作战。加拿大在战争中作出的重大贡献使得英国改变了以往的态度,这为加拿大谋求独立的政治身份铺平了道路。此后,加拿大在国际事务中发出越来越多独立于英国的声音,如拒绝承认自己没有参与谈判的《洛桑条约》、单独与美国签订《比目鱼条约》等。无奈之下,为了重新确定英国与自治领的关系,1926年英国在帝国会议发表了《贝尔福公报》,宣布英联邦的成员国在地位上是平等的,五年后的《威斯敏斯特法令》更是明确承认加拿大是英联邦的成员国之一,自治领因而获得了与英国平等的合法地位。有评论称:"这是加拿大历史上一件具有里程碑意义的事情,加拿大从此以独立主权国家的身份进入国际社会"②。

(三)多元文化主义政策的成功实践

虽然加拿大民族国家得以确立,获得了政治身份的独立和加拿大人对民族和国家的双重认同,但联邦依然面临着诸多不利于族际政治整合的挑战。这些挑战主要包括:由于联邦权力

---

① [加]唐纳德·克赖顿:《加拿大近百年史(1867—1967)》,山东大学翻译组译,山东人民出版社1972年版,第65页。
② 李剑鸣、杨令侠:《20世纪美国和加拿大社会发展研究》,人民出版社2005年版,第44页。

一直较为薄弱,加拿大各省保留着浓厚的地方主义色彩,对国家统一构成潜在威胁;历史上形成的英裔与法裔间的民族矛盾一直未能得到真正解决,魁北克问题长期困扰着历届加拿大政府;第二次世界大战之后,随着世界移民的不断涌入以及来自邻国美国强势文化的冲击,加拿大的民族性也面临着前所未有的考验。基于这种背景,加拿大最终选择将多元文化主义作为推进族际政治整合的政策取向。"加拿大通过多元文化主义的贯彻与实施,改善了族际关系和推动了少数民族的人权保障"①,从而也有力地推进了该国族际政治整合的实践进程。

正如我们不断强调的那样,从族群构成上来说,加拿大是一个多族群社会,基于族群多样性的要求和国内外的压力,加拿大政府最终于1971年正式颁行了多元文化主义政策,承认了各族群的平等地位并尊重所有族群的文化传统。政策的重要目标之一是:"在承认所有族群成员平等地位的基础上,让所有成员以国家利益为重,也就是说,统一的加拿大认同是该政策的终极指向。"②该政策从酝酿出台到发展完善,前后大约经历了六十年的时间。可将这一历程划分为如下几个阶段。

第一个阶段,探索与酝酿阶段。该阶段大致从20世纪五六十年代开始,到多元文化主义政策正式出台前的1971年。加拿大一直奉行"盎格鲁化"政策,虽然英语和法语都受到法律保护,但双语制仅限于魁北克地区,而在更加广阔的地域范围内,政府致力于英裔文化在加拿大的主导地位。到了50年代,这种情况发生了变化。一方面,当"同化政策作为一种公共政策出现的时

---

① 朱碧波、赵健杉:《加拿大族际政治整合简论》,《云南行政学院学报》2017年第5期。
② 王俊芳、宗力:《社会融合理论视野下的加拿大华裔族群认同》,《史学月刊》2019年第9期。

候,同化的对象只可能是少数族裔"①。大量非欧裔移民的涌入使得加拿大非英、法裔及土著民族的其他民族成分人口所占比重大幅上升,遥远的距离、迥异的民族文化加上庞大的人口数量,使得继续坚守和推行"盎格鲁化"政策变得徒劳。另一方面,"盎格鲁化"政策也遭到了来自加拿大土著民族和法裔居民的反对。到了60年代,法裔居民在魁北克进行了一场"宁静革命"(Quiet Revolution),民族意识急剧增强,以至于"成立于1968年的魁北克党公开提出魁北克独立问题,其政纲中明确规定要获得魁北克的政治主权"②。联邦政府在1969年制定实施的以《官方语言法》(Official Language Sact)为代表的"二元文化"政策也很快就遭到来自英裔、法裔之外其他少数族裔的反对。他们普遍认为:"'二元文化'政策只能体现英裔和法裔文化,不能体现组成加拿大社会的其他民族文化的内容和特点。"③由此,面对加拿大民族构成日益多元化的现实,承认民族文化的多元性势在必行,多元文化主义政策应运而生。

第二个阶段,实施与完善阶段。该阶段大致从1971年开始到加拿大联邦议会通过《加拿大多元文化法》的1988年。1968年,加拿大非主要民族的代表在多伦多召开了"文化权利理论家会议",会议建议加拿大政府接受多元文化主义的价值观,呼吁不同民族的文化和语言都是加拿大民族文化的重要组成部分。该建议加速了多元文化主义政策的出台。1971年,加拿大政府正式宣布实行多元文化主义政策,指出:"在双语言

---

① 关凯:《族群政治》,中央民族大学出版社2007年版,第127页。
② 洪霞:《和平之途——当代世界移民问题与种族关系》,南京出版社2006年版,第184页。
③ 韩家炳:《加拿大与美国多元文化主义异同略论》,《中国社会科学院研究生院学报》2007年第4期。

的框架内,对于政府而言,一种多元文化主义政策是确保加拿大文化自由的最合适的方法。"①加拿大最初出台的多元文化主义政策主要包括如下内容:帮助各文化集团;克服文化障碍,全面参与加拿大社会;在国家团结利益下,促进文化交流;进行官方语言训练;等等。这些做法较之于以往把国内各民族划分为建国民族、第一民族(First Nations)和移民集团的方式是一种巨大的进步。以上举措表明了加拿大推行多元文化主义政策的坚强决心,也确保了该政策一直存续至今②。

第三个阶段,制度化发展阶段。该阶段从1988年开始至今。1988年,加拿大众议院通过了《加拿大多元文化法》,该法确定了多元文化主义政策在加拿大作为基本国策的法律地位,标志着多元文化主义政策正式走上了制度化的轨道。该法案明确表示:"加拿大政府承认族裔与文化多样化之合法性,视多元文化主义为加拿大民族的基本特征与宝贵资源,保障所有公民保存和分享民族文化遗产的权利,鼓励他们为民族文化的繁荣作出应有的贡献。"③在某种意义上,可以把这部法律看作对加拿大实施多元文化主义政策以来的一个总结,它把该国政府准备长期坚守多元文化主义政策的决心提升到法律的高度。《加拿大多元文化法》颁布三十年来,一方面,多元文化主义政策得到越来越多加拿大人的支持,有效地提升了加拿大的民族认同与国家认同;另一方面,多元文化主义政策赋予加拿大各少数族裔各种平等权利,"使失衡的民族关系得到了重新定位,

---

① 杨洪贵:《多元文化主义的产生与发展探析》,《学术论坛》2007年第2期。
② 王建波:《加拿大多元文化政策存续的原因探析》,《中南民族大学学报(人文社会科学版)》2017年第5期。
③ 朱联璧:《"多元文化主义"与"民族-国家"的建构——兼评威尔·金里卡的〈少数的权利〉》,《世界民族》2008年第1期。

提高了各族裔成员的平等意识和自尊心,强化了民族凝聚力和向心力"①。显然,这一政策在推进加拿大族际政治整合方面取得了良好成绩。

虽然每个多民族国家的具体国情和民族结构各不相同,面临族际政治整合的压力也有不同的表现形式,但通过对加拿大政治发展历程的回顾与分析不难发现,该国所面临的族际政治问题至少不比其他国家来得简单。加拿大能够长期保持国家统一和民族认同,综合国力也在日益增强,该国族际政治整合的成功经验值得我们去思考和借鉴。

二、尼日利亚族际政治整合实践

尼日利亚国家自然演进的历史因欧洲殖民列强的到来而被迫中断,随后开始的英国殖民统治不仅确立了当代尼日利亚的政治边界与族群结构,也为该国的族际政治问题埋下了伏笔。经由民族主义运动获得国家独立标志着该国民族国家早期建构任务的完成;随后,历经"军人主政"与"还政于民"两个阶段,尼日利亚的族际政治整合实践在曲折中前行,取得了一系列成就,也面临很多问题。

(一)尼日利亚民族国家的早期建构与族群结构

尼日利亚被普遍认为是非洲的文明古国之一,在这片古老的土地上曾经延绵着大小不一、形态各异的不同政治体系。从9世纪缔造了"加涅姆-博尔努文明"的博尔努王国算起,国家(主要是部族国家与城邦国家)的历史在这片土地上持续了上千年。这种情况只是在15世纪欧洲殖民者到来之后才发生了改变,随

---

① 李贽、石小丽:《对国家一体化和多元文化主义理论与实践的评价和思考》,《中南民族大学学报(人文社会科学版)》2009年第5期。

后开始的长达四个多世纪的黑奴贸易则彻底阻断了尼日利亚国家自然演进的历程。在尼日利亚获得独立之前，这片土地上从未形成过覆盖现今所有族群（部族）的政治共同体，更不曾拥有与现今大致重合的政治疆域。事实上，今天的尼日利亚就是"建立在殖民者对该地区族群关系的无序整合之上"的，这种"无序整合"显然为"国家的未来发展留下了隐患"[①]。毫不夸张地说，今天尼日利亚所面临的全部族际政治问题都能在这里寻得最初的根源。

今天尼日利亚的政治边界始于18世纪英国殖民者对该国的统治。之后，历经欧洲列强抢占西非殖民地的"西非争夺战"[②]和英法两国围绕西非殖民势力范围的划分而展开的外交博弈和有限战争，以1898年"巴黎协定"的签订为标志，英国确认了自己在这里的殖民统治权，并最终在1914年将这些殖民地合并为统一的"尼日利亚殖民地和保护国"。而当代尼日利亚民族国家的疆域边界也是在这个时候确定下来的，这种确定也为该国的族际政治整合圈定了边界。

目前，我国学界的主流观点认为尼日利亚的族群数量有250个[③]左右，其中包括三个大的族群以及数量众多的少数族群（部族）。三个大的族群分别是豪萨-富拉尼（Hausa-Fulani）、约鲁巴（Yoruba）和伊格博（Igbo），这三个族群的生活区域与该国的自然地理分界大体吻合——流经该国的贝努埃河与尼日尔河汇流

[①] 参见蒋俊：《尼日利亚建国以来的族群政策述评》，《世界民族》2013年第3期。
[②] 参见 K. B. C. Onwubiko, *History of West Africa：1800-Present Day*, Onitsha, Nigeria, Africana-FEP Publishers Limited, 1985, p. 219.
[③] 这是 Pade Badru 的研究结论。参见 Pade Badru, *Imperialism and Ethnic Politics in Nigeria，1960-1996*, Africa World Press, 1998, p. 2. 这一观点得到了刘洪武、李文刚、蒋俊等学者的认可和支持。——笔者注

成"Y"字形后流入几内亚湾,将国家分成北部、西南部和东南部三个区域,这三个区域恰好分别构成三大族群的主要生存空间。三大族群的人口之和占国家总人口的三分之二以上,其中,豪萨-富拉尼族约占 30%,约鲁巴族约占 20%,伊格博族约占 17%。长期以来,这三大族群不仅在人口数量上占有绝对优势,也在国家的社会结构中占据有利地位,并且主导着整个国家政治生活的走向。作为一种"弱者的武器",这三大族群被国内少数族群(部族)戏谑地称为"wazobia"(该词中的音节"wa"来自约鲁巴语,"zo"来自豪萨语,"bia"则来自伊博语),暗含着对这三大族群主导国家经济政治生活、垄断社会资源的不满和调侃①。相比之下,尼日利亚的少数族群(部族)数量众多、人口稀少且居住分散,而且这些族群(部族)在历史记忆、语言文化、宗教信仰乃至经济发展水平等方面都存有相当大的差异。

"尼日利亚殖民地和保护国"的建立在确立尼日利亚民族国家的疆域边界和民族结构的同时,也"为尼日利亚民族意识的觉醒提供了一个基本的政治框架"②,带来了尼日利亚民族主义及其民族独立运动的兴起。

第一,尼日利亚人口众多,土地肥沃,交通便利,以棕榈油为主要代表的热带经济作物被源源不断地运往欧洲和世界市场,这使得尼日利亚与欧洲乃至世界市场的联系较为紧密,经济社会发展状况在英属非洲殖民地中遥遥领先,为民族主义运动在当地的兴起提供了坚实的物质基础。

---

① 参见 Abdul Raufu Mustapha, *Ethnic Minority Groups in Nigeria: Current Situation and Major Problems*, Sub-Commission on Promotion and Protection of Human Rights Working Croup on Minorities, Ninth Session, 2003.
② 刘鸿武等:《从部族社会到民族国家——尼日利亚国家发展史纲》,云南大学出版社 2000 年版,第 140 页。

第二,早在19世纪中期,尼日利亚就已经出现了由教会和殖民当局主办的西式教育机构,及至20世纪初期,受过良好教育、思想进步的知识分子阶层已然形成,加之第一次世界大战让不少尼日利亚青年加入宗主国的军队之中,在欧洲乃至世界战场上的所见所闻让他们增长了见识,加深了对殖民主义罪恶本质的认识。正是他们会同知识分子以及旅居欧洲的大学生群体,构成了尼日利亚民族主义运动的中坚力量。

第三,随着英国国际地位的下降和殖民政策的调整,宗主国与殖民地之间的矛盾也日益激化,这是尼日利亚民族主义运动兴起的直接动因。这种态势在第二次世界大战之后表现得尤其明显。第二次世界大战结束之际,英国的海上优势损失殆尽,大英帝国处于分崩离析之中,英镑的国际地位也岌岌可危。这一境况致使英国不得不面对这样一个现实:如果殖民地的独立在所难免,怎样才能在这些殖民地独立之后依然确保其对英国的依附关系并让英国从中获利?历史事实表明,英国在这个领域里的每一次努力总是徒劳或有害,因为正是这些努力才促使尼日利亚的民族主义运动由零星和分散逐渐走向组织和严密,由自发走向自觉,由温和走向激进,最终提出了实现民族解放、建立民族国家的政治口号。

第二次世界大战之后,英国陆续颁布的三部宪法与尼日利亚的独立关系密切。1946年,英国殖民者所颁布的旨在压制民族自治、实施地区分治、强化殖民统治的《理查兹宪法》遭到尼日利亚社会各阶层的强烈反对,而"尼日利亚和喀麦隆国民会议"(NCNC)领导者阿齐克韦提出的抗议被英国政府粗暴拒绝之后,更是引发了席卷全国的罢工和抗议活动,更为激进的民族主义组织(如"齐克运动")也随之出现。随后,经由尼日利亚全国制宪会议产生的《麦克弗逊宪法》(1951)在事实上肯定了分区制原则,把尼日利亚分成北区、西区和东区三个大区,各区分设立法议会和行政议会,掌管本区的立法权和财政权。该宪法为尼日利亚日后"三分天下"政治格局的形成提供了法律依据,也为独立之后尼日利亚的分裂与动荡预设了制度隐患。面对整个非洲民族独立解放运动风起云涌的时局,英国意识到尼日利亚的独立已成为大势所趋,为了主导独立进程、控制独立结果,很快就又一次启动了制宪会议,最终颁布了《利特尔顿宪法》(1954)。该宪法用"尼日利亚联邦"的称谓来命名即将走向独立的尼日利亚,并开始实施英帝国内部的全面自治。《利特尔顿宪法》的颁布并未阻止尼日利亚独立的进程——尼日利亚各主要政党为达成国家独立的愿望纷纷放弃或搁置了彼此间的分歧,为独立大业的早日实现进行积极的合作与充分的协商。

在这一背景下,1957年5月在伦敦再次召开了尼日利亚制宪会议,成立了尼日利亚联邦政府,任命北方人民大会党领导人巴勒瓦为联邦政府总理。英国还承诺允许尼日利亚独立,经由本次会议修改的新宪法于尼日利亚独立时正式生效。由此,尼日利亚在1959年12月举行了全国众议院大选,根据选举结果,由北方人民大会党与尼日利亚与喀麦隆国民会议党组成联合政府,行动派(又称行动团)则成为反对党。进而,英国政府在1960年7月兑现了自己的承诺,批准尼日利亚联邦议会提出的将于1960年10月1日宣布独立的要求。至此,尼日利亚的独立进程告一段落,一个拥有独立主权的民族国家于1960年10月1日在西非诞生。国家的独立标志着该国民族国家早期建构任务的完成。

(二)尼日利亚民族国家的当代建构与族际政治走向

尼日利亚获得国家独立仅仅是其现代民族国家建构的一

个标志性事件,并不意味这一建构的完结,只是表明尼日利亚在确定了自己的疆域边界和族群结构之后,又站在了新的历史起点上。这是因为"民族国家并非一经产生就具有现代性,还要经历一个现代转换过程,即现代民族国家建构"①。独立建国只是让尼日利亚拥有了民族国家的外在形式,整个国家还面临着一系列重大、紧迫而艰巨的建构现代民族国家的任务——全面摆脱历史形成的对宗主国的依附关系、振兴民族经济与实现社会发展、探索和建立符合本国国情的现代民主政治制度……这其中的一个非常复杂也十分关键的问题在于:怎样把国内250多个异质性的文化族群(部族)整合成为一个国家民族,并让这个新生的多民族国家获得国内各族群的内在忠诚? 对于这些问题,无论是军人主导国家政治生活的阶段,还是1999年"还政于民"后的历届政府,都进行了艰难的探索。

1960年到1999年是"军人主政"下的尼日利亚民族国家建构阶段。独立之后建立的尼日利亚联邦共和国(第一共和国,1960—1966)仅仅维持了五年多的时间就被军事政变推翻,此后,军人执掌国家政权以及或成功或失败的军事政变,成为尼日利亚国家政治生活中的常态。1979年10月,经由奥卢赛贡·奥巴桑乔军政府"还政于民"而建立的沙加里文官政府(第二共和国,1979—1983)也只维持了四年,随后的军人独裁统治一直持续到1999年。在此期间出现的一个"插曲"是,1993年全国大选引发的政治动荡让巴班吉达军政府不得不将国家权力移交给肖内坎文官临时政府,但该政府存在了不到三个月(第三共

---

① 于春洋:《外观与内核:论现代民族国家的双重建构》,《中央民族大学学报(哲学社会科学版)》2013年第4期。

第二章　多民族国家族际政治整合实践的个案描述

和国①,1993年8—11月)就被担任政府国防部长的阿巴查将军接管,尼日利亚重回军人执政的轨道。纵观1999年5月奥巴桑乔经由民选出任第四共和国总统之前的39年历史,文官政府在尼日利亚的统治时间不足10年,在其余的大部分时间里,该国先后经历了7届军政府和8位军政首脑的统治②。可以认为,这一阶段的尼日利亚民族国家建构是在军人政权与文官政府交替执政中展开的,而军人政权又在其中占据主导地位。

整体而言,这一时期尼日利亚族际政治整合的主要成果体现在:一方面,中央权力得到强化,抵御住了区域认同和地方民族主义对国家权力的削弱与侵蚀。其中最值得称道的是雅库布·戈翁军政府为防止国家分裂而实施的撤区建州政策,将整个国家由最初的3个行政区逐渐变成了今天的36个州和一个联邦首都特区。无疑,该政策"是重建国家的一个重要里程碑"③。穆塔拉·穆罕默德和奥巴桑乔军政府制定的1979年宪法不仅让"联邦特征原则"在国家政治生活中得以确立,还逐渐

---

① 关于尼日利亚第三共和国的存在时段及其执政者的问题,国内学界存在争论。刘洪武、李起陵把1993年成立的文官临时政府看作一种过渡性的政权而未将它纳入"共和国"的范畴,他们更愿意把1999年"还政于民"建立的奥巴桑乔政府称为第三共和国(参见刘鸿武等:《从部族社会到民族国家——尼日利亚国家发展史纲》,云南大学出版社2000年版,第254—282页;李起陵:《尼日利亚还政于民向第三共和国过渡》,《西亚非洲》1999年第3期);更多学者则把1993年的文官临时政府视为第三共和国,把1999年的奥巴桑乔政府视为第四共和国。甚至还有学者把1985年通过军事政变上台的巴班吉达军人政府称为第三共和国(参见戴旭:《"还政于民"进程中的尼日利亚》,《当代世界》1997年第12期)。本书无意参与这一争论,仅以"文官在名义或事实上执掌尼日利亚政权"作为划分历届共和国的标准。——笔者注
② 于春洋:《族性视野中多民族国家族际政治问题比较研究——基于尼日利亚与印度尼西亚民族国家建构的经验观察》,《国际安全研究》2017年第3期。
③ 庆学先:《军人执政与民族国家构建——尼日利亚民族国家构建研究》,《学海》2011年第4期。

建立起了超越族群与区域的政党和军队。另一方面,在"还政于民"的基调之下,军人政权采取了一系列有助于多元族群认同统一国家、提高尼日利亚国家凝聚力的政策和措施。"还政于民"是基于民众利益诉求的压力而作出的自我标榜或现实选择,但无论如何,在这个领域内的每一次努力总会或多或少地推进尼日利亚的政治民主化和族群国族化,从而有利于民族国家的建构。

1999年至今是"还政于民"背景下的尼日利亚民族国家建构阶段。1999年5月,阿布巴卡尔军政府按照之前制定的"还政于民"计划,将国家政权顺利移交给民选总统奥巴桑乔领导的文官政府(第四共和国,1999—   ),从而结束了军人长期执政的历史,尼日利亚的历史翻开了新的一页。奥巴桑乔政府出台了一系列旨在让尼日利亚政治民主化、经济私有化和文化多元化的政策,开展反腐败运动,大力提振民族经济,积极拓展与西非其他国家乃至美国、英国的关系,积极为尼日利亚拓展经济和政治发展空间。虽然贫困问题、族群冲突问题以及军人地位问题在他的两个任期之内并未得到很好解决,但他在确保国家连续、稳定、发展方面取得的成效得到人民的认可。随后,穆萨·亚拉杜瓦于2007年4月当选总统,2010年5月病逝后由副总统古德勒克·乔纳森接任,乔纳森经由2011年5月的总统选举胜出后连任至2015年3月。4月,尼日利亚全体进步大会党领袖、反对党候选人穆罕默杜·布哈里以1542.4万张选票(占有效选票总数的53.95%)的绝对优势赢得总统大选[1],这也意味着在时隔三十年之后,布哈里重新问鼎尼日利亚的最高权力。

"还政于民"之后,尼日利亚在族际政治整合方面取得的成

---

[1] 参见王磊:《尼日利亚大选评析》,《国际研究参考》2015年第4期。

第二章 多民族国家族际政治整合实践的个案描述

果主要有如下三个方面。

第一,经济发展成绩突出,综合国力显著提升,为文官政府的执政合法性、多元族群认同统一国家提供了坚实的经济基础和物质保障,也为族际政治整合目标的实现提供了源源不断的资源。资料显示,恢复民主制度以来,尼日利亚的经济总量较1999年翻了四番。尼日利亚国家统计局2014年4月公布的数据显示,该国2013年的GDP达到5099亿美元,这意味着尼日利亚首次超过南非而一跃成为非洲第一大经济实体,全球排名为第26位[①]。

第二,以戈翁军政府实施的"撤区建州政策"和1979年宪法确立的"联邦特征原则"为基础,第四共和国探索出一套行之有效的协调族际关系、平衡各方利益的总统和国会选举制度。这套选举制度历经"还政于民"以来的五次选举"实战"之后日臻成熟,2015年4月落下帷幕的总统大选被称为"尼日利亚史上首次以民主选举方式实现了政权的和平交替"[②],尼日利亚也因此被誉为"非洲最大的民主国家"[③]。时隔四年之后的2019年总统选举进程虽较为曲折,但总体平稳有序,为尼日利亚政治稳定和经济社会发展提供了必要条件[④]。

第三,独立以来的尼日利亚从未放弃民族一体化的努力,"还政于民"以来的历届政府以更加积极的姿态推进这一进程,广泛开展了国民教育与爱国主义教育。作为非洲正在崛起的新

---

① Wang Xin, Yao Chun, "World Bank, IMF, AFDB Endorse Nigeria's New GDP Statistics", *People Daily*, April 7, 2014, http://english.peopledaily.com.cn/90777/8590898.html,2014-10-28.
② 王磊:《尼日利亚大选评析》,《国际研究参考》2015年第4期。
③ 丁工:《"双面"尼日利亚》,《世界态势》2014年第9期。
④ 参见李文刚:《2019年总统选举与尼日利亚政党政治特点评析》,《当代世界》2019年第4期。

兴大国，大国意识和现代精神的觉醒让那些生活在部族传统、宗教文化和区域认同中的民众开始以更加开放和包容的眼光看待世界、反观自身，"我是尼日利亚人"的自豪感和责任感正在形成。

同时，尼日利亚也面临一系列棘手问题，这些问题正在威胁和挑战该国作为现代民族国家的底线。除了2015年总统选举之外，"还政于民"之后该国所进行的历次总统选举都引发了规模不等的族群冲突和暴力事件，这至少说明尼日利亚族群关系协调与族际政治整合的任务还远未完成；近年来，伊斯兰极端组织"博科圣地"在尼日利亚制造了一系列暴力袭击事件，毋庸讳言，"尼日利亚存在严重的经济发展失衡、贫富分化、政治管理失效和腐败等问题，为……'博科圣地'的兴起提供了肥沃的土壤"[①]；"还政于民"后的历任总统虽然都是经由民主选举产生的，但是他们（甚至包括他们在选举中遇到的主要竞争对手）都有明显的军方背景，这也表明军人对尼日利亚国家政治生活的影响还远未消除，"让军队回到军营"愿望的实现依然任重而道远。

本 章 小 结

本章选取当今世界主要多民族国家中的英国、印度尼西亚、美国、新加坡、加拿大和尼日利亚六个国家作为分析样本，力图结合这六个国家的民族国家建构进程对其族际政治整合实践进行个案描述，寻求其中带有类型学意义的共性与特点。

分析表明，英国与印度尼西亚都是单一制多民族国家，中央政府的集权力量是整合国内资源，平衡不同民族和各种利益派

---

① 刘洪武、杨广生：《尼日利亚"博科圣地"问题探析》，《西亚非洲》2013年第4期。

第二章 多民族国家族际政治整合实践的个案描述

别关系,推进族际政治整合的主体。回顾两国的民族国家建构历程可以发现,英国民族国家建构始于英格兰的民族建构与族性生成,都铎王朝则为英格兰民族组建并巩固了一个强大的单一制中央集权国家。经过这一历程而确立的英国民族国家为该国族际政治整合实践提供了一个中央集权的政治结构。第二次世界大战以来,英国在族际政治整合领域面临着越来越严峻的压力和挑战,这种压力与挑战既来自外部国际环境与国家地位的变化,也与国家内部身份认同的压力息息相关。随着欧洲一体化进程的加快与英国正式"脱欧",以及苏格兰独立问题、北爱尔兰民族分离主义带来的种种不确定性,导致族际政治整合的压力将继续困扰这个国家,并对该国未来发展产生重大影响。印度尼西亚自独立建国以来,其政治发展经历三个主要阶段。与此相联系,可以把该国的族际政治整合实践进程概括为三个时期:建国初期苏加诺通过凝聚意识形态共识、推进民主制度转换等方式进行族际政治整合的早期基础性实践;苏哈托通过"双重职能"提升军队地位、限制政党政治发展、领导经济建设等方式进行了一系列威权整合实践;后苏哈托时代,印尼进入民主政治转型时期,其族际政治整合的实践路径也随之由权威整合转换为民主整合。目前,无论是英国还是印度尼西亚在族际政治整合方面还有非常繁重的任务要去完成,这一整合的效绩对国家未来发展至关重要。

同样属于多民族国家的美国与新加坡,无论在国家组织形式、领土面积、人口数量、经济发展程度还是在历史记忆、文化形态方面,都存在非常巨大的差异。然而,两国在族际政治整合实践方面存在一个惊人的共性:两国都努力赋予国内不同群体成员以平等的政治权利,并以此作为推进族际政治整合的核心所在。这种努力无疑会帮助这两个国家很好地解决了国内民族关系和谐和社会稳定的问题,然而,对这两个国家(尤其是对美国)而言,也存在很多深层次的问题值得我们进一步思考。

加拿大和尼日利亚都是采取联邦制的多民族国家,领土面积辽阔,也都经历了西欧列强的长期殖民统治。两个国家在民族国家建构方式与政治发展历程上有很大不同,前者被视为多元文化主义政策实践较为成功的国家,族际政治整合效绩良好;后者经历长期军人主政的国家建设阶段,族际关系时常陷入紧张的冲突之中,"还政于民"以来,尼日利亚政府采取了一系列积极的政策主张,在族际政治整合实践领域取得了很多可喜的成绩。两个国家族际政治整合实践的共性在于,动用联邦国家的力量促成多元民族的政治一体化发展。

第三章 多民族国家族际政治整合的实践类型及其比较

如前所述,从国内民族构成情况来看,绝大多数现代民族国家都是多民族国家,面临将国内不同文化背景和利益诉求的民族容纳在现代民族国家的政治结构中,确保多元民族认同同一国家的任务,这个任务就是族际政治整合。历史经验表明,民族关系紧张、族际政治冲突会引发社会动荡和政治失序,危及国家统一和领土完整,因此,族际政治整合对每个多民族国家而言都至关重要,它们都在积极开展推进族际政治整合的实践。对不同多民族国家族际政治整合实践进行类型学划分,比较不同实践类型的族际政治整合效绩与不足,可以透过纷繁复杂的现象概览族际政治整合的全貌,探寻族际政治整合的本质。

第一节 族际政治整合多国实践的类型划分

鉴于族际政治整合关乎多民族国家存在与发展的大局,每个负责任的多民族国家都在该领域进行了积极尝试与努力探索。在前文中,本书从政治发展、民族国家建构与民族政策调整等多重视角,展现了英国、印度尼西亚、美国、新加坡、加拿大和尼日利亚六个国家的族际政治整合实践进程,为多民族国家族际政治整合问题研究提供了个案描述的素材。在此基础上,我们尝试将上述国家的族际政治整合实践作为分析样本进行类型学划分,寻求不同族际政治整合类型之间的差异化内容与基本特征,比较不同类型族际政治整合之间的差异及其整合效绩的好坏,从而为理解族际政治整合的本体论特征、洞察族际政治整合的本质提供来自比较政治方法与个案比较的支撑。

在世界范围内围绕族际政治整合问题而展开的多国实践进程中,逐渐形成了三种带有共性的族际政治整合类型,分别为集权干预型族际政治整合实践、平等融合型族际政治整合实践和联邦多元型族际政治整合实践。其中,以英国、印度尼西亚为代表的族际政治整合实践属于集权干预型,无论从民族国家建构历程还是从民族国家确立之后的种种努力来看,两国的国族建构和族际政治整合都是在中央政府的强力主导与推动之下进行的,带有明显的拟制性特征和集权干预特征;以美国、新加坡为代表的族际政治整合实践属于平等融合型,两国的族际政治整合是在权利平等的理念下展开的,试图以国内多民族的政治平等促成民族间的文化融合与一体;以加拿大、尼日利亚为代表的族际政治整合实践属于联邦多元型,两国都以尊重国内不同民族的文化多样性为特征,试图以联邦政府的力量推进多元文化群体的国族一体化进程。

第二节 集权干预型族际政治整合实践的内容与特征

所谓集权干预型的族际政治整合实践,主要是指在单一制国家中,依靠中央集权体制的力量去干预族际关系,中央权力机关在族际政治整合中扮演举足轻重的角色。本书在前文中讨论的英国和印度尼西亚就是这一族际政治整合类型的代表性国家。两国都是在民族国家建构的历史进程中推进族际政治整合的,进而在民族国家确立之后,又采取了一系列政策来维护和扩大族际政治整合成果。其主要内容和特点包括:其一,无论是英国还是印度尼西亚,都是由中央权力机关委派或任命包括族群聚居地方的地方行政领导来管理本地事务;其二,由中央权力机关统一调配和使用包括族群自治地方在内的全部地方性资源,并以此来维持和协调不同族群的利益诉求和族际关系;其三,中央权力机关对少数民族采取一系列优惠政策,并以此作为维系少数民族国家认同的重要途径。除此之外,两国在结合本国实际情况的政治发展进程中,在族际政治整合方面呈现出不同的特点。

一、英格兰国家民族的形成与族际政治整合

回顾英国民族国家建构过程中的族际政治整合实践可以发现,英格兰国家民族的确立与英格兰的族性生成密不可分,该民族的族性生成是在日耳曼人和诺曼人的先后征服与伊丽莎白一世力主的改革中逐渐完成的。族性生成过程的完成,也意味着英格兰国家民族的确立。此后,都铎王朝进行了一系列有利于英格兰族际政治整合的尝试与探索,这些方面都构成了英国族际政治整合的主要内容。

(一)日耳曼人的征服为英格兰民族形成奠定基础

第一,日耳曼人的征服把当时欧洲最为先进的法律制度也带给了英格兰,历经本土化改造之后,"王在法下"的法治传统逐步在英国被确立下来。所谓的"王在法下",是指立法、决策、征收赋税等国家核心权力要由英国国王与社会不同阶层的代表人士以定期进行协商的方式共同行使。该传统在英国的确立限制了国王的权力,集"君主型"与"政治型"政治体制的优点于一身,

也为国王、政府和民众三者之间关系的制度化发展提供了政治保障。"法律制度在客观上为英格兰民族在近代的崛起提供了制度上的保证,同时对于英格兰民族日后的发展也具有决定性作用。"①

第二,597年,以传教士奥古斯丁(Augustine)在坎特伯雷(Canterbury)修建天主教堂传播基督教为标志,盎格鲁-撒克逊人有了共同的宗教信仰。共同的宗教信仰为促成英格兰民族的产生提供了强大的精神动力,也在事实上加速了彼此征战的盎格鲁-撒克逊不同支系之间的融合。传教士比德(Bede)在《英格兰人的基督教历史》(731年)中首次使用了"英格兰人"这一称谓②。

第三,日耳曼人在征服不列颠群岛之后,盎格鲁-撒克逊人在拉丁语的基础上创造出自己的文字——古英语。共同语言是民族形成的重要标志,古英语在英格兰的应用和推广对英格兰民族的形成意义重大。

(二) 诺曼人的征服促进英格兰民族走向成熟

哪怕并非出于本意,诺曼人的征服客观上促进英格兰民族逐渐走向成熟。一方面,诺曼人虽然把英格兰的官方语言指定为法语,然而这一官方语言并没有给英语造成多大的冲击,仅仅是"带来了一些英语构词中的前缀后缀的变化,以及数量很少的外来词",作为"盎格鲁-撒克逊语言中固有的深层结构并没有受到影响"③。在这一背景下,英语书写的第一本历史巨著《盎格

---

① 王业昭:《英格兰民族的构建与民族特性的演变》,《世界民族》2009年第3期。
② Krishan Kumar, *The Making of English National Identity*, Cambridge: Cambridge University Press, 2003, p.41.
③ [美]加兰·坎农:《英语史》,尹敬勋译,中国对外翻译出版公司1987年版,第132页。

鲁-撒克逊编年史》于1154年问世。可以认为,共同语言的存续与发展对英格兰民族的成熟起到推波助澜的作用,问题在于,统治者与国家成员使用不同的语言不利于英格兰民族对于国家认同的形成,因此,"此时的英格兰民族虽已形成,但缺乏自己的民族特性"①。

另一方面,在给英格兰长期诸侯割据与彼此混战的局面画上句点的同时,诺曼人的征服也在保有盎格鲁-撒克逊文明的基础上让英格兰跻身主流欧洲文明的行列。诺曼人在尊重和保留盎格鲁-撒克逊法治传统的基础上,在税收、司法等方面建立了更为先进的管理制度并编撰了成文法典。作为回应,盎格鲁-撒克逊人以通婚等方式与诺曼人快速融合,也迅速接纳了由诺曼人带来的先进文明,这种融合和接纳是迅速而自发的,以至于"在诺曼人征服的一个世纪之后,要想分辨谁是诺曼人谁是盎格鲁-撒克逊人已经不可能了,……因为所有人都是他们的混血后代"②。总之,诺曼人的征服给英格兰带来先进的文明和统一的国家,促使英格兰迅速强大起来。

(三)伊丽莎白一世的改革促成英格兰民族特性的确立

"百年战争"的失败导致法语被英格兰的统治者逐渐放弃,英语取代法语开始在整个英格兰发挥重要作用,国家认同因此得以增强。1399年,亨利四世(Henry IV,1399—1413)用英语宣布继任王位;1489年,英语被宣布为英格兰的官方语言。伊丽莎白一世为英格兰民族特性的确立作出了重要贡献。

第一,继任以来,伊丽莎白一世展现出自己高超的政治才

---

① Geoffrey Elton, *The Tudor Revolution in Government*, Cambridge: Cambridge University, 1953, pp. 68 - 69.
② Edward P. Cheyney, *A Short History of England*, Lexington: Ginn and Company, 1932, p. 228.

能,确立了一种介于天主教与新教之间的国教制度,让英格兰人独特的国教信仰成为凝聚人心、区分异己的重要标志。

第二,为了平衡英格兰内部不同贵族派系之间业已存在的微妙关系,同时也为避免英国卷入欧洲大陆国家之间的利益纠葛,伊丽莎白一世终身未嫁,谢绝了一切王公贵族的求婚。此举让她受到人民的热烈拥戴,成为英格兰民族精神的象征[①],也正是在这一时期英格兰人空前团结,民族意识进一步提升。

第三,伊丽莎白一世采取包括纵容海盗去抢夺海上贸易、鼓励通过非常规方式去积累国家财富、避免与西班牙发生正面冲突等方式,带领英格兰民族开启了寻求海上霸权的民族崛起之路。以1588年5月英国完胜西班牙"无敌舰队"作为标志,英国取代西班牙成为海上新霸主。至此,英格兰民族经由初步建构到完成发展方式与民族身份的双重转型,一个拥有鲜明民族特性的现代民族得以确立。

(四)都铎王朝的族际政治整合实践探索

都铎王朝实施了内政改革和一系列海外扩张活动,既维护了民族国家的统一与稳定,强化了王权,树立了中央政府的权威,也让英国作为一个新兴民族国家的世界影响力与族际政治整合的优势得以初步彰显。

一方面,都铎王朝进行了内政改革。所实施的内政改革措施主要包括:采取了一系列旨在消除地方离心力量的措施——设立了中央政府直辖的北方委员会来管理北方地区,将威尔士并入英格兰,将切斯特地区并入英格兰,剥夺地方贵族"坐大一方、自立为王"的特权,支持苏格兰的新教起义;进行了大规模的

---

① 参见 Robert Colls, *Identity of England*, London: Oxford University Press, 2002, p.181。

第三章 多民族国家族际政治整合的实践类型及其比较

中央政府机构改革,增设了枢密院与国务大臣等职位,对财政管理进行了完善,对税收制度进行了调整;进行了旨在加强军事力量的改革,建设国民防御体系,建立了稳定的征兵体制,组建了国王自己的军队,注重海上军事力量的建设;法律体系也得到了很好的完善,以至于"依法办事成为 16 世纪英国的一个非常重要的时代特征"[①]。亨利八世期间开创的"国王在国会"先河更是提高了法律在英吉利国境之内的地位[②]。上述内政改革的成效是非常明显的,及至 17 世纪初期都铎王朝的统治行将结束之际,一个由英格兰、苏格兰和威尔士共同组建的新教国家已然形成,并且这个冉冉升起的国家拥有独立的主权、统一的文化以及稳定的疆域。

另一方面,都铎王朝还进行了一系列海外扩张活动。主要表现在:鼓励殖民活动,伊丽莎白一世政府对海盗活动和奴隶贸易采取了支持政策;在排挤外商的同时,大力发展本国对外贸易,在都铎王朝于 1485 年和 1489 年两次颁布的《航海条例》中,都对国外商船从事进出口商贸活动作出了明确的禁运限制;以亨利七世对"卡博特父子探险计划"的资助为代表,都铎王朝鼓励航海家们从事远洋探险活动,号召他们投身于开辟新航路的"伟大事业"之中。可以看出,反对外来势力对英国民族利益的干预和损害是都铎王朝实施海外扩张活动的主要目标,这些举措也彰显了英国作为一个新兴民族国家的国际地位,提升了英国的世界影响力。

尽管都铎王朝对英国民族国家的形成产生了巨大而深远的影响,但英国作为典型民族国家形态的真正确立时间却要晚很

---

① P. Williams, *Tudor Regime*, Oxford: Oxford University Press, 1979, p. 36.
② 参见[英]屈勒味林:《英国史(上)》,钱端升译,红旗出版社 2017 年版,第 257 页。

多。英格兰早在近代初期就已经呈现出民族国家的一些征兆，如"国家已经可以利用有形的高压统治来实现和加强其中央集权，政权结构相对集中化，有可供继续发展的地域主权实体"①等。然而英格兰所具备的这些特征其实还没有让英国真正成长为一个拥有地域主权的实体，只是到了近代后期，英国才逐渐具备了地域主权实体这一民族国家的重要因素：1536 至 1543 年间，威尔士公国被并入英格兰王国；1707 年，英国议会通过了英格兰与苏格兰的合并法案；1800 年，英国议会又签订英格兰与爱尔兰的合并法案。英国议会作为代表民族政治体的一元化机构，是英国现代民族国家建构中的关键因素之一②。也只是到了这时，作为地域主权实体的英国民族国家才最终得以确立。

总之，族际政治整合需要有民族国家政治结构的支撑，但早在民族国家实体真正确立之前，族际政治整合的问题就早已出现进而伴随着整个民族国家建构的全程。

二、印度尼西亚政治发展中的族际政治整合绩效

如前所述，印度尼西亚的政治发展经历三个主要阶段。与此相联系，可以把该国的政治整合实践进程也概括为三个时期，在每个不同的时期，印尼族际政治整合实践的绩效也是不同的，这些实践绩效也蕴含着该国族际政治整合的主要内容。

（一）苏加诺基础性族际政治整合实践及其效绩评析

苏加诺领导下的基础性族际政治整合实践为建国初期的印尼政治发展奠定了基础，提供了政治意识形态共识和国家民主

---

① Charles Tilly, *The Formation of National States in Western Europe*, Princeton: Princeton University, 1975, pp. 26 - 27.
② 参见杨利敏：《英国议会作为一元化机构在国家建构中的功能及其起源》，《学习与探索》2020 年第 3 期。

第三章　多民族国家族际政治整合的实践类型及其比较

制度探索的宝贵经验。关于印尼这一时期基础性族际政治整合的效绩问题，至少有如下两个方面的内容需要强调：一方面，通过大力倡导政治意识形态共识，逐渐让"潘查希拉"成为印尼立国的思想基础，而这一"国家思想观"也被其后的历任印尼国家领导人很好地坚持下来并且有所发展。这种政治意识形态共识作为一种"社会粘合剂"，为刚刚独立的印尼族际政治整合提供了宝贵的思想资源与"最大公约数"话语，对于建国之初的印尼能够很快摆脱不同政治派别、宗教派别之间无休止的争论，凝聚人心，汇聚国民对国家的认可乃至忠诚等方面发挥了无可替代的作用。

另一方面，从照搬西方多党议会制民主到推行"有领导的民主"来进行族际政治整合，建国初期的印尼政治生态经历了由多党林立、总统权力式微、政局动荡到国家权力逐渐向总统集中、政党权力萎缩以及政局趋于稳定的转换。这种转换是非常必要的，总体来看也算成功，因为它可以让民主从简单"移植"转向"根植"于印尼的文化传统，与"印尼的民族灵魂"相匹配。在这一转换过程中，议会制与多党制传统被很好地保持下来，为印尼政治生活的常态化发展创造了条件，也为印尼族际政治整合提供了可资凭借的政治制度资源。然而，这种转换的问题在于，随着"有领导的民主"的推进，先前宣称能够代表印尼人民的代议制被总统制取代，总统拥有了更大的权力，苏加诺也因此在事实上对印尼实施了独裁统治：他的卡里斯马型（Christmas）领袖气质被极大激发，强力推行企业国有化改革，通过操纵和获取"专业集团"的支持来平衡国家政治生活对军队的过分依赖，等等。正如前文所述，印尼军队逐渐获得了主导国家政治生活的能力，这种情势为后来印尼官僚威权体制的实施与苏哈托的军人独裁统治写下了伏笔。显然，这种后果背离了苏加诺政权的本意和初衷。

(二) 苏哈托威权型族际政治整合实践及其效绩评析

总体而言,印尼的威权型族际政治整合是在苏哈托的直接领导下主动开启并持续进行的聚合性整合,带有鲜明的自主意识和自觉性,强调"多样性中的统一,力求国家的稳定与发展"①。为了实现这一点,苏哈托政府实施了一系列服从和服务于国家政治整合的政策措施,其效绩主要体现在:苏哈托为发展印尼经济进行了不懈努力并且取得显著成效,为其实施统治(哪怕是军事独裁统治)提供了丰富的执政合法性资源,赢得了民众的普遍认同。这一点为维系印尼族际政治整合提供了坚实的经济基础和广泛的智力支持;军队作为苏哈托巩固和实施官僚威权政治统治的关键力量,在客观上也为族际政治整合提供了强有力的保障,有利于族际政治整合的维持。然而,印尼的威权型族际政治整合也存在诸多先天不足和后天失误,致使这一阶段的族际政治整合带有明显的脆弱性,正是这种脆弱性造成 1997 年的东南亚金融危机彻底击垮了印尼的国民经济,引发了苏哈托执政以来最为严重的政治危机,最终致使统治印尼 32 年之久的苏哈托政权一夜之间土崩瓦解。

印尼威权型族际政治整合的脆弱性体现在:其一,屠杀和腐败这两宗罪名成为苏哈托独裁统治不能承受之轻。在苏哈托统治时期,约有 50 万名印尼共产党党员遭到屠杀,针对当地华人的国家恐怖主义暴行更是比比皆是。而苏哈托家族运用手中的权力垄断国民经济,横征暴敛,家族资产高达 450 亿美元并且绝大部分已经转移到国外②。腐败问题导致民怨沸腾,要求苏哈托

---

① 于春洋:《印度尼西亚政治整合的实践进程与效绩评析》,《南洋问题研究》2017 年第 2 期。
② 参见长海:《大肆敛财的苏哈托家族》,《人民日报海外版》2000 年 8 月 2 日。

下台的呼声此起彼伏、绵延不绝。其二,经济建设过程中忽视地区间、民族间的平衡发展与利益共享,工农业经济结构不合理,外债负担沉重。这一问题不仅直接导致东南亚金融危机爆发时印尼经济体系于顷刻间断裂,也为印尼国内的民族矛盾和地区分离运动埋下了巨大隐患。其三,以东帝汶问题、亚齐分离运动①以及华人问题为代表,苏哈托政府在处理民族关系、制定民族政策方面存在重大失误,成为影响后苏哈托时代族际政治整合的重大隐患。

(三) 后苏哈托时代民主型族际政治整合的效绩评析

整体而言,后苏哈托时代印尼的民主型族际政治整合效绩主要体现在:其一,虽然在这一阶段,民族分离主义运动对印尼族际政治整合的干扰和破坏问题一直没能得到很好解决,但国家统一和政治稳定这两个族际政治整合的基础性目标还是被很好地完成了;其二,族际政治整合的脆弱性特征在很大程度上被克服了,从威权整合到民主整合的嬗变也意味着印尼的族际政治整合走上了良性发展的快车道;其三,经济发展取得的良好成绩为印尼族际政治整合的维系提供了坚实的物质基础。苏西洛当选总统的两个任期内,印尼经济建设的成效非常显著。资料显示,从 GDP、人均 GDP、失业率和贫困人口四个指标来看,"经济得到稳步发展。……尤其是在经济稳步发展的同时,社会趋于稳定,贫困人口和失业率也在逐步下降"②。这与苏西洛政府

---

① 苏哈托下台后,在亚齐发现了 12 个印尼军队镇压反抗时残杀亚齐人的乱葬岗,从而激起了亚齐新一轮的民族分离情绪,要求独立的呼声不断高涨。参见 John Mcbeth, "An Army in Retreat", *Far Eastern Economic Review*, Vol. 161, No. 47, 1998, p. 24.
② 林梅、柯文君:《苏西洛总统执政年的印尼经济发展及新政府的挑战》,《南洋问题研究》2014 年第 4 期。

不单纯追求经济增长、注重增加就业和改善民生的经济政策息息相关。

以变革、亲民著称的新一任印尼总统佐科·维多多自2014年10月上台以来，其回归实用主义原则，凸显人本主义精神，以经济外交促进社会发展，大力进行国家基础设施建设、改善民生的施政纲领也为印尼的族际政治整合迎来了新的机遇期。其制定的加快与相邻国海上边界争端问题解决、维护领土主权完整等①外交政策取向，有利于为印尼族际政治整合提供合法性资源。

第三节 平等融合型族际政治整合实践的内容与特征

所谓平等融合型的族际政治整合实践，主要是指中央权力机关并不主动干预族际关系，而是以宪法和法律的形式来规定国内各个族群的平等地位，并为这种族际平等提供制度上的保障，进而在各个族群平等交往的基础上逐渐实现融合。这种对各个族群地位平等的保障是以淡化和模糊不同族群间的文化差异为取向的。可以把前文描述的美国与新加坡视为平等融合型族际政治整合实践的代表性国家。

一、美国族际政治整合的主要内容及其特点

最终促成美国选择以"平等"作为族际政治整合核心原则的标志性事件是发生于20世纪60年代的黑人民权运动。这场旨在争取平等权利的民权运动得到了美国社会其他少数族裔弱势群体的纷纷响应，事态的发展及其后果的严重性终于让美国政

---

① Aron L. Connelly, "Soverignty and the Sea: President Joko Widodo's Foreign Policy Challenges", *Comtemporary Southeast Asia*, Vol. 37, No. 1, 2015, pp. 1-28.

第三章　多民族国家族际政治整合的实践类型及其比较

府意识到赋予国内少数族裔群体以平等权利的重要性。在这一背景下,林登·约翰逊总统的"肯定性行动计划"(Affirmative Action)应运而生,该计划以法律的形式赋予少数族裔群体以平等权利为核心内容,并被后来的历届政府所遵从和发展,享受平等权利的少数族裔群体不断扩大,平等权利的内容也不断增加。

在用平等权利促进族际政治整合的进程中,一方面,美国政府致力于各族群之间的教育平等权利,从法律上取消存在于学校教育中的种族隔离制度。1954年,美国最高法院就"布朗诉托皮卡教育局"一案的裁定对促进少数族裔群体享有教育平等权利具有重大意义,成为后来美国实施一系列平等权利的基础。该裁定的内容为"公立学校教育事业决不容'隔离但平等'之说存在,教育机构一经隔离则无平等可言"[1];另一方面,美国政府还通过制定出台各种法律来切实保障少数族裔群体及妇女享有平等的经济社会生活权利。1963年,通过《平等薪金法案》来规定男女同工同酬。1964年,通过《民权法》来废止大部分公共场所中的种族歧视,并为此设立了专门机构——平等就业机会委员会。1965年,约翰逊政府颁布的第11246号行政命令规定,凡获得联邦政府资助的学校或企业,在招生和招工时必须要参照当地居民中各族群人数的多寡来按比例录取或录用。1988年,通过《公平住房法案》来惩罚那些存在于房屋销售领域的种族歧视行为;同年,通过《民权恢复法案》对接受联邦政府基金的各个机构提出强制要求,不得歧视少数族裔群体,否则,将取消该机构所获得的基金。1991年,颁布《民权与妇女就业平等

---

[1] [美]J.布卢姆、A.施莱辛格、S.摩根:《美国的历程》(下册),戴瑞辉、吕永祯译,商务印书馆1998年版,第695页。

法》，用法律的形式来保障就业过程中的种族与性别平等。

在用法律赋予少数族裔群体各种平等权利的同时，美国政府并没有放弃在国内全体国民中以盎格鲁-撒克逊化来融合少数族裔群体的努力，致力于美利坚民族的一体化。哪怕是在克林顿政府把提倡多样性和鼓励多元文化作为自己主要目标之一的20世纪90年代，盎格鲁-撒克逊化依然拥有强大的力量。而且，美国学术界从来就不缺少用盎格鲁-撒克逊化来确保美国国家特性的声音。塞缪尔·亨廷顿指出："如果同化移民的努力归于失败，美国便会成为一个分裂的国家，并存在内部冲突和由此造成分裂的潜在可能。"①亨廷顿进而为美国开出了药方，他认为，只要美国人可以"致力于发扬盎格鲁-新教文化以及我们前辈所树立的'美国信念'"，即使"创建美国的那些白人盎格鲁-撒克逊新教徒的后裔在美国人口中只占很少的、无足轻重的少数，美国仍会长久地保持其为美国"②。

通过法律来保障少数族裔群体的各项平等权利，能够增进少数族裔群体的国家认同，而通过盎格鲁-撒克逊化来维持和确保美国的国家特性，也不失为一种较好的选择。问题在于，试图以盎格鲁-撒克逊化来完成美国的民族一体化，这种族际政治整合的进程是以少数族裔群体自身文化的被同化为代价的，显然，这种模式在赋予少数族裔群体以各项平等权利的同时，也在事实上侵犯和剥夺了少数族裔群体的文化权利。这一悖论显然会增加美国族际政治整合过程中的不确定因素。

---

① ［美］塞缪尔·亨廷顿：《文明的冲突与世界秩序的重建》，周琪等译，新华出版社1994年版，第351页。
② ［美］塞缪尔·亨廷顿：《我们是谁？——美国国家特性面临的挑战》，程克雄译，新华出版社2005年版，前言第3页。

二、新加坡族际政治整合的主要内容及其特点

新加坡族际政治整合的对象是由华人、马来人、印度人三大族群以及少数其他族群共同构成的国家多民族人口,内部隐含着多宗教、多文化和多族群的差异。由于长期处于英国的殖民统治之下,西方政治、经济、文化发展模式势必会在独立建国后的新加坡留有重要影响,然而,新加坡却注定无法效仿西方模式,因为国内人口规模最大和比例最高的族群是华人,这使得东方文化传统在新加坡有着深厚的根基与巨大的惯性。这种国内民族文化的基本构成情况就使得新加坡无法单纯依赖西方模式或者东方文化传统来整合国内族际关系,而只能探索一种更具开放性、超越性和融合性的族际政治整合实践策略。事实证明,新加坡的族际政治整合实践取得了公认的成功。

第一,平等原则是新加坡族际政治整合实践的出发点和落脚点。虽然新加坡的官方文件从未提及民族与民族政策的字样,但与美国相类似,新加坡的民族政策致力于对各个民族政治平等和法律平等的追求。在此基础上又比美国更进一步,积极致力于各民族的社会平等与真实平等。如前所述,新加坡无论是从宪法上,还是在学校教育、就业和社会生活的各个领域,都以捍卫国内各民族成员的平等权利作为基本出发点,进而实施了一系列重要举措。其中,为了追求社会平等和真实平等,新加坡政府对以马来人为代表的国内少数民族实施带有倾向性的优惠政策,也是确保平等理念真正落地的重要政策安排。比如,早在人民行动党成立之初就在党内成立了马来人事务所,专门用来鼓励和确保马来人参政议政,协调处理关涉马来人权利的各项事务。在历届政府和内阁中,都有马来人在其中担任要职,还曾出现过马来人的国家总统。再如,1970 年成立的少数民族团

体权益委员会,1995年成立的少数民族权益总统理事会,其目的都是为了更好地帮助少数民族享有自己的权利,确保宪法和法律赋予他们的权利能被真实有效地履行。

第二,新加坡的权威型政党与政治体制是确保该国族际政治整合取得实效的坚强后盾。人民行动党自1959年以来就一直以唯一执政党的身份活跃于新加坡的政治舞台,作为人民行动党的主要创始人和新加坡开国元首的李光耀,则常年担任新加坡总理(1990年卸任)和内阁资政(2011年卸任),在任期间力主新加坡国家发展大计和民族关系协调的重任,并且开创了权威政治体制与清廉高效政府形象并存的新加坡独特政治生态。亨廷顿曾经指出:"一个强大的政党能使群众的支持制度化。"[1]把这句话作为新加坡人民行动党的典型写照再合适不过了。权威政治体制与清廉高效的政府形象对于树立良好的、富有公信力的国家印象,赢得广大民众的国家认同也是非常重要的。有研究指出:"在这种权威统治下,一盘散沙似的移民社会被改造为具有强烈认同感的民族国家。"[2]

第三,显著的经济发展效绩为族际政治整合实践提供了坚实的物质基础。新加坡的族际政治整合成果得益于该国经济发展的显著效绩。新加坡创造了经济发展的奇迹,成为"亚洲经济四小龙"之一。有资料显示,新加坡人均国民生产总值由1959年的405美元,激增到2019年的6.12万美元,60年间增长了150倍。60年间的国内生产总值更是以近乎为零增长到了3 743.9亿美元。一跃成为发达的工业化国家[3]。与此同时,新

---

[1] [美]塞缪尔·亨廷顿:《变动社会的政治秩序》,张岱云、聂振雄等译,上海译文出版社1988年版,第388页。
[2] 孙景峰:《新加坡人民行动党执政形态研究》,人民出版社2005年版,第124页。
[3] 参见 https://zh.tradingeconomics.com/singapore/gdp,2021-11-27。

加坡经济发展的利好也被国内各个民族所共享,尤其体现在马来人经济状况的改善上。历史上,新加坡的马来人和华人之间的经济发展落差较大,导致民族之间的隔阂与不信任,不利于国家整合优势的体现。为解决这个问题,新加坡政府在增加马来人就业机会、提高马来人受教育水平、解决马来人贫困问题上增加了经费、政策和制度供给,从而在较短的时间内缩小了国内不同民族之间的发展落差,为缓解民族隔阂、增进民族互信和推动民族关系和谐提供了强大的动力。

第四,多元和谐的宗教政策是维护族际政治整合的又一重要内容。作为一个多宗教、多文化并存的多民族社会,新加坡在对待宗教信仰方面的做法取得了很好的成效,成为塑造新加坡人共同价值观的重要精神资源。其一,新加坡宗教政策的一个显著特征是不设国教,各种宗教一律平等,都拥有合法的地位并且可以根据自己的办教宗旨来吸纳信徒;其二,宗教自由是有前提的,这个前提就是不得干涉政治。无论是不同教派和宗教组织,还是信仰某种宗教的个体,都不得以宗教组织或宗教信徒的身份来参与政治事务。事实上,"新加坡有很多议员甚至部长都是宗教信徒,但是他们在参与公共事务决策时,是不允许带有宗教信仰色彩的"[①];其三,出台法律、制定政策、开设课程等多种手段促进宗教和谐。1990年,新加坡颁布《维持宗教和谐法案》,如果有宗教组织或有个体以宗教信徒的身份干涉政治事务,会受到该法案的制裁。此外,在《煽动法》和《刑事法》中也列举了破坏宗教和谐的主要行为及其制裁手段。新加坡政府还颁布了《维持宗教和谐白皮书》,学校教育中也融入了很多树立和谐宗

---

① 李京桦:《新加坡民族关系厘定的现实逻辑及启示》,《中南民族大学学报(人文社会科学版)》2014年第4期。

教观、促进多种宗教和谐发展的课程,为保持多元和谐的宗教氛围提供了源源不竭的智力支持。

正如有研究指出的那样,新加坡"多元、平等与和谐的族群政策的特点是承认民族文化的差异性,倡导族群文化的相容性,并在此基础上建立一种统一的国民文化"①。这种族群政策体系安排为新加坡族际政治整合实践定下了基调。基于平等原则,运用多种手段促进多民族、多宗教、多文化社会的融合共生,用共同价值观打造"新加坡人"对国家的高度认同意识,构成了新加坡族际政治整合的典型特征。

第四节 联邦多元型族际政治整合实践的内容与特征

所谓联邦多元型的族际政治整合实践,主要是指在联邦制国家中,中央权力机关虽然赋予国内不同族群以同样平等的政治地位,但同时承认和尊重各个族群的异质性文化,并为各个族群保持和传承自己的文化提供政策上和制度上的保障,试图通过承认文化多元性、尊重差异的方式来实现政治一体化。加拿大和尼日利亚是联邦多元型族际政治整合实践的代表性国家。

一、加拿大族际政治整合的主要内容及其特点

与美国相类似,加拿大民族国家的建构走的是"以移民为主的国家从宗主国的统治下独立出来,获得了国家的主权和独立,

---

① 毕世鸿:《多元、平等与和谐:新加坡族群政策评析》,《东南亚南亚研究》2009年第1期。

从而形成民族国家的道路"①。建国后的加拿大面临着一系列较为严峻的族际政治整合压力,其中最主要的问题在于历史上形成的英法两大族裔之间的民族矛盾长期得不到真正解决。作为这一民族矛盾缩影的魁北克问题,长期困扰着加拿大政府。为了缓和国内族际关系的紧张,实现族际政治整合,在长期摸索和大胆实践的基础上,1971年,加拿大最终确定将多元文化主义作为本国民族政策的取向,指出"在双语言的框架内,对于政府而言,一种多元文化主义政策是确保加拿大文化自由的最合适的方法"②。由此,加拿大成为在国家民族政策层面第一个公开宣称采用多元文化主义的国家。

加拿大的多元文化主义政策主要是针对国内的少数民族、族裔群体和文化集团,旨在通过向他们提供必要的帮助和扶持,保护其独特的民族文化,并使其真正融入加拿大的社会生活。显然,这种做法较之于以往把国内各民族划分为建国民族、第一民族(First Nations)和移民集团的方式是一种巨大的进步。

加拿大的多元文化主义政策主要包括四个方面内容:其一,帮助各文化集团;其二,克服文化障碍,全面参与加拿大社会;其三,在国家团结利益下,促进文化交流;其四,进行官方语言训练。《多元文化法》(1988)的颁布也推动了政策的实施③。

为了保证多元文化主义政策的顺利实施,加拿大政府还制定了一系列配套措施。这些措施包括设立多元文化奖、制定文化发展计划、运用官方语言教学、支持民族历史著作的出版和进

---

① 周平:《对民族国家的再认识》,《政治学研究》2009年第4期。
② 杨洪贵:《多元文化主义的产生与发展探析》,《学术论坛》2007年第2期。
③ 参见王传发:《破碎与重构:多元文化主义塑造加拿大国家认同》,《云南行政学院学报》2020年第3期。

行加拿大民族研究等。自 1972 年开始,加拿大政府委任一位部长专事多元文化主义政策的实施与管理;1973 年,政府设立加拿大多元文化协商委员会,并在国务秘书部设立多元文化专员,组织协调多元文化相关事务。联邦政府每年还设立专门款项,用于支持多元文化建设。这些举措表明了加拿大推行多元文化主义政策的坚强决心。

此后,多元文化主义政策得到了巩固和完善。1982 年,多元文化主义政策被写入《加拿大权利与自由宪章》。《宪章》第 27 条明确规定,本宪章的解释必须与保护和加强加拿大多元文化遗产的宗旨相一致;1985 年,加拿大召开了联邦政府—省级政府会议来讨论和完善多元文化主义政策,成立了多元文化常务委员会;实施多元文化主义政策的经费,也从最初的 159 万加元增加到 1985 年的 2 400 万加元[①];1987 年,加拿大政府起草了多元文化主义政策的八项原则、制定专门法的三项原则,并从十个方面修正和细化了最初的多元文化主义政策。1988 年,加拿大众议院通过了《加拿大多元文化法》,该法确定了多元文化主义政策在加拿大作为基本国策的法律地位,标志着多元文化主义政策正式走上了制度化的轨道,也可以把这部法律看作对加拿大政府实施多元文化主义政策的一个阶段性的总结。

加拿大实施多元文化主义政策至今已有五十多年。五十多年来,一方面,多元文化主义政策得到了越来越多加拿大人的支持,加拿大多元文化主义部的调查资料显示,"73% 的加拿大人认为多元文化主义将保证不同文化背景的人们具有归属加拿大的意识",多元文化主义政策的支持者也由 1974 年的 51% 增加

[①] 参见阮西湖、王丽芝:《加拿大与加拿大人》,中国社会科学出版社 1990 年版,第 159 页。

到 1991 年的 78%；①另一方面，多元文化主义政策赋予了加拿大各少数族裔各种平等权利，"使失衡的民族关系得到了重新定位，提高了各族裔成员的平等意识和自尊心，强化了民族凝聚力和向心力"②。所有这一切都意味着联邦多元模式在实现族际政治整合方面的确大有作为。然而也要看到，正如塞缪尔·亨廷顿所指出的那样，"文化共性促进人们之间的合作和凝聚力，而文化的差异却加剧分裂和冲突"③。这种模式对文化差异的过分尊重也有可能使问题走向反面，"对'差异'的追求本身也容易形成一种自我封闭或对外排斥，它不仅不利于民族融合与政治一体化的发展，而且容易在国家内部筑起民族间的壁垒，形成一种'新的部落主义'"④。显然，这不是加拿大政府希望看到的结果。

二、影响尼日利亚族际政治整合的深层逻辑

在对尼日利亚族际政治整合实践进行分析的时候，除了要注意到该国具有共性的联邦多元型族际政治整合的一般特征外，还要看到尼日利亚族际政治问题背后的历史原因。有学者指出："非洲从来不存在严格的边界概念，它的出现完全是殖民主义带来的"⑤；"对大多数非洲国家来说，民族国家构建是一项非常艰巨的任务，主要是因为这些国家在很大程度上是殖民主

---

① 阮西湖：《加拿大与加拿大人》(三)，中国工人出版社 1994 年版，第 241—246 页。
② 李赞、石小丽：《对国家一体化和多元文化主义理论与实践的评价和思考》，《中南民族大学学报(人文社会科学版)》2009 年第 5 期。
③ [美]塞缪尔·亨廷顿：《我们是谁？——美国国家特性面临的挑战》，程克雄译，新华出版社 2005 年版，第 10 页。
④ 常士訚：《超越多元文化主义——对加拿大多元文化主义政治思想的反思》，《世界民族》2008 年第 4 期。
⑤ 陆庭恩：《非洲国家的殖民主义历史遗留》，《国际政治研究》2002 年第 1 期。

义者人为制造的"①。这些论断对分析尼日利亚的族际政治整合问题同样适用：英国殖民者给尼日利亚留下了一笔非常丰厚的"历史遗产"，正是这笔不得不继承的"遗产"才让今天的尼日利亚举步维艰、伤痕累累。无疑，这种带有原罪性质的恶还要继续伴随这个国度，并且构成我们理解尼日利亚族际政治整合全部问题的逻辑起点。

(一)"历史遗产"与族际政治困境生成

这笔"历史遗产"的核心内容就是：把原本碎片化的族群压缩在一个前所未有的政治边界之内，进而制造了"边界重叠"的现实。虽然尼日利亚被认为是非洲的重要文明古国之一，这里也的确出现过大小不一、形态各异的不同政治体系，然而在"西方殖民之前，该地区未曾发展出囊括全境的国家性组织架构"②，甚至连"尼日利亚"这个国家称谓也是英国殖民者给命名的——经过一番激烈的争夺与较量，英国最终在19世纪末期确立了自己对这一区域的殖民统治权。随后，英国在1914年将这一区域之内的殖民地合并统一，命名为"尼日利亚殖民地和保护国"。

可以认为，尼日利亚的出现是基于欧洲殖民列强之间的利益分割和政治博弈而形成的结果。这一殖民统治边界在确立的过程中并未考虑非洲人的利益和感情，也从未征求过非洲人的意见，而是粗暴地践踏和割裂了这一区域原生族群的历史、宗教与文化传统。进而，英国殖民者以实现自身利益最大化为目的，在尼日利亚实施了分而治之的"间接统治"政策，该政策依托尼日利亚三大族群及其主要生活区域而将殖民地分为三个区域，

---

① 李文刚：《"联邦特征"原则与尼日利亚民族国家构建》，《西亚非洲》2012年第1期。
② 蒋俊：《尼日利亚建国以来的族群政策述评》，《世界民族》2013年第3期。

逐渐形成了豪萨-富拉尼人雄踞北方、约鲁巴人掌控西南、伊博人统领东南的权力分布格局。这种割裂传统的外部政治边界设定和分而治之的内部权力结构设计，不仅让地方割据势力削弱了联邦政府的权威，让区域认同和地方民族主义稀释了国家认同，还给以三大族群为基础的永无休止的党派竞争和利益争夺埋下了伏笔。

总之，正是这种经由英国殖民者的粗暴植入而形成的尼日利亚政治生态，才导致了今天尼日利亚的族际政治困境。

(二) 军人主政尼日利亚的必然性

我们还需注意到一个基本的事实：军人政权长期主导尼日利亚族际政治整合的实践进程绝非偶然，这与该国的政治结构和族群关系状况息息相关。文官政府与军人政权的交替在表面上看是两种执政模式的竞争，其背后隐含的则是中央政权与地方民族主义之间的争夺与较量。这种争夺与较量往往在政府选举时集中爆发，由此引发的大规模族群冲突乃至战争致使尼日利亚长期政局动荡，一度让该国沦为世界上最贫穷的国家之一。频繁的族群冲突和政局动荡也为军人干政与发动军事政变提供了绝佳的借口，因此，尼日利亚独立之后军人长期把持国家政权的"最根本原因是松散的社会结构和大一统的政治框架之间的矛盾，具体表现为部族关系矛盾重重，部族争斗连绵不断，狭隘的部族利己主义难以解决"①。军人长期执政导致的腐败横行和民主政治进程的断裂、频繁的军事政变所导致的政局动荡和经济衰退，都让该国在族际政治整合领域难有作为，这种局面也让"还政于民"成为尼日利亚人民的迫切愿望。

---

① 戴旭：《"还政于民"进程中的尼日利亚》，《当代世界》1997年第12期。

(三) 祛除"历史遗产"的实践策略

如前所述,英国殖民者留下的"历史遗产"致使尼日利亚不仅拥有"三足鼎立"的族群结构,而且这一族群结构还与"三分天下"的行政辖区相互叠加在一起,构成了边界重叠的现实。尼日利亚为摆脱族际政治困境所付出的全部努力,归根结底都是围绕着怎样祛除现实中的乃至观念中的这种重叠结构而展开的。在现实层面,尼日利亚为了祛除"三分天下"的地方权力格局对中央权力的威胁而进行了"撤区建州"的探索,并且取得了良好收效;在观念层面,为了祛除族群意识、地方民族主义、区域认同对"我是尼日利亚人"的冲击和影响,广泛开展了国民教育与爱国主义教育。这些都是非常积极且十分有益的尝试。

第五节 国别比较:共性、困境及其化解

从经济发展状况和社会发展程度分析,在当今世界的多民族国家中,发展中国家占据相当大的比重。由于多民族发展中国家一般都经历过西方列强的殖民统治或资源掠夺,民族构成情况多样、经济发展状况和社会发展程度往往不够理想,造成这些国家与发达国家(如前文分析过的英国、美国、新加坡和加拿大等国)存在较大差异,面临的族际政治整合压力也比发达国家更为棘手。由此,本书拟在这一部分以东南亚地区最大的多民族发展中国家印尼和非洲人口最多的多民族发展中国家尼日利亚作为分析样本和国别比较个案,基于前文对两国族际政治整合实践的描述,提炼和概括两个多民族发展中国家族际政治整合的共性问题、主要困境和化解路径。

一、多民族发展中国家族际政治整合的共性特征

通过对印尼与尼日利亚两个民族国家建构中的族际政治整合实践比较，可以得出如下有关多民族发展中国家族际政治整合的共性特征。

第一，"多民族国家"这一"民族"与"国家"两相结合的政治结构形态不仅构成了族际政治整合实践的基础和前提，也在事实上构成了族际政治整合的分析单位。就其"多民族"特征而言，印尼是东南亚最大的多民族、多宗教共生并存的群岛国家，人口超过2.6亿，民族超过100个，穆斯林、基督徒、天主教徒、印度教徒、佛教徒占据国家人口的99%以上；尼日利亚的族群数量有250个左右，其中包括三个大的族群以及数量众多的少数族群（部族）；这种多个文化民族共处同一个政治国家的现实，成为族际政治问题得以存在的天然土壤。按照目前学界对族际政治整合的界定与研究现状，这种多个民族、一个国家的"多民族国家"构成这一问题的分析单位。

第二，族际政治整合问题虽然困扰着现实中的当代多民族国家，却往往有着深刻的历史背景和渊源。这就意味着当我们谈及某一国家民族国家建构中的族际政治整合问题时，必须注意到导致这一问题的深刻历史原因。事实上，那些"继承历史遗留而存在的非洲独立国家，在形成多民族国家认同方面遭遇困难是必然的"[1]；"对于那些经由殖民统治而产生的国家而言，他们在建构自己民族国家时普遍会遇到困境"[2]。这些论断对本书

---

[1] A. A. Boahen, *Africa Perspectives on Colonialism*, Baltimore and London: The Johns Hopkins University Press, 1987, pp. 96-97.
[2] ［英］威廉·托民夫：《非洲政府与政治》（第四版），肖宏宇译，北京大学出版社2007年版，第4页。

分析印尼和尼日利亚的族际政治整合问题同样适用：无论是荷兰还是英国，殖民们给两个国家留下了一笔十分丰厚的"历史遗产"，今日印尼和尼日利亚所面临的族际政治问题，在很大程度上源自这笔无法剔除的"遗产"。

第三，政治与文化边界的重叠是族际政治整合问题产生的逻辑起点。对此，亨廷顿早有洞见："当文化的差异和地理位置的差异重合时，可能就会出现暴力、自治或分离运动"①。一旦这种差异被政治边界强化时，问题就有可能变成一种族际关系的常态。荷兰殖民者在印尼实施了鼓励和迫使大批华人迁往巴达维亚和周边岛屿、以社会等级制为典型特征的种族歧视政策，以及"以夷制夷""分而治之"的殖民统治理念，这些政策和理念对印尼建国之后的族际政治关系产生了强烈而深远的影响。尼日利亚的情况也与此相仿佛：该国三个大的族群分别是豪萨-富拉尼（Hausa-Fulani）、约鲁巴（Yoruba）和伊格博（Igbo），这三个族群的生活区域与该国的自然地理分界大体吻合——流经该国的贝努埃河与尼日尔河汇流成"Y"字型后流入几内亚湾，将国家分成北部、西南部和东南部三个区域，这三个区域恰好分别构成三大族群的主要生存空间。英国殖民者在这里实施的"间接统治"政策承认并固化了该国的豪萨-富拉尼人雄踞北方、约鲁巴人掌控西南、伊博人统领东南的"三分天下"的权力分布格局，以及文化边界与政治边界相互重叠的现实。

第四，国内不同民族群体、宗教群体以及文化群体在国家政治权力、经济利益和社会资源的分配中无法得到平等和公正地对待，是导致多民族发展中国家族际政治整合问题的核心因素。

---

① ［美］塞缪尔·亨廷顿：《文明的冲突与世界秩序的重建》，周琪等译，新华出版社1994年版，第144页。

对此,马丁·N.麦格曾经指出:"在获取社会收益方面,少数族群成员遇到的阻力和困难是在社会生活中占有支配地位的族群成员不会遇到的。"①这个观点对本书非常适用。多民族国家出现族际政治问题的核心原因在于国内主体民族与少数族群、原住民和非原住民的政治、经济乃至社会地位的不平等。以印尼的华人问题为例,该问题由来已久,问题的核心在于长期以来(尤其是苏哈托执政以来)华人无法通过政治参与的方式而让自身利益诉求获得权力机关的有效回应,哪怕印尼拥有世界上人口数量最多的华人;尼日利亚也面临着相似的情况,以该国高原州的首府乔斯为例,该地区族群冲突频发的直接原因是非原住民(也是当地的少数族群)的政治权力、经济利益以及社会资源诉求无法得到地方政府的有效回应,与此同时,这里原住民(土著居民,当地的主体民族)的各种利益诉求却被很好地保护和实现。社会正义缺失导致族际关系失和,进而导致族际政治冲突频发。

第五,两国都经历了"军人主政"的历史,也都存在较为严重的腐败问题,这些事实为两国的族际政治整合增加了隐患和不确定性。军事独裁统治虽然在一定程度上压制了族际政治问题,但也增加了这一问题演化成族际政治冲突进而威胁国家安全的风险,或者导致族际矛盾向着加深积怨的方向发展。溯及根本,族际政治问题终归需要在民主的制度环境下才能真正加以解决;腐败则导致国家政治生活失序,政府能力低下,在保障少数族群充分享有各项权利和多种利益方面难有建树,从而增加了国内少数族群的族群意识觉醒、国家认同淡化的风险。印尼苏哈托家族的腐败问题"世界闻名",后苏哈托时代的历届总统在治理腐败方面也进行

---

① [美]马丁·N.麦格:《族群社会学》,祖力亚提·司马义译,华夏出版社2007年版,第53页。

了诸多尝试,取得一定成效,但既得利益集团对国家财富和社会资源的攫取和占有,依然是困扰该国的一个重要问题。从"透明国际"组织发布的《2014年度全球清廉印象指数》(Corruption Perceptions Index)报告中可以看到,在参评的175个国家和地区之中,尼日利亚位居第136位,仍旧属于全球腐败最为严重的国家之一[①]。另有资料显示,2020年尼日利亚的腐败排名在179个国家和地区中名列第146位,在非洲54个国家和地区中名列第41位[②],这说明尼日利亚在治理腐败问题,提升政府能力方面还有非常大的空间。消除腐败对于印尼和尼日利亚的族际政治整合意义重大。

二、多民族发展中国家族际政治整合困境产生的根源

经过对印尼与尼日利亚族际政治整合进程的梳理能够发现,"历史遗产"不仅在很大程度上左右着两国独立建国以来的政治发展走向,也在事实上构成了影响两国族际政治整合的关键变量。稍加分析就会看到,无论是在印尼还是在尼日利亚,其民族国家建构历程中所发生的每一次重大变故和遇到的每一种严重阻碍,背后总有西方列强殖民统治的深刻背景,这一问题构成了两国族际政治整合面临的困境。

在谈到印尼和尼日利亚两国族际政治整合面临的各种问题时,一个基本的认知在于:我们必须要看到这些问题背后的历史原因。作为东南亚地区的一个文明古国,印尼早在3世纪就开始出现分散的王朝,及至13世纪末期,一个强大的封建王国麻

---

① 参见《尼日利亚清廉印象指数排名全球136位》,"中国青年网",http://news.youth.cn/jsxw/201412/t20141205_6178437.htm。
② 参见 http://zh.tradingeconomics.com/country-list/corruption-rank,2021-11-30。

第三章　多民族国家族际政治整合的实践类型及其比较

喏巴歇(印尼语 Madjapahit，马来语 Modjopahit，1293—1478年)在东爪哇得以建立。在殖民者到来之前，这里从未形成过一个与今日印尼国家边界相重合的政治国家。有研究者指出："印尼在实现民族团结问题上所遭遇的全部困难，归根结底，都可以追溯到独立斗争时期。那时荷兰对于殖民地的策略……导致这个民族中的一部分人对其他部分的统治。"①而且，当印尼"集权体制的领导者们声称他们代表荷兰殖民统治所有民族"的时候，一个更加明显的问题在于，这个"印尼民族"尚未存在②。印尼的地理空间特征是碎片化的，多民族、多宗教特征也是印尼社会的显著特征。"天然破碎"的地理空间与多民族、多宗教特征的叠加效应，势必放大了荷兰殖民者在建构和维持殖民统治秩序过程中给印尼带来的伤害。

同样的问题也出现在尼日利亚。如前所述，该国"从来不存在严格的国家边界概念，它的出现完全是殖民主义带来的"③。英国殖民者在当地实施了分而治之的"间接统治"政策，逐渐让当地形成了三大族群"三足鼎立"的事实。这种族群结构上的"三足鼎立"与行政辖区上的"三分天下"拥有重叠的边界，构成尼日利亚族际政治整合的起点。

总之，正是这种因由殖民者谋求自身利益最大化而在两国实施的殖民统治，给独立建国之后的印尼和尼日利亚留下了一笔丰厚的"历史遗产"，而这笔"遗产"才是今天两国在进行民族国家建构、寻求政治整合进程中遭遇族际政治困境的根源之

---

① [荷兰]汉克·豪威林:《分权印尼：历史的遗难与现实的方案》，孙丽萍、吴耀辉译，《史学集刊》2001年第3期。
② 同上。
③ [英]威廉·托多夫:《非洲政府与政治(第四版)》，肖宏宇译，北京大学出版社2007年版，第4页。

所在。

三、多民族发展中国家族际政治整合困境的化解策略

总体而言,无论是印尼还是尼日利亚,两国族际政治整合困境产生的历史原因在于殖民者留下的"历史遗产",这些遗产所带来的对两国族际政治问题的"致命一击"在于政治边界与文化边界的重叠——这种重叠在尼日利亚的表现更为鲜明:该国"三足鼎立"的族群结构与"三分天下"的权力分布格局相互重叠。回顾两国在民族国家建构的进程中为解决族际政治问题所进行的种种努力,其重心也在于消除现实与观念中这种边界重叠的负面影响。

问题的关键在于:如何让一个在历史上和观念中都不曾存在过的国家民族(无论是"印尼民族"还是"尼日利亚民族"),能够超越族性的分界而被成功建构出来?因为一旦这一国家民族得以建构,也就意味着多元族群认同统一国家的"大势"就已生成,族际政治问题也会因此被控制在国家可以容忍的范围之内。我们认为,为了实现这一目标,至少还需要在以下三个方面进行积极探索。

第一,尊重文化差异,互守文化尊严,寻求重叠共识,努力建构文化多样、政治一体的国家民族。多民族国家要想实现族际政治关系和谐,就要对生活在该国国内不同族群的族性予以承认、尊重和包容,在守护不同族群各自文化尊严的前提下寻求重叠共识(overlapping consensus),并以此作为建构国家民族的基础。罗尔斯在其1971年出版的《正义论》中首次提出了重叠共识的概念,并在随后的论著中对此进行了详细阐述。"重叠共识"意在提醒我们注意分歧背后的共识因素:"在承认不同群体目前存在观念分歧的同时,也要注意到他们在未来发展目标上

所具有的共识性。而现在秉持不同立场的人们,通过广泛交往和深入交流,可以形成对于彼此立场的理解,发现不同立场中带有共识性的一面,甚至可以寻求'视域融合'。"①另有研究表明,族际冲突是重叠共识理念得以形成的主要社会背景之一②,这一理念对解决多民族国家族际政治问题具有重要启示。国强民富的未来发展目标可以最大程度地凝聚人心、汇聚智慧,将这一发展目标作为国内各个族群都能接受的重叠共识,进而寻求不同族群之间的包容、理解与互信,建构"族际合作治理"③的、可以涵盖多民族国家全体国民的国家民族共同体。

第二,借鉴差异政治思想,探寻可以积极回应国内不同民族群体正当利益诉求,实现各族人民成果共享、利益均沾的政治制度、体制和机制。差异政治(politics of difference)思想是作为普遍主义政治种种弊端的一种反思与改进而出现的,概而言之,"差异政治思想是多元文化主义者在应对'文化异质性'现实与'文化平等'价值诉求时所采取的一系列应对方案及其理论论证"④。差异政治思想对解决多民族国家族际政治问题具有重要启示作用。回顾独立建国之后的尼日利亚与印尼政治发展轨迹,两国政治制度的不断走向成熟以及在国家总统选举实践领域取得的种种成效,都得益于政府有能力平衡和回应国内不同族群的差别利益诉求。现在的问题在于,怎样把这些好的做法及其经验制度化、规范化,形成一个稳定的、能够惠及和回应不

---

① 童世骏:《关于"重叠共识"的"重叠共识"》,《中国社会科学》2008年第6期。
② 参见万明钢、杨富强:《"重叠共识"视域下多元民族关系的正向生长》,《新疆社会科学》2014年第6期。
③ 常士䧳:《多民族发展中国家的族际合作治理——以亚非发展中国家为例》,《民族研究》2018年第2期。
④ 王敏:《多元文化主义差异政治思想:内在逻辑、论争与回应》,《民族研究》2011年第1期。

同族群多方利益诉求的政治体制、制度和机制安排。而且，不要满足和停留在总统选举制度的完善本身，还要努力推进政治体制改革，实现民主政治的本土化，通过经济的发展以及利益分配格局的调整，努力缩小不同区域和族群之间的发展差距，形成利益均沾、成果共享的良好发展态势，从而让国家不仅拥有民主政治"华丽的外衣"，也具备适合本国国情的"持重的内核"。此外，还要"通过制定专门的法律条款来保障少数族群的核心利益，尤其是要确保他们的群体权利不受侵犯"①，避免"多数人暴政"的出现。

第三，积极惩治腐败，肃清军人对国家政治生活的干扰，探索和实施能够包容和促进多语言、多宗教和谐相处的民族政策。从目前的情况来看，腐败、军人干政和以碎片化方式呈现的族群结构是阻碍两国民族国家建构和解决族际政治问题的最主要因素。因此，迫切需要在以上三个方向上进行积极探索。腐败是很多多民族国家政治生活中的顽疾，其危害显而易见——扩大贫富差距、动摇执政根基、削弱政府公信力、影响制度正义与社会公平，进而让本已稀薄的国家认同变得更加岌岌可危。虽然由军事独裁进入民主政治以来的历届政府都在治理腐败方面进行了积极努力，但实际效果仍有提升的巨大空间；军人执政在两国民族国家建构历史中发挥过积极作用，然而无论怎样，军人执政只是非常时期的权宜之计，是国家政治生活应急状态不得不动用的力量，长远来看，它对民主政治的发展具有毁灭性打击，也无法确立执政合法性。因此，"让军人回到军营"，全面退出国

---

① Eghosa E. Osaghae, "Managing Multiple Minority Problems in a Divided Society: The Nigerian Experience", *The Journal of Modem African Studies*, Vol. 36, No. 1, 1998, p. 1.

家政治生活是必须要去完成的任务。有学者表达了对尼日利亚碎片化族群（部族）结构的担忧，认为它"不是一个国家，而是一个纯粹的地理概念"[1]，是一个"四分五裂的社会"[2]。认为这种多族群、多语言、多宗教的现实会让该国难以真正以一个政治国家的面目示人，存在国家分裂的巨大隐患——这个问题对"千岛之国"印尼而言也是同样。由此，探索和实施能够包容和促进多语言、多宗教和谐相处的民族政策，祛除地方语言对国家语言推广的消极影响，[3]在尊重族性和文化多样性的前提下最大程度地凝聚人心，引导多族群为统一国家的发展贡献力量，是一个相当棘手而又极富价值的任务。

本 章 小 结

世界范围内围绕族际政治整合问题而展开的多国实践中，逐渐形成了三种带有共性的族际政治整合实践类型：集权干预型族际政治整合实践、平等融合型族际政治整合实践和联邦多元型族际政治整合实践。其中，以英国、印度尼西亚为代表的族际政治整合实践属于集权干预型，两国的国族建构和族际政治整合是在中央政府的强力主导之下进行的，带有明显的拟制性特征和集权干预特征；以美国、新加坡为代表的族际政治整合实践属于平等融合型，两国的族际政治整合是在权利平等的理念

---

[1] Larry Jay Diamond, *Class, Ethnicity, and Democracy in Nigeria: The Failure of the First Republic*, Syracuse: Syracuse University Press, 1988, p. 26.

[2] Obafemi Awolowo, *Path to Nigerian Freedom*, London: Faber & Faber, 1966, pp. 47-48.

[3] 参见 Lindsay Barrett, "Gaskiya Corporation: A Living Piece of History", in Husaini Hayatu ed., *50 Years of Truth: The Story of Gaskiya Corporatdon Zaria, 1939-1991*, Zaria: Gaskiya Corporation Limited, 1991, p. 79。

下展开的,试图以国内多民族的政治平等促成民族间的文化融合与一体化;以加拿大、尼日利亚为代表的族际政治整合实践属于联邦多元型,两国都是以尊重国内不同民族的文化多样性为特征的,试图以联邦政府的力量推进多元文化群体的国族一体化。

本章对同样作为多民族发展中国家的印尼和尼日利亚作为分析样本和国别比较个案进行了分析,基本结论为:其一,"多民族国家"这一"民族"与"国家"两相结合的政治结构形态不仅构成了族际政治整合实践的基础和前提,也构成了族际政治整合的分析单位。其二,族际政治整合问题虽然困扰着现实中的当代多民族发展中国家,却往往有着深刻的历史背景和渊源。其三,政治与文化边界的重叠是两国族际政治整合问题产生的逻辑起点。其四,国内不同民族群体、宗教群体以及文化群体在国家政治权力、经济利益和社会资源的分配中无法得到平等和公正的对待,是导致多民族发展中国家族际政治整合问题的核心因素。其五,两国都经历了"军人主政"的历史,也都存在较为严重的腐败问题,这些事实为两国的族际政治整合增加了隐患和不确定性。

正是这种因由殖民者谋求自身利益最大化而在两国实施的殖民统治,给独立建国之后的印尼和尼日利亚留下了一笔丰厚的"历史遗产",这笔"遗产"才是今天两国在进行民族国家建构、寻求政治整合进程中遭遇族际政治困境的根源所在。如何让一个在历史上和观念中都不曾存在过的国家民族(无论是"印尼民族"还是"尼日利亚民族")能够超越族性的分界而被成功建构出来?这是两国摆脱或者化解这种族际政治困境的核心议题。为此,可以从如下三个方面寻求化解之道:其一,尊重文化差异,互守文化尊严,寻求重叠共识,努力建构文化多样、政治一体的国家民族;其二,借鉴差异政治思想,探寻可以积极回应国内不同民族群体正当利益诉求,实现各族人民成果共享、利益均沾的政治制度、体制和机制;其三,积极惩治腐败,肃清军人对国家政治生活的干扰,探索和实施能够包容和促进多语言、多宗教和谐相处的民族政策。

第四章　多民族国家族际政治整合的理论分析框架

　　回顾近现代以来的世界政治发展进程可以发现，其主线可以概括成一部世界范围的民族国家建构历史。民族国家建构包含国家建构和民族建构两个方面，前者是人为构建一个具体、真实的政治共同体，后者则要构建一个具有相似历史记忆与文化符号的想象的共同体。"当这两个方面重合时，则是理想的民族国家建构，而当二者疏离时，则会造成公民身份与民族身份的紧张。"①本书所讨论的族际政治整合，正是多民族国家在进行民族建构时必须要去完成的任务。在对当代世界代表性多民族国家族际政治整合实践的个案描述、类型划分与比较分析的基础上，本章将集中就族际政治整合问题进行本体论研究，寻求"族际政治整合是什么"的规范分析结论，形成对族际政治整合定义、内涵、价值取向的一般规范结论，进而探讨族性与族际政治整合、族裔民族主义与族际政治整合、多民族国家认同与族际政治整合之间的关系，从而形成对族际政治整合的基本认知，搭建多民族国家族际政治整合问题研究的理论分析框架。

---

① 韩志斌：《地缘政治、民族主义与利比亚国家构建》，《历史研究》2014年第4期。

第四章　多民族国家族际政治整合的理论分析框架

第一节　族际政治整合的概念界定

从"族际政治整合"一词的构词特征来看,它是一个复合词,有"族际+政治整合"与"族际政治+整合"两种构成/拆解方式。这一特征为本书对族际政治整合概念的界定提供了两个可能的分析路径:从政治整合视野进入族际政治整合;从族际政治视野进入族际政治整合。

一、从政治整合到族际政治整合

对于政治整合(Political Integration),目前学界较具代表性的定义是:"居于社会优势地位的政治主体,在统一的中心框架之内纳入不同的政治力量和社会力量,以此维持国家认同与社会稳定,实现政治社会一体化的过程"[1];"要建立民族认同和单一领土单位的过程,这一过程试图把原本分离的文化集团和社会集团彼此结合,关注社会个体主观感受,强调建立领土民族群体并以此超越对于地方的狭隘忠诚"[2];"社会内部不同群体在共同目标的作用下形成有机结合的过程"[3]。尽管上述这三种定义对政治整合的主体、目标、方式和途径作出了不同概括,依托的学科背景也不尽相同,但其中的共性都是认为政治整合要从多元走向一体,并且在多元与一体的互动中努力维持国家的统领

---

[1] 朱光磊:《现代化进程中的阶层分化与政治整合评介》,《政治学研究》2013 年第 1 期。
[2] Myron Weiner, "Political Integration and Political Development", *The Annals of the American Academy of Political and Social Science*, Vol. 358, No. 1, 1965, pp. 52-53.
[3] Robert Rhodes, "The New Governance without Government", *Political Studies*, Vol. 44, No. 4, 1996, p. 67.

性与稳定性。

　　这一概念与本书所关注的族际政治整合问题具有内在的一致性,两者都强调基于一定的秩序和权威影响下而形成的国家与不同利益群体以及不同利益群体之间的一种共存与合作的状态及其进程。这一进程完成得好与坏,将极大关系到国家的政治稳定、经济发展与社会和谐,甚至关乎国家的统一以及前途命运。两者的区别主要在于,被政治整合所关注的不同利益群体在"族际政治整合"的视野中,被集中在不同的民族/族裔群体。从这个视角观察,常士訚教授给出的政治整合定义更接近于族际政治整合的本意——他将这种整合放置在多民族国家的分析单位来考察,认为政治整合是"国家内部不同族群之间,以及这些群体与国家之间形成为一种国族国家的状态和过程"[①]。

二、从族际政治到族际政治整合

　　作为族际关系的重要内容之一,族际政治是一种围绕民族/族裔利益而展开的族际互动的政治形态。随着民族国家的出现及其全球扩展,族际政治日益发展成为影响多民族国家未来走向和民族政治发展的重要变量。基于族际政治问题研究而形成的族际政治理论,其基本内容包括族际政治是民族国家族际关系的本质、冲突与整合是族际政治互动的两种基本形态、族际政治的特征和具体形式、政党在族际政治中发挥着重要作用等。族际政治理论旨在通过对多民族国家族际政治现象的研究,寻求促使族际政治良性发展、由族际冲突走向族际整合的一般途径与策略,具有重要的当代价值与现实意义。菲利克斯·格罗

---

① 常士訚:《"两个共同"与当代中国多民族国家政治整合》,《民族研究》2014年第2期。

第四章 多民族国家族际政治整合的理论分析框架

斯在谈到"多元主义行之有效的必要前提"时指出,"没有一种为大多数人同时接受的程序规则和共同的最高价值核心,多元社会就无法运行"。这一论断对近代以来在民族国家框架下运行的多民族社会而言格外适用。菲利克斯·格罗斯还给出了多元社会良性运行的四个"基本前提":"(1)承认并尊重不同行为规范、文化及目标的权利;(2)有一套为人们普遍接受、共同遵守的行为规范;(3)对游戏规则和适当程序的普遍承认;(4)多元化行为规范的合法性。"①这些前提条件对族际政治而言具有同样的启示。

一方面,当代世界的族际政治正在趋于复杂,挑战族际整合的因素也在不断增加,这一现实境遇迫切期待族际政治理论作出回应。由于民族人口的跨国迁徙和国际移民等原因,一些民族构成相对单一的国家的民族成分正在逐步走向多元,多民族国家越发成为普遍的国际政治单位。同时,随着世界范围内的民族意识觉醒,20世纪60年代以来旨在保护少数群体利益的多元文化主义理论和实践的全球扩展,以及近年来在西方兴起的"差异政治"②思想的广泛传播,多民族国家内部少数民族群体的民族意识不断高昂、民族认同不断彰显,这对多民族国家的认同构成了严峻的挑战。对此,塞缪尔·亨廷顿在论及苏联、英国和美国这三个"联合体"国家时不无担忧地指出:"到了20世纪90

---

① [美]菲利克斯·格罗斯:《公民与国家——民族、部族和族属身份》,王建娥、魏强译,新华出版社 2003 年版,第 228—229 页。
② 差异政治思想是多元文化主义者面对文化差异的事实和文化平等的共同诉求而提出的一系列应对方案及其理论论证。相关讨论参见王敏:《多元文化主义差异政治思想:内在逻辑、论争与回应》,《民族研究》2011 年第 1 期;常士訚:《异中求和:当代西方多元文化主义政治思想研究》,人民出版社 2009 年版,第 344 页。——笔者注

年代初,苏联不复存在了。到了20世纪90年代末,联合王国①的联合不那么强了,……由几个十字构成的米字旗有分崩离析之势,联合王国到21世纪上半期某个时候也可能继苏联之后成为历史。""最终,美利坚合众国也会遭受斯巴达、罗马等国家的命运。"②显然,这种状况势必会使族际政治问题研究成为格外引人注目的焦点。

另一方面,20世纪以来,在处理族际关系和解决民族问题的实践过程中,一些多民族国家已经探索和总结出很多独具特色的制度和政策,而这些努力在实践中被证明是成功的。比如:中国的民族区域自治制度和人民代表大会制度,以及两者的互动;南非在终止种族隔离制度之后所实施的旨在化解种族宿怨、消除种族隔阂、实现种族和解的一系列制度与政策;西班牙由1978年《宪法》所确认的、可以很好地将国家、民族和地区三者整合在一起的自治制度③;等等。这些制度和政策的实践不仅为族际政治的良性运行提供了难得的范例,也丰富和拓展了族际政治理论。

必须承认,以上两方面的内容对探寻族际政治整合的本质极富启发。从消极方面来看,多民族国家面临的多元文化民族认同统一政治国家的压力正在不断增加,迫使多民族国家寻求保持国家统一、社会稳定的方法与途径;从积极方面来看,那些丰富和拓展了族际政治理论的制度安排与政策探索,恰恰是为了追求族际政治整合这一目标而进行的努力。值得注意的是,

---

① 指大不列颠和北爱尔兰联合王国,即英国。——笔者注
② [美]塞缪尔·亨廷顿:《我们是谁?——美国国家特性面临的挑战》,程克雄译,新华出版社2005年版,第10—11页。
③ 相关内容参见王建娥:《一元化国家框架下非均衡性区域自治制度探索——西班牙民主化进程和地区民族主义的消长》,《西北师大学报(社会科学版)》2017年第4期。

王建娥研究员给出一个应然层面的族际政治目标："就是在消除种族主义和文化霸权、实现族际关系真正平等的观念前提下,创造增进族际沟通和理解的各种机制,通过自治、共享等政治手段,保证文化价值差异存在的政治空间,满足不同民族的合理要求和良好愿望。"①这一目标的真正达成,恰恰也是族际政治整合所要实现的理想状态。

三、定义族际政治整合

关于族际政治整合的含义,有学者认为它所指的是"一定国家中的不同族群通过一定的文化价值体系、权威结构、关联纽带、规范制度等结合成一个整体的过程和体系状态。在这种状态中,构成整体中的各个部分依然保留了它的民族个性和特色,同时又形成了一个共同的权威机构、规范体系和文化价值体系"②;有一种观点把它看作"多民族国家运用国家权力,将国内各民族结合成一个统一的政治共同体,以及维护这个共同体的政治过程"③。稍加分析可以看出,前者展现了族际政治整合的构成要素及其本质特征,后者则将重点放在对族际政治整合过程的高度概括上。两种定义的分歧之处在于对族际政治整合主体的不同理解——前者把"不同族群"作为族际政治整合的主体,后者则把"多民族国家"当作族际政治整合的主体。我们更倾向于后者的观点,因为在很大程度上,族际政治整合已经超出了"不同族群"的边界,要想实现不同族群之间政治关系的整合,需要一个"超越"族群的政治实体才可能做到,这个实体就是多

---

① 王建娥:《现代民族国家中的族际政治》,《世界民族》2004年第4期。
② 常士訚:《和谐理念与族际政治整合》,《政治学研究》2009年第4期。
③ 周平:《论构建我国完善的族际政治整合模式》,《当代中国政治研究报告》(Ⅳ),社会科学文献出版社2006年版,第210页。

民族国家。同时还应看到,后者在定义中仅仅强调族际政治整合是"将国内各民族结合成一个统一的政治共同体",而忽视了这种整合对各民族文化属性的承认与尊重,比较而言,这一内容在前一种定义中得到很好地体现,它强调"构成整体中的各个部分依然保留了它的民族个性和特色"①。

综合两位学者给出的族际政治整合的定义,再结合前文从政治整合到族际政治整合、从族际政治到族际政治整合的分析逻辑,本书把族际政治整合定义为:多民族国家运用国家政治权力来使国内不同民族/族裔群体在保持自身文化多样性的同时,实现国族一体化的过程及其结果。

第一,族际政治整合的分析单位是多民族国家。主权统一、领土完整的不可侵犯性和国内不同民族发展的非均质性、文化的差异性成为多民族国家的典型特征,这些特征也使得族际政治整合成为多民族国家维持自身生存与发展的内在需要。

第二,族际政治整合以保持不同民族/族裔群体自身文化多样性为基础和前提。从当今世界多民族国家的实践经验来看,那些以同化主义为导向的族际政治整合最终都以失败告终,只有承认和尊重不同民族/族裔群体自身文化多样性的实践才有成功的可能性。

第三,族际政治整合以实现国族一体化为目标。所谓国族,即国家民族,是与国家领土边界相重叠,基于统一国家认同而拥有平等政治权利的人们共同体。说到底,族际政治整合的目标就是要把构成当今世界国际政治基本分析单位的多民族国家打造成国族-国家,从而实现民族与国家边界的重叠。

第四,出于对"整合"一词的不同理解,族际政治整合既是实

---

① 常士䦂:《和谐理念与族际政治整合》,《政治学研究》2009年第4期。

现国族一体化的过程,也是实现国族一体化的结果。

第二节 族际政治整合的三种基本价值取向

族际政治关系是族群政治发展的外部政治生态,族际政治关系的好坏对每个族群都具有重要的影响。族际政治关系拥有两种基本表现形态,即族际政治冲突和族际政治整合。当族际政治关系表现为族际政治冲突时,发生关系的不同民族群体之间处于紧张对抗状态,这一状态势必会危及族群自身的存在与发展,甚至会对民族国家的地区安全和主权统一构成严重威胁;当族际政治表现为族际政治整合时,民族群体之间的关系则趋于和解、合作与和谐,显然,这种状态有利于民族国家的稳定与发展,也有利于国内每个族群的政治发展。鉴于族际政治关系如此之重要,族际政治已然成为"多民族国家民族关系的核心与本质"[1]。与此相联系,如何实现族际政治整合是当今世界多民族国家在处理国内族群关系问题时需要面对的共同任务。从经验事实的角度判断,目前真正完成政治整合任务的国家是非常罕见的。正如莱斯利·里普森(Leslie Lipson)指出的那样,"必须承认,能在国家与民族之间达成和谐关系的只是少数。哪怕国家一直在努力建构民族,民族也一直在努力整合国家"[2]。鉴于族际政治整合问题对当今世界多民族国家的存在及其发展具有重大现实意义,各国都围绕这一问题展开了积极探索。目前,在这些探索过程中初步形成了两种基本价值取向:一种是以少数

---

[1] 王建娥:《族际政治民主化:多民族国家建设和谐社会的重要课题》,《民族研究》2006年第5期。
[2] [美]莱斯利·里普森:《政治学的重大问题:政治学导论》(第10版),刘晓等译,华夏出版社2001年版,第290页。

群体权利作为价值取向,另一种则以族际政治民主作为价值取向。

一、少数群体权利取向

族际政治整合的少数群体权利取向"所强调的是族群所具有的集体性权利。这种权利实际上是现代国家给予少数民族群体的一种可以行为或不可以行为的自由"①。在这一价值取向上,加拿大的多元文化主义理论家威尔·金里卡堪称代表人物。让他享誉世界的那本论文集的标题就是《少数的权利——民族主义、多元文化主义和公民》(2000)。在该书中,金里卡围绕少数群体权利(Politics in the Vernacular)展开了自己卓有见地的讨论,使得"少数群体权利问题终于走到了政治哲学的前沿"②,以至于在西方民主国家里,赋予少数群体以各项权利成为制定和实施民族政策的一种潮流。

以少数群体权利为研究取向的理论主张,其核心观点是认为实现族际政治整合的关键在于民族国家应赋予和承认国内少数群体的权利,承认他们的文化特殊性和人格尊严,实现他们的自主管理和自身利益,并且确保他们可以和国内其他民族一起分享国家发展的成果。上述对少数群体权利的关照可以提高他们对国家的认同程度,夯实国家政治合法性的基础,以此来提升民族国家的民族凝聚力和政治整合能力,实现政治一体化。

可以看出,以少数群体权利为取向的理论主张的价值在于承认少数群体的差异,进而通过对这种差异的尊重和包容来获得族际政治整合的资源。然而,这种以少数群体权利为取向的

---

① 常士闉:《和谐理念与族际政治整合》,《政治学研究》2009 年第 4 期。
② [加]威尔·金里卡:《少数的权利——民族主义、多元文化主义和公民》,邓红风译,上海译文出版社 2005 年版,第 3—4 页。

理论存在不小的局限性。比如,该理论对少数群体权利的强调造成不同群体之间的人为分界,从而导致不同群体基于不同权利而强化了各自的身份认同。显然,这种情况不利于国家认同的维系;少数群体权利与少数群体权利的实现之间存在着一定落差,国家法律或政策赋予少数群体的权利需要在具体的社会文化背景下才能得以实现,受到少数群体占有社会资源情况的限制,其应然的权利往往无法全部兑现,从而影响了该理论的实际价值;该理论在少数群体权利的保障方面还缺乏强有力的对策,这种欠缺在很大程度上造成当国家赋予少数群体的权利遭到侵犯时,少数群体难以通过制度和机制上的程序来主张自己的权利,问题一旦激化,国家就可能面临少数群体进行体制外政治参与的压力。由此,把对少数群体权利的尊重和包容当作实现族际政治整合的唯一途径的想法是经不起推敲的,在实践中也是有害的。

二、族际政治民主取向

族际政治整合的族际政治民主取向的核心观点是:通过国内各民族对国家/政府权力的直接/间接控制,来达到直接/间接参与政治决策过程的目的,从而把由某一民族垄断性独占的国家权力转换成各民族共享的国家权力。该取向最为根本的内容是:"在承认所有民族都是国家权力主体、拥有平等政治权利的前提下,针对多民族存在的情况进行特殊的政治设计"[1]。

这种旨在通过进行族际政治民主机制建设的方式来寻求族际政治整合的理论,特别是这一理论主张在东南亚国家的运用,的确取得了一定成效,在马来西亚和新加坡表现得尤其明显。

---

[1] 常士䦹:《和谐理念与族际政治整合》,《政治学研究》2009年第4期。

通过少数群体身份代表在国家权力机构中拥有席位的改革,以及通过向少数民族代表开放某些政府机构职位的措施,确实在很大程度上缓解了不同族群之间的矛盾和冲突,提高了国家对族际政治整合的能力。

然而,问题并没有从根本上得以解决。比如,族际政治民主是否必然能够促成族际政治的整合,至少从一些国家的实践来看,情况未必如此理想。埃塞俄比亚在族际政治民主方面的努力令人印象深刻,不仅依据国内不同民族群体的分布情况而建立了9个州,而且允许各州之内的少数民族建立自己的"自治州",从而在最大限度上满足不同民族成为国家权力的主体及其对平等政治权力的追求。然而,埃塞俄比亚的9个州"简直就是9个建立在族群基础上的主权国家"[1],整个国家也因此陷入事实上的分裂状态。对于族际政治民主的制度化建设是否必然促成族际政治整合,在一些国家里也存在令人遗憾的反证。在苏联推行的族群联邦主义制度下,各加盟共和国享有相当大的自治权,然而,"族群成为利益集团,地方干部成为族群守门人,'共同国家'被削弱,这三个后果都是族群联邦主义这一制度体系的'副产品'。……一旦外部环境发生变化,它们就可能演变为国家分裂的'助推器'"[2]。如此看来,族际政治民主也并不是实现族际政治整合的灵丹妙药。

三、民族生态观下的"万象共生"取向

近年来,有学者提出一种有别于之前非此即彼、二元对立、

---

[1] 张千帆:《从权利保障视角看族群自治与国家统一》(下),《国家检察官学院学报》2009年第6期。
[2] 王娟:《族群政治的制度逻辑——兼评菲利普·罗德的文章〈苏维埃联邦政治与族群动员〉》,《西北民族研究》2010年第4期。

第四章 多民族国家族际政治整合的理论分析框架

"你死我活"的民族关系评判标准与民族问题治理逻辑,倡导"万象共生"的民族生态观。该理念受到中国古代传说"绝地天通"①的启发,同时借鉴英国人类学家格雷戈里·贝特森(Gregory Bateson)提出的"元关联"(meta-connection)理论②以及美国生态学家霍林(C. S. Holling)提出的生态恢复力(ecological regeneration)理论③,认为"绝地天通"的传说是一个隐喻,意在提醒我们人文生态世界已被破坏;"元关联"理论旨在规劝我们要注意到我们所置身其中的是一个万物关联的世界;生态恢复力理论则提醒我们要留意人与自然生态之间的共生关系。以上传说和理论从正反两个层面提示我们,一旦我们的思维跳出二元对立的框架,以万物关联、互补共生的角度关照民族与国家,审视民族关系,一个全新视角就出现了,我们"就能够进入一个基于万物关联的民族生态世界",就能"拥抱差异,守望尊严,追求重叠共识,"④就懂得"在矛盾与差异之中探寻价值层面的共生与精神层面的大同"⑤,从而在"千灯互照,光光相映"中达到"各美其美,美人之美,美美与共"的至善境界。

民族生态观的提出及其倡导的"万象共生"理念,为多民族国家族际整治整合提供了一个极具启发的价值取向,其核心观点认为,要在环境与主体的互动中实现族际关系的文化自觉。

---

① 中国古籍《尚书·周书》中记载了"绝地天通"的故事,描写黄帝之孙颛顼帝为了防止民神混杂,命令重、黎二臣分管天、地,断绝上天下地的通道。——笔者注
② 参见 Gregory Bateson, *Mind and Nature: A Necessary Unity*, Toronto: Bantam Books, 1980.
③ 参见 C. S. Holling, Resilience and Stability of Ecological Systems, *Annual Reuiew of Ecology and Systematics*, Vol. 4, No. 1, 1973, pp. 1–23.
④ 纳日碧力戈:《从民族国家到民族生态:中国多元共生理念的形成》,《同济大学学报(社会科学版)》2015 年第 6 期。
⑤ 纳日碧力戈:《差异与共生的五个维度》,《甘肃理论学刊》2013 年第 1 期。

如果将"万象共生"的民族生态观具体到多民族国家的族际关系互动上,可以发现这种关系互动的基础在于文化自觉,"没有文化自觉,就无法形成对于本文化与他文化的准确定位,就无法平等地对待本文化和他文化"①。当今世界很多多民族国家族际关系领域出现的问题,其实很大程度上来自主流文化群体(主体民族)容易把其他文化群体(少数民族)所秉持的文化形态当作低级的、落后的或者"原生态"的,当作需要加以改造和扶持的客体,以同情、猎奇甚至蔑视的心态来看待其他文化。事实上,其他文化群体并不认为自己怎样低级落后,不会认为自己需要怜悯,更不会认为自己有多奇特。

因此,族际关系互动必须在环境与主体的共生关系中,以高度的文化自觉来寻求生存空间与发展路径。

第一,国内各民族(尤其是少数民族)必须努力适应经济和社会发展状况,根据客观环境的变化而不断调节自身,寻找自己得以存在、表现和发展的空间。国家则要努力营造社会稳定、政治和谐、经济繁荣、文化多样的人文环境,从而有利于国内族际关系的和谐。

第二,在营造尊重多民族文化语境和历史传统的环境氛围中,依托本民族、本地区群众这一文化主体的文化自觉,来进行符合时代发展、生活变化及审美需要的文化创新,使其更加符合文化主体的生活要求和审美理想。从一个民族的生存与发展经历体悟,"文化传承的本质是一种文化再生产,是民族意识的历史沉淀,是民族群体'文化基因'的复制与传递"②。因此,保持民

---

① 纳日碧力戈:《边疆无界:万象共生的人类观》,《中南民族大学学报(人文社会科学版)》2011年第1期。
② 赵世林:《论民族文化传承的本质》,《北京大学学报(哲学社会科学版)》2002年第3期。

族文化形式和内容上的自由和弹性,积极引导作为文化主体的不同民族群体自觉参与文化创造和文化表现形式创新。在传承与发展、保护与创新、普及与提高的相互递进中,实现多民族群体各自文化形态的自我完善和"文化基因"的复制,并与社会发展趋向相同步。

第三,要在民族生态世界中寻求多民族文化群体的"生态位"。毋庸讳言,在全球化深度呈现,族裔民族主义浪潮化发展,和平赤字、发展赤字、治理赤字在世界范围的蔓延,以及公共卫生问题、移民难民问题、国际恐怖主义等一系列全球性问题激荡碰撞的时代背景下,影响多民族国家国内族际关系的不确定因素和风险正在增加,维持族际关系和谐的压力也在加大。但要看到这些因素的影响其实只是表象,是在国内不同民族文化群体之间造成了一种虚假的和表面上的竞争乃至对抗性关系,才导致多民族国家的国内族际关系面临压力。我们要看到不同民族文化群体之间的关系并不是二元对立的,没有彼此竞争、相互挤压的必然性,"只有承认差异,只有文化平等,各民族才能够美美与共,共识重叠,进入一个生态世界"[①]。因此,在一个以多民族国家作为政治边界的民族生态世界里,找到国内每个民族文化群体的"生态位",让每个民族文化群体所秉持文化的价值在尊重多样、包容差异的氛围中展现自身的独特魅力,从而达到美美与共,形成民族文化生态群落,是维持国内族际关系、实现族际政治整合的长久之计。

需要说明的是,族际政治整合体现的其实是一种互动,是国家与国内不同民族/族群之间的博弈关系。国家总是在努力推

[①] 纳日碧力戈:《中国:守望相助、维护尊严的多元共同体》,《青海民族研究》2015年第1期。

进和维持族际政治整合,以期实现国家民族的政治一体化,国内各民族/族群在国家主导下的族际政治整合进程中也不是被动的和消极的,事实上,各民族/族群总要不失时机地发出自己的声音、表达自己的利益诉求,以期在族际政治整合的过程中保有自身利益的最大化。

第三节 族性对族际政治整合的双重影响

勃兴于20世纪90年代的全球化浪潮带来世界范围内的国家、地区间经济、政治、文化交流与互动,也促发民族人口日益跨国、跨地区流动。这一态势致使传统单一民族国家内部民族结构发生巨变,族际政治问题凸显,世界宏观民族过程也随之进入"族性张扬"①阶段。族性与族际政治以及民族国家建构具有重要关联,也因此深刻影响着族际政治整合的前景与走向。

一、族性的出场

"族性"(ethnicity)一词出现在20世纪60年代,1962年,格拉泽和莫伊尼汉两位学者合著出版了《远离熔炉》一书,书中首次提出这一概念,用以概括"族裔集团的性质和特点"②。随后,族性概念在西方学界广泛使用,斯蒂夫·芬顿在著作《族性》中给出了目前关于这一概念的最为系统、完整也相对权威的分析③。

---

① 参见王希恩:《族性及族性张扬——当代世界民族现象和民族过程试解》,《世界民族》2005年第4期。
② Nathan Glazer & Daniel P. Moynihan, *Beyond the Melting Pot*, Cambridge: The MIT Press, 1962, p.12.
③ 参见[英]斯蒂夫·芬顿:《族性》,劳焕强译,中央民族大学出版社2009年版,第16—21页。

尽管族性概念及至今日依然边界模糊、难以通约,可作为一个分析工具,它在世界民族问题研究中具有独特的价值、概括力和解释力。国内较早推介"族性"的论文发表在 1996 年[①],进而这一专用术语与族群、认同、文化差异等概念一起成为近年国内民族问题研究领域的热点词汇。目前业已形成的有关族性的共性观点主要包括:族性集中反映的是一个族类群体的普遍特质[②];族性是"我们"与"他们"之间的最为基础性的划分依据[③];族性是一种文化的和心理的边界且较易被外界识别[④];以认同为中介,价值中立的族性可以被转化为带有倾向性的政治力量[⑤];族性的汉语含义是"能够构成各种族类群体的基本要素"[⑥];等等。研究结论是极富启发意义的,也为本书讨论族性与多民族国家族际政治整合的关系问题提供了宝贵的文献储备。

二、族性与族际政治的内在关联

作为一种基础性的、原发性的民族要素,族性是某一民族稳定的、内在的心理倾向与文化特质,也因此构成不同民族之间的心理/文化差异。这种差异是一种客观存在,并不必然地与政治发生关联。然而,在全球化时代,伴随"文化他者"的纷纷涌入,

---

[①] 东来:《Ethnicity(族性):从国内政治到国际政治》,《读书》1996 年第 8 期。
[②] 严庆:《族性与族性政治动员——族类政治行为发生的内在机理管窥》,《黑龙江民族丛刊》2013 年第 6 期。
[③] 王兆景、肖聪:《双语教育政策设计的族性逻辑》,《西北师大学报(社会科学版)》2015 年第 4 期。
[④] 王建娥:《民族分离主义的解读与治理——多民族国家化解民族矛盾、解决分离困窘的一个思路》,《民族研究》2010 年第 2 期。
[⑤] John Hutchinson & Anthony D. Smith, *Ethnicity*, New York: Oxford University Press, 1996, p.36.
[⑥] 王希恩:《族性及族性张扬——当代世界民族现象和民族过程试解》,《世界民族》2005 年第 4 期。

传统民族国家内部相对单一的民族结构发生重大变化,不同文化样态的民族生活在同一个民族国家的政治架构下,为了保障自身利益和争取利益最大化而围绕政治权力展开了竞争。由此,常态下潜藏和内隐于民族文化中的族性被外部竞争性压力"激活",凸显成为提升民族内部凝聚力、增强族群认同的重要凭借。在这一过程中,族性也具有了政治化倾向,开始与族际政治发生关联。

一方面,族性是本民族成员"内聚外斥"的核心要素,民族经由族性政治动员,发展成为族际政治中的政治实体。如前所述,族性是原发性的民族要素,也是划分"我们"和"他们"的基础性依据——这种划分依据带有排他性,"我们"就是"我们",而不是"他们"。由此,族性"内聚外斥"的特点也就变得容易理解了。"当民族的成员相互把本族的成员视为'自己人',把他族的成员视为'外人'的时候,族际关系就形成了。"[①]进而,在多个民族共处同一国家的现实境遇下,族性就成为动员本民族成员为捍卫自身利益、谋求利益最大化而与其他民族展开博弈的最好旗帜。于是,族性导致多民族国家族际关系的形成,然后经由政治动员,族性把族际关系转化成族际政治关系。由此,族性也成为族际政治关系中各个不同政治主体(民族)之间最为显著的异质性要素。

另一方面,族性是族际政治有别于其他政治关系的基础,也让族际政治问题因此具有了敏感性、特殊性和重要性。"所谓族际政治,实际上就是族际间基于民族利益并诉诸于政治权力的族际互动。"[②]族际政治关系虽然也和其他形态政治关系一样关

[①] 周平:《论族际政治及族际政治研究》,《民族研究》2010年第2期。
[②] 同上。

注群体利益,是基于群体权利诉求而在不同群体之间围绕政治权力展开的较量和争夺,但族际政治的主体是民族,民族所特有的族性内核致使族际政治关系较之其他政治关系更为敏感、特殊和重要,牵一发而动全身。与此同时,民族诉诸政治权力所要捍卫的民族利益包括但并不局限在普遍意义上的群体权利,还包括与族性密切关联的特殊权利、差别权利和隐性权利:不同民族在历史记忆、文化背景、宗教信仰、生活方式等方面的差异也带来民族利益诉求上的分殊。这些差异性的利益诉求如果得不到国家平等的回应与积极的保障,就容易引发国家与民族、国内不同民族之间持续不断的张力,进而引发族际关系紧张,甚至出现族际政治冲突。

三、族性的双重作用及其与族际政治整合的关联

族性成为 20 世纪 70 年代以来学界关注的热点,与民族国家及其全球扩展密切相关——民族国家这种民族与国家两相结合的政治组织形式让族性的政治化带有某种必然性,也让族际政治问题凸显为多民族国家必须面对并加以解决的重大问题。民族国家的历史演进过程,其实就是民族国家在不同时间、不同地区和不同民族那里被不断建构的过程。我们认为,从多民族国家面临族际政治问题的现实出发,族性既能促进族际政治整合,有助于民族国家建构;又能破坏族际政治整合,阻碍民族国家建构。

族性对族际政治整合的这种双重影响可以在近代以来民族国家全球扩展的历史进程中得到很好地说明——族性既有依托民族/族裔群体文化认同而建构民族国家,完成族际政治整合,从而捍卫自身利益的属性,也有依托民族/族裔群体文化认同而破坏族际政治整合,解构和挣脱现存民族国家的功效。

一方面,正是在民族意识普遍觉醒和族性政治动员的共同作用下,西欧开启了建构原生民族国家的历程并由此形成示范效应,发展成为当今国际社会最为普遍的国家形态。在北美洲和大洋洲,同样的情形也在发生,只是族性的生成及其政治动员更多有赖于对宗主国殖民统治的反抗。从第二次世界大战结束直至20世纪60年代,族性旗帜在亚洲、非洲高高飘扬,促生了波澜壮阔的民族主义浪潮,新兴民族国家如同雨后春笋一样蓬勃生长。

另一方面,族性对既有民族国家建构及其族际政治关系的阻碍作用也在不断显露。同样是在20世纪60年代,美国的民权运动,生活在美洲、大洋洲和北欧的土著居民争取以文化权利为核心的平等权利的种种努力,都给我们留下了深刻印象,这些事项不仅给族际政治整合的现状带来巨大的隐患、风险和不确定性,也构成民族国家建构的巨大阻力,促使这些国家不得不以更加谨慎和严肃的态度来面对这一问题。更不要说到了20世纪90年代,苏东剧变所带来的既有民族国家的瓦解和新兴民族国家的井喷式增加了。

需要着重指出的是,在全球化的时代背景下,族性对民族国家建构与族际政治整合的双重影响依然存在。有学者指出:"虽然全球化时代广泛传播的所谓普世价值在一定程度上削弱了族群意识,这对民族国家而言也许是件好事……但在特定情形之下,这种碎片化呈现的族性依然可以变成颠覆民族国家的力量。"①事实上,这种颠覆民族国家的力量也在破坏着族际政治整合的现实。由此,我们正生活在一个经由族性而不断建构和解构的民族国家时代,多民族国家族际政治关系发展前景的不确

---

① 陈义华:《查特吉论全球化时代的民族主义》,《世界民族》2015年第4期。

定性和风险正在不断增加。

第四节　族裔民族主义与族际政治整合

可以把这一内容视为个体双重身份与族际政治整合关系问题讨论的延伸，因为究其本质，族裔民族主义主要发端于对个体民族文化身份的强调。通常意义上的族裔民族主义（ethnic nationalism）一般会被描述成"以血缘权利为根据，以族裔身份为基础，从文化和语言的层面对民族加以界定的意识形态"①。随着冷战之后族裔民族主义浪潮在世界范围的兴起，这一意识形态及其行动给多民族国家族际政治整合造成巨大压力和挑战，也对多民族国家的存在与发展构成致命威胁。在这种背景下，重新审视和理解族裔民族主义与族际政治整合的关系问题就显得非常必要。

一、族裔民族主义"浪潮化"的原因

族裔民族主义被认为是"一个多民族国家中的族群、种族或原住民等族类群体为了实现地域性的或某领域内的特定利益，通过族性政治动员，诉诸于和平请愿、分离运动等群体性政治行为，向多民族国家的中央政府施加压力，以此达到地位提高、权益提升等目的"②。冷战的结束导致全球化的加速发展，也在世界范围导致一场"去中心化"的族裔民族主义浪潮。这一浪潮对一些欠发达国家而言是致命的，在英国的北爱尔兰和苏格兰、加

---

① 黎英亮：《论近代法国民族主义理论的蜕变——从公民民族主义到族裔民族主义》，《世界民族》2004年第4期。
② 青觉：《多民族国家在"族类民族主义"与"公民民族主义"之间寻找治理空间》，《黑龙江民族丛刊》2013年第6期。

拿大的魁北克、比利时的佛兰德、意大利的提罗尔、西班牙的加泰罗尼亚和巴斯克、法国的科西嘉等地区，西方发达国家也和那些欠发达的非西方国家一样感受到族裔民族主义带来的巨大压力。

对于后冷战时代族裔民族主义浪潮出现的原因，较具代表性的观点包括：外部力量的支持和介入；因由族群政策的失当或不公而导致国内少数民族政治权力、经济利益与文化权利被忽视、排斥、压制甚至剥夺；国内经济发展不平衡，少数民族相对贫困问题出现，被剥夺感强烈；冷战的结束致使美苏两极对峙的格局土崩瓦解，以前掩盖在两极对峙格局之下的民族宗教矛盾在很多国家和地区显露出来并且不断激化；等等[①]。我们认为，因由族裔民族主义的发展而对多民族国家族际政治整合带来的压力是带有普遍意义的，它不仅发生在发展中国家，也存在于西方发达国家。

二、族裔认同对族际政治整合的负面影响

无论是对发展中国家还是对西方发达国家而言，族裔民族主义发挥作用的内核在于族裔认同威胁甚至超越了国家认同。这也意味着民族国家赖以存在的认同根基遭遇了危机——民族国家是依赖民族对国家的认同而存在的，族裔民族主义的兴起在用族际认同祛除国家认同的同时，也在危及族际政治整合的心理基础。

（一）对发展中国家的分析

在相当多的发展中国家里，各种传统的族裔认同形式（包括种族认同、语言集团认同、宗教认同等）都会和国家认同相矛盾。

---

① 参见金鑫：《世界问题报告》，中国社会科学出版社2002年版，第141—142页。

"这种矛盾主要来自于两个方面:其一,国内不同族群之间的历史宿怨与现实冲突;其二,经济全球化背景下的民族利益分配不公。"①

就前者而言,很多国家内部的不同族群之间在历史上存在着较为尖锐的冲突与对抗,这些冲突与对抗潜伏在各自族群历史记忆的深处。这种状况使得这些族群虽然共同生活在同一个政治共同体内,但是基于国家认同的国族凝聚力却没有能够真正在民族成员的内心深处扎根。在国家经济、政治、文化、社会生活常态发展的背景下,这一问题被隐藏在底层,并不会危及族际政治整合的局面,国家统一与地区稳定也得以维持。然而,一旦国家遭遇到突发事件或者重大变故,历史的宿怨与现实社会生活中广泛存在于经济、政治、文化、宗教、语言领域内的异质性因素以及社会地位的差异交织纠缠在一起,曾经隐性的、位于底层的问题就会显性化,族际政治冲突替代整合并以激烈的方式表现出来,进而导致国家分裂与地区动荡。

就后者而言,经济全球化的深入发展给很多国家和地区带来财富总量增加的同时,也造成财富在不同民族和族群间分配的不公,比较极端的做法是,"在那些后发展国家里,少数族群很快就成为主体民族仇恨的对象。而民主化浪潮的到来又加剧和扩大了这种仇恨"②,拥有国家政治权力的主体民族鼓吹民族政治(etho-national politics),对少数族群的基本权益进行残酷剥夺。……最终,失败和变异了的民主制度不断衍生出种族暴力甚至种族清洗。于是,基于统治阶层(主体民族)对自身利益最

---

① 纳日碧力戈、于春洋:《现代民族国家遭遇"去中心化"挑战评析》,《云南大学学报(社会科学版)》2016年第5期。
② [美]蔡爱眉:《起火的世界——输出自由市场民主酿成种族仇恨和全球动荡》,刘怀昭译,中国大百科全书出版社2005年版,第131—132页。

大化的维护而引燃了种族仇恨的火焰,导致族际政治整合被破坏,国家陷入动荡与纷争之中。

(二) 对西方发达国家的分析

在西方发达国家,主要有两种情况导致族裔民族主义的兴起。一方面,全球化时代的到来,随着民族间交往的日益频繁和世界移民的纷纷涌入,这种传统的民族国家观和民族主义想象的维持"势必要以容忍主流民族文化对于少数群体的压制,以及伤害非主流文化群体的权益作为代价"①。作为对这种伤害和压制的回应,在发达国家的少数群体中滋生族裔民族主义带有某种必然性,那种"理想状态"下的传统民族国家正在被多族群共存、多文化共生的现实所取代。

另一方面,这种史无前例的经济一体化发展和跨越疆界的世界移民浪潮使得原本存在于国与国之间的历史、文化传统和价值观上差异,现在转而成为存在于国家内部社会生活中的常态化特征。无论是否愿意接受,西方社会的"他者"正在成为西方社会的重要组成部分。出于一种近乎本能的拒斥,这些外来移民和少数群体往往被西方世界贴上"肮脏、道德失信和懒惰"的标签以显示自身的"群体超凡魅力"②。西方世界的外来移民和少数群体为了摆脱由上述问题带来的"群体耻辱感",则"普遍出现了一种族群认同的回归"③,在这种态势下,族裔民族主义开始兴起,而族际政治整合的局面就会变得岌岌可危。

还需说明的是,人类政治生活"不可避免地要涉及民族领

---

① 李学保:《民族认同、族裔民族主义与后冷战时代的世界冲突》,《青海民族研究》2010年第4期。
② 参见[英]迈克·费瑟斯通:《消解文化——全球化、后现代主义与认同》,杨渝东译,北京大学出版社2009年版,第166页。
③ 同上。

域,无论是边界的划定和权力的分配"①。由于现代民族国家以领土与主权为基本特征,相应地,我们所有人"生活在一块被精确划定、被严格规定和彼此承认的领土上""国家边界的普遍化,是全球范围内形成各种社会特殊性的主要因素"②。多个民族生活在同一个国家的现实导致我们很难用消灭矛盾的任何一个方面来把问题一劳永逸地解决。无论是民族还是国家,它们都是人类社会生活中出现的社会历史现象,并将长期存在下去。这种现实也使得族际政治整合的压力将长期伴随着民族的发展与国家的未来。

三、族裔与国家认同的关系协调:拯救濒危族际政治

鉴于前文所述,我们既无法通过消灭民族或者消灭国家的方式让两者之间的矛盾关系彻底解决,又不得不接受多个民族生活在同一个国家的现实。两者之间矛盾关系的焦点在于认同问题,协调族裔认同与国家认同之间的张力,拯救濒危的族际政治关系,是推进族际政治整合、维护国家统一与地区稳定的关键。在对族裔认同与国家认同关系的理解上,承认和尊重族裔认同与国家认同的共存共生关系要远比强调两者间的对立和冲突更具现实意义。

一方面,至少在一个可以预料的未来,民族国家依然是世界政治体系中最重要的主体,是国际关系的基本分界。民族国家这种国家形态注定是要建立在"民族"与"国家"共存共生的基础之上,倘若国家认同真的能够替代或祛除族裔认同,民族国家也

---

① [加]威尔·金里卡:《多元文化的公民身份:一种自由主义的少数群体权利理论》,马莉等译,中央民族大学出版社 2009 年版,第 275 页。
② [西]胡安·诺格:《民族主义与领土》,徐鹤林、朱伦译,中央民族大学出版社 2009 年版,第 32 页。

就不再成其为民族国家了;另一方面,"民族"与"国家"一样,都是历史范畴,只要民族共同体存在,民族认同就会存在,反之亦然。试图以任何人为的方式去隔断族裔认同与民族/族群之间的这种内在的和固有的联系,既不现实,也不可能。而且,这种违背社会历史发展一般规律的努力只会让民族国家付出更大的代价。

20世纪90年代以来,作为世界范围内"族性张扬"的经典个案,哈萨克斯坦的"主体民族主义"与国族"创建"之间的悖论及其对国家认同的负面影响,为我们提供了一个不错的证明。这种"主体民族主义"不仅违背了哈萨克斯坦的宪法精神,更为重要的是,"在拥有130个民族、主体民族仅占全国总人口53.4%的国家里,如此地'重建'和'复兴'主体民族,显然不利于众多其他民族对于国家的认同,……不可避免地出现裂痕"[①]。由此,要想讨论族裔认同与国家认同的协调问题,就必须把承认两者间的共存共生关系放在首位,只有在这一前提下的讨论才是现实的和有诚意的。

(一)确保国家认同至高无上

要确保国家认同在民族个体成员的诸多集体认同形式中处于最高层次。对民族个体而言,其集体认同可以而且应该具有多种表现形式。这些表现形式至少可以包括国家认同、族裔认同、党派认同、阶级/阶层认同、宗教认同等。其中,除了宗教认同属于个体精神世界的关怀问题而显著区别于其他认同形式外,这些认同形式都在同一序列之内,都可以给民族个体提供某种程度的现实归属感。在这一序列之内,"必须确立国家作为民

[①] 包胜利:《主体民族主义与国族"创建"之间的悖论——论哈萨克斯坦族际政治的困境》,《世界民族》2006年第4期。

族成员归属层次中的最高单位,这是民族认同与国家认同统一所必须坚持的价值共识"①。一方面,国家作为一种满足个体成员对秩序和安全需要的最重要的实体,对个体具有逻辑上和学理上的至高无上性,这一结论是被民族国家的政治现实反复证明了的;另一方面,主权的统一、领土的完整和社会的稳定关涉民族国家的核心利益。为了确保国家的核心利益不被侵犯,就"要在认同的序列上使国家认同优于民族认同,没有这样的认同基础,多民族国家的统一和稳定就会受到威胁"②。

从前文描述的多民族国家族际政治整合实践来看,加拿大、新加坡等国之所以能够实现族裔认同与国家认同的协调发展,其成功经验"在于其协调好了民族认同与国家认同的关系,使国家认同保持较高的水平,并在认同序列上保持优先的地位"③。

(二) 进行国家公民身份建构

采取多种方式进行民族个体成员的国家公民身份建构。国家认同的主体是国家的公民,因此,要想让国家认同在民族个体成员的诸多集体认同形式中处于最高层次,就必须要让归属于不同民族共同体的民族个体成员获得统一的国家公民身份。由此,采取多种方式来进行民族个体成员的国家公民身份建构,就成为协调两者关系的又一重要方式。

具体而言,国家公民身份的建构方式可以包括:一是引导民族个体成员积极参与国家的公共社会生活。参与国家公共社会

---

① 高永久、朱军:《论多民族国家中的民族认同与国家认同》,《民族研究》2010 年第 2 期。
② 李崇林:《边疆治理视野中的民族认同与国家认同研究探析》,《新疆社会科学》2010 年第 4 期。
③ 陆海发、胡玉荣:《论当前我国边疆治理中的民族认同与国家认同整合》,《广西民族研究》2011 年第 3 期。

生活，有利于民族个体成员了解维持公共社会生活正常运转的规范和准则，感受蕴含在国家公共社会生活中的国家特性，进而通过积极参与国家公共社会生活，逐步建立起他们对国家公共权力、公共领域行为规范及国家历史文化的认同感。二是授予民族个体成员以"差别权利"。在国家授予民族个体成员以普遍的公民权利的同时，还应充分考虑到民族间的文化差异，授予不同民族个体成员以不同的"差别权利"。三是开展对民族个体成员的公民意识教育。公民意识不是自然而然地生成的，公民教育在其中发挥着重要的作用①。由此，开展对民族个体成员的公民意识教育就显得非常必要。以学校作为主阵地，有针对性地对广大民族个体成员，特别是其中的青少年开展公民意识教育，是一个非常有效的选择。

（三）通过权利利益分配促进个体对国家的承认

通过权利保障和利益分配来确保民族个体成员，特别是少数族裔成员对国家的忠诚。有研究者指出，"只有存在包容一切、超越平常将人们分割开来的意识形态、经济或者政治利益冲突的共同意见时，少数派才会容忍多数派的统治"②。这一点对本书的讨论颇具启发意义。怎样在"包容"的宏观视野之下，探索和寻求"一种更具有包容性的社会纽带，这种社会纽带能够包容诸如语言、宗教、文化等民族异质性要素，并且还能从法律和政治上赋予这些异质性要素以一定的生存和发展的权利"③，就

---

① 参见曹金龙、宇文利：《约制与规化：西方社会治理中的公民教育》，《教学与研究》2021年第1期。
② ［英］詹姆斯·马亚尔：《世界政治》，胡雨谭译，江苏人民出版社2004年版，第56页。
③ 高永久、朱军：《论多民族国家中的民族认同与国家认同》，《民族研究》2010年第2期。

变得十分重要。我们认为,建立旨在保障少数民族生存发展各项权利的法律制度体系,以及确保少数民族可以平等分享国家发展收益的利益分配机制,是实现这种包容的最好方式。一方面,这一法律制度体系可以最大程度地捍卫和实现少数民族的权利,此举也有利于帮助少数民族形成对国家法律制度的信仰,增进他们对国家的认同和仰仗;另一方面,这种利益分配机制可以极大地激发少数民族"当家作主"的美好愿望和爱国主义情感,努力为国家的发展献计献策。而且,当少数民族的利益实现与国家发展的未来息息相关时,国家对少数民族的凝聚力也会极大程度地提升,使得国家认同成为一种可以超越民族自我认同的认同。

(四)加强族际间的交流与沟通

上述方案对国家认同的构建及族裔认同与国家认同关系的协调是非常必要的,然而,这些努力并不意味着问题的最终解决。韦红在对新加坡的多元一体化民族政策进行研究时,遇到一个极富代表性的案例:"一位国立大学的马来族毕业生表示,如果我不是通过公平竞争,而是因为我是马来人的原因而进入大学的,那我将感到那是一种耻辱。"[①]这个案例向我们表明,即使是基于对少数族裔权利和利益的最大尊重与包容为出发点的民族政策,也可能引发少数族裔心理上的排斥和不满。显然,他们不希望自己及其所在的民族群体被所在国家和其他民族"特殊化"。归根结底,国家认同是一种心理上的接纳,是个体成员对国家的承认和接受。由此,不消除掉民族个体成员内心深处对国家的排斥和不满,国家认同就没有办法真正得以确立,族裔认同与国家认同的关系就无法真正实现协调发展。

---

① 韦红:《东南亚五国民族问题研究》,民族出版社 2003 年版,第 151 页。

这一事实凸显出族际交流与沟通的重要性。一方面,通过族际间的交流与沟通,可以增进主体民族与少数族裔之间的理解和互信,让他们更好地了解对方的文化传统与价值观念,从而在求同存异的基础上,共同打造以国家公民身份为指向的国家认同;另一方面,以尊重与包容为出发点的全部旨在促进族裔认同与国家认同关系协调的努力,都要以族际间的交流与沟通为基础。

第五节　多民族国家认同与族际政治整合

作为国家形态历史演进的全新类型,民族国家起源于中世纪后期的西欧,兴盛于18—19世纪。这一民族与国家彼此契合的政治-观念结构不仅让世俗权力从神权的笼罩之下挣脱出来,也让社会资源按国界被重新划分,随之而来的是国家动员能力的空前提高,民族国家也因此一跃成为参与国际事务的主体。民族国家的上述利好使得这一国家类型由西向东在整个欧洲蔓延(内生型民族国家),被后来的美洲、大洋洲殖民地纷纷效仿(衍生型民族国家),并在20世纪中叶及至90年代最终完成了全球扩展(外生型民族国家),最终发展成为当今世界政治体系中最为重要的行为主体①。经验观察表明,那些并不具备欧洲内生型民族国家培育土壤的其他国家一旦盲目照搬这种"一个民族,一个国家"的政治-观念结构,容易给本国发展带来潜在甚至现实的风险,出现"缺乏组织、团结和内聚力,公共意识得不到发展,对国家的忠诚很不牢固,与领袖的认同感淡薄"②等一系列问

---

① 对于这一历程更为详细地阐述,请参见于春洋:《现代民族国家建构:理论、历史与现实》,中国社会科学出版社2016年版,第94—136页。
② [美]塞缪尔·亨廷顿:《变革社会中的政治秩序》,王冠华等译,生活·读书·新知三联书店,1989年版,第29页。

题,无法轻易实现国内存在差异的不同民族和亚文化群体对国家的认同,更不要说还存在类似约旦这样内源型、外源型、内外力量竞逐与合作下的多种民族国家建构形态逐次登场的特殊个案①。与此同时,随着全球化的纵深发展,大量移民纷纷涌入欧洲,族裔民族主义旗帜在欧洲上空高高飘扬,传统内生型民族国家也面临日益严峻的族际政治整合压力。正是在这种意义上,霍布斯鲍姆(Eric Hobsbawm)提醒人们"必须谨记:并不是国家建立了,民族内涵就应运而生"②。鉴于此,族际政治整合——将国内存在差异的不同民族和亚文化群体整合成为统一的国家民族(state nations),就成为现代民族国家必须要去完成的重要任务。本节聚焦多民族国家认同与族际政治整合的内在关联问题,旨在通过对这一问题的学理阐析,形成关于两者关系的规范研究结论,为理解和把握全球化时代背景下的多民族国家族际整治整合问题提供学理认知准备。

一、族际政治整合协调族际关系,巩固多民族国家认同根基

民族国家在当今世界政治秩序中占据主导地位,在数以百计的国家中却分布着3 000多个民族。这种"多个民族,一个国家"的既成现实,决定当今世界大多数国家的民族构成状况必然十分复杂。基于这种"多民族"的国家内部民族构成状况及其可能危及国家统一、政治稳定和民族团结的不良后果,多民族国家的族际政治整合显得至关重要。

---

① 参见韩志斌、薛亦凡:《约旦国家建构中的部落问题及其影响》,《西亚非洲》2020年第1期。
② [英]埃里克·霍布斯鲍姆:《民族与民族主义》,李金梅译,上海人民出版社2000年版,第88页。

(一) 族际关系协调

当今世界绝大多数民族国家都具备多民族结构,是由多民族构成的国家,这就决定了这些国家内部普遍存在着多个民族群体,各个民族群体之间的关系成为国家内部最为重要的社会政治关系。这些民族群体在历史文化、社会传统和民族认同上存在差异,在国家权力的分配上要求"在共同体事物上享有一定的自主权"①。由此,多民族国家面临复杂多样的族际关系,族际之间的矛盾和冲突带有某种必然性。在全球化纵深发展的当下,随着族际交往的日渐频繁和国际竞争的日趋激烈,不排除在特定时空出现国内族际关系恶化、族际矛盾激化直至危及国家存续的风险。在这方面,南斯拉夫的情况较具代表性。塞尔维亚、克罗地亚和斯洛文尼亚三大民族之间的矛盾由来已久,在宗教冲突、经济发展不平衡等文化、经济因素的影响下,南斯拉夫联邦体制变革出现失误,再加上国内民族政策的偏颇导致族际包容性认同缺乏,民族矛盾走向激化②,最终导致国家分裂的悲剧。

从族际关系的视角出发,欧洲传统内生型民族国家的民族建构具有较强的同步性和包容性,历史根基也较为坚实,然而,随着大量移民的涌入和族裔民族主义的兴起,传统内生型民族国家遭遇族际关系协调的压力——同样的问题也构成对美洲和大洋洲的衍生型民族国家的困扰。至于亚洲、非洲和拉丁美洲的外生型民族国家,则普遍面临国家确立历史短暂、国家整合能力较弱、国家内部不同民族发展不协调等问题,这也导致外生型

---

① Bhikhu Parekh, *Rethinking Multiculturalism: Culture Diversity and Political Theory*, New York: Palgrave Macmilan, 2000, p. 194.
② 参见王恒、邸晓星:《族际政治民主化在南斯拉夫的失败》,《云南民族大学学报(哲学社会科学版)》2016年第4期。

民族国家的内部族际关系存在持续不断的张力。因此,族际关系协调是多民族国家族际政治整合的应有之义。

(二) 达成民族共识

族际关系协调是实现多民族国家内部统一性的基本前提,而族际关系协调的逻辑起点来自多民族国家内部不同民族之间的"异质性"。提到"异质性",就必须触及一个更具底层关怀的概念:族性。也正是基于前文分析过的族性所秉持的"内聚外斥"属性,才使得国内不同民族之间的"异质性"得以彰显,不同民族之间的这种"异质性",也恰好构成本民族成员维持内部认同关系的外部条件。

必须承认,在全球化纵深发展的时代背景下,"族性张扬"[①]俨然成为逆全球化潮流中一个引人注目的现象,族性因素也越来越成为影响国内族际关系的关键变量。研究表明,族性"既有依托群体文化认同而建构民族国家,从而捍卫自身利益的属性,也同样依托群体文化认同而解构或者挣脱现存民族国家而'另立门户'的功效"[②]。一方面,在民族国家初创阶段,民族意识逐渐觉醒,在族性动员的作用下,欧洲的内生型民族国家纷纷建立,并且迅速形成示范效应而在全球范围内扩展;另一方面,族性给民族国家带来威胁,成为衍生、外生型民族国家族际关系紧张的源头。比如,在 20 世纪 60 年代,美国民权运动蓬勃发展,在美洲、大洋洲和北欧的土著居民为争取权利平等的种种努力背后都存在族性的力量,而在 20 世纪 90 年代的苏东剧变中,

---

① 参见王希恩:《族性及族性张扬——当代世界民族现象和民族过程试解》,《世界民族》2005 年第 4 期。
② 陈丽芬、于春洋:《论民族主义与国家建构的内在关联——兼评吉尔·德拉诺瓦在〈民族与民族主义〉中的相关讨论》,《新疆大学学报(哲学·人文社会科学版)》2016 年第 5 期。

我们也深刻感受到族性紧张带给既有国家的致命打击。由此，通过族际政治整合源源不断地把族性塑造群体文化认同的功能放大和提升到增进国家认同的层面，对冲、减缓乃至消除族性"另立门户"的破坏功能，达成民族共识，是每个多民族国家需要面对的重大课题。

（三）"异中求和"：巩固国家认同的根基

如前所述，族际政治整合是将每个民族国家内部存在差异的不同民族和亚文化群体整合成为统一的国家民族。想要实现这一点，就需要以"异中求和"的原则协调族际关系，达成民族共识，并以此为着力点来不断巩固国家认同的根基。结合国内学界的相关研究成果，巩固国家认同根基的基本途径至少可以包括如下几个方面。

第一，要在协调族际关系的过程中承认各民族文化之间的差异性和多样性。同时需要注意，这种对不同民族文化差异性和多样性的承认，是为了在族际关系协调中着重强调在国内各民族的内部做到异中求和，从而超越"多元差异的尊重"，实现真正意义上的"多元和谐的同一"[1]。

第二，族际政治整合是在国家的疆域之内进行的，这就使得通过对国家公民这一共性身份的建构来实现多民族国家认同成为可能。此举的基本逻辑在于"通过公民个人权力的平等，实现民族权力平等"[2]。为此，需要通过族际政治整合，依靠国家政权的力量，强化国家观念、公民意识，保障公民权利。在这一进程中，要确保"各民族在本民族内部事务上的自主权以及在国家事务上的发言权……从而营造一种万众归心的政治局面，保证'多

---

[1] 常士䦊：《和谐族际理念与族际政治整合》，《政治学研究》2009年第4期。
[2] 陈联璧：《民族自决权新议》，《民族研究》2001年第6期。

元社会'的政治'一体化'"①。

第三,努力把"求和"作为协调族际关系的基本出发点,在承认"异"的基础上,把特殊的制度和政策作为保护非主体民族群体权利的关键,从而体现"求和"的价值取向,实现"和"的族际政治整合结果。

如果从共处同一民族国家内部的角度来讲,"异中求和"中的"异"其实在各个不同民族之间也是一种共生关系,共生于同一民族国家之内。这种共生可以是合作性共生、隔阂性共生、互斗性共生和差异性共生②,但共生比差异更接近多民族国家内部族际关系的本质。

二、族际政治整合形塑国家民族,培育多民族国家认同主体

"国家民族"即国族(state nation),一个最为简洁的理解是,国家民族"是取得国家形式(或披上国家外衣)的民族"③。本书所谈及的族际政治整合问题,其实就是要把国内具有"异质性"的不同民族和亚文化群体打造成国家民族,让国家国族的心理-观念边界和民族国家的政治-权力边界重叠。对此问题,有学者作出了很好的说明:"要实现现代国家的建设,还需要将其边界内的不同群体构建成为一个具有历史意义和政治文化蕴含的国家民族或政治民族,实现边境内各个群体对国家政治运作的高度认同和忠诚,让民众服膺这个国家是'我们'的国家,其政府是

---

① 王建娥:《族际政治民主化:多民族国家建设和谐社会的重要课题》,《民族研究》2006年第5期。
② 参见常士訚:《多民族发展中国家族际政治的风险及其正负效应分析》,《学术界》2017年第5期。
③ 周平:《民族国家与国族建设》,《政治学研究》2010年第3期。

'我们'的政府,并在危机时刻能够显示出足够的凝聚力和向心力。"①如此看来,国族与民族国家有着密切的联系,国族由民族国家创造,没有民族国家也就没有所谓的国族,而族际政治整合就是为多民族国家建构一个国家民族的过程,在这一过程中,多民族国家既形塑了国家民族,也培育出国家认同的主体。

(一) 从"一国一族"理论到国族理论

14世纪至18世纪,相继发生的文艺复兴、宗教改革以及启蒙运动都标志着资本主义的不断发展和逐渐成熟,这使得一个新的共同体——资产阶级不断发展扩大。随之而来的是他们"要求建立广阔的、联合成国家的统一地域,要求在国家的地域内有统一的政府"②。为此,破除旧有封建土地依附关系和属民观念束缚,打造统一的"民族共同体意识"就势在必行。在这一背景下,"一个民族,一个国家"的民族主义理论就应运而生,成为创建西欧内生型民族国家的强大理论和政治动员工具。1648年,《威斯特伐利亚条约》的签订更是赋予这种"一国一族"的国家以合法性,内生型民族国家的示范效应也初步显现。

然而,"一国一族"理论的弊端也很快暴露出来:由于历史、人文和地理因素的差异和限制,那些信奉该理论的政治精英们很快发现,建立单一民族国家的美好想象经常会在真实世界的实践中落空。于是,他们在建构民族国家的过程中,对早期的"一国一族"理论进行了创新和修正,将"一族"的标准由以往的单个文化民族,重新理解阐释为"由原有的若干'文化民族'整合

---

① 高永久、左宏愿:《论现代国家构建中的民族政治整合》,《南开学报(哲学社会科学版)》2018年第1期。
② 宁骚:《民族与国家:民族关系与民族政策的国际比较》,北京大学出版社1995年版,第280—281页。

而成的政治民族——国族"①。显然,这种基于现实情境而作出的理论妥协也在事实上把强调文化属性民族的"一国一族"理论推进为强调政治民族的国族理论,打造这一政治民族的过程,也就是本书所谈及的族际政治整合。

(二) 传统国家民族建构路径反思

回顾欧美国家打造国家民族的早期实践,有助于我们更好地理解和把握当代族际政治整合的现实。我们发现,欧美资产阶级往往利用"自由、平等、博爱"这些抽象的、带有普世主义倾向的政治价值观来整合不同文化群体,而在具体操作层面,则往往对少数民族和亚文化群体实行压迫和边缘化策略,甚至采取了血腥的、残忍的驱逐、隔离直至屠杀手段。为了打造"美利坚民族",统治者对当时的以印第安人为代表的美洲土著居民采取强制同化的策略,为此甚至不惜进行种族屠杀,这一历史事实早已为世人知晓。对此,哈贝马斯(Jürgen Habermas)不无讽刺地指出:"民族国家的建立过程就是残酷的流亡和驱逐过程,就是强迫迁徙和剥夺权利的过程,就是消灭肉体的过程,甚至种族灭绝。"②

随着全球化的纵深发展和多元文化主义理念的广泛传播,尊重民族平等、保障少数群体权利已经发展成为国际共识,"民族……越来越多地被看成是社会建构的实体"③,"是朝着同一方向前进的诸多事实导致的历史结果"④。而打造国家民族的早期

---

① 陈玉屏:《对"民族国家"和"国族"问题的理论思考》,《西南民族大学学报(人文社会科学版)》2016年第1期。
② [德]尤尔根·哈贝马斯:《包容他者》,曹卫东译,上海人民出版社2002年版,第164页。
③ [美]迈克尔·赫克特:《遏制民族主义》,韩召颖等译,中国人民大学出版社2012年版,第13—14页。
④ [法]厄内斯特·勒南:《国族是什么?》,陈玉瑶译,《世界民族》2014年第1期。

实践手段也被普遍认为是失效的和缺乏基本人道主义关怀的。与此同时,经过早期实践而被建构起来的国族在多种因素的影响下正在慢慢消解,种种迹象表明,"国民对文化认同和地区认同比国家认同更为关注",国家认同面临危机,并且这种危机是一种"全球性现象"[①]。面对这种窘境,最为有效的解决方案被认为是重建国家民族,培育国家认同的主体。由此,族际政治整合的任务被提上日程,传统国家民族建构的早期实践路径则被彻底抛弃。

(三) 通过族际政治整合培育国家认同主体

国族的形成离不开族际政治整合,这一进程旨在通过各种各样的方式将具有不同族源、不同地域的人们联结成一个共同体,形成国家民族。同时,国族的形成也意味着人们可以根据自己的主观意愿,"借助已有的政治、经济、文化资源,在民族、地域等不同利益主体间寻找共识"[②],这些共识的达成,有利于国族成长为国家认同的主体。

一方面,通过展现和提升国内各民族的共同利益,凝聚各民族的国家认同。在民族国家内部,受到不同区域间自然环境差异和资源分布不均等因素影响,往往导致经济发展不平衡,而不同民族往往生活在不同地区,区域间的利益分化势必造成不同民族难以形成利益共同体。由此,需要通过统筹区域经济发展、完善利益分配方案、拓展民族间交流交往有效方式等途径来夯实共同利益,形成互赖情感。一旦能把国内不同民族和亚文化群体结成一个利益共同体,这个共同利益关切就会促成一种内

[①] 参见[美]塞缪尔·亨廷顿:《我们是谁:美国国家特性面临的挑战》,程克雄译,新华出版社 2005 年版,第 12 页。

[②] 吴开松、解志平:《论我国少数民族地区国族认同的构建》,《中南民族大学(人文社会科学版)》2008 年第 3 期。

在驱动,凝聚国家认同。

另一方面,通过重塑历史记忆、秉持传统习俗、捍卫核心价值观等内容,凝聚文化价值共识。胡锦涛同志在十七大报告中提出的"建设中华民族共有文化家园"历史任务,印尼建国初期苏加诺政府倡导的"潘查希拉"国家思想观,都是在该领域进行的积极而富有成效的探索。如果族际政治整合并没有能够在某个多民族国家的国族层面达成文化价值共识,这个进程就是不充分的,国家民族的内部聚合程度较低,也难以真正成为国家认同的主体。

总之,在形塑国家民族的过程中,既要展现和提升国内各民族的共同利益,让国内不同民族和亚文化群体结成利益共同体;也要重塑历史记忆,秉持传统习俗,捍卫核心价值观,凝聚国内各民族的文化价值共识。这些努力可以让具有"异质性"特征的不同群体联结起来,形成与民族国家政治边界重叠并形成国家认同的主体力量,抵御来自国家内部与外部的各种风险、压力和挑战。

三、族际政治整合凝聚国族意识,达成多民族国家认同共识

如果把前文讨论的国家民族的外在形塑视为族际政治整合的实体性建构,那么,凝聚国族意识则是这一建构过程的虚体性建构。这两个层面的族际政治整合目标各有侧重,但彼此契合。族际政治整合在努力将多民族国家内部的不同民族和亚文化群体整合为国家民族的同时,也努力让这个实体拥有对于"我们"的集体身份认同和稳定心理倾向。否则,这一进程就是不完整的,也是不充分的。

(一)凝聚国族意识

全球化纵深发展的今天,国家认同正在遭遇来自超国家与

次国家两个层面的挑战。必须承认,作为一种基于民族对国家的认同才能得以维系的国家形态,民族国家所遭遇的这种认同挑战是全面而深刻的。值得注意的是,"民族国家依然是欧洲的基本构造单位。近几年以来,无论是英国脱欧,还是波兰与欧盟的矛盾,又或是加泰罗尼亚的独立要求,都见证了民族主义的力量"[①]。另有研究指出,"尽管民族主义会带来恐怖和毁灭,但它也为现代世界秩序提供了唯一现实的社会文化框架。时至今日,它还没有势均力敌的竞争对手,民族认同感仍具有广泛的吸引力和效力"[②]。我们认为,这一观点也为本书讨论的国家认同问题提供了新的思路,即通过凝聚国族意识、强化国族认同来达成各民族认同多民族国家的结果。稍加分析不难发现,一旦社会个体产生国族意识,也就意味着社会个体成员对自己所归属的集体身份产生稳定的心理倾向,也即对"我是谁"的问题作出了"我是某族(国族)人"的认同。进而,社会个体成员对国族的认同天然就指向对国族所归属国家的认同。因此,无论在学理上还是在现实中,凝聚国族意识对多民族国家保有国内不同群体对国家的认同均具有重要意义。

退一步讲,即使一个多民族国家的内部已经通过族际政治整合的方式形塑了国族,这个民族共同体的内部依然存有多个亚文化群体,国族的存在并不会剔除或取缔这一客观存在。不同亚文化群体在以各群体为单位的利益博弈中依然存在族属意识(族性),甚至在特定背景和偶然事件的刺激下还有爆发的可能。由此我们发现,哪怕一个国家的国族建构已然完成,国族已

---

① 洪霞:《后民族时代的欧洲民族国家——一个难以超越的历史阶段》,《学海》2019年第5期。
② 韦诗业:《民族认同与国家认同的和谐关系建构研究》,中央编译出版社2017年版,第56页。

然确立,但维系这一政治-法律共同体的存在,不断培育基于国族意识的国家认同,依然是摆在多民族国家面前的重要任务。

(二)从凝聚国族意识到实现国族自觉

我们知道,民族自觉随着民族意识的产生而产生,同时,民族自觉又以文化自觉的姿态出现,并在形成发展的过程中,潜移默化地增强民族个体成员对不同文化的甄别和选择能力。用这个逻辑来分析国家民族,道理也是一样的。通过对国家民族的实体性建构和虚体性建构,既形塑了国族,也让国族内部的个体成员拥有了国族意识。在文化互动交流、冲突频现的当今社会,这种国族意识既可以有效地抵御外来文化的侵蚀,也可以激发国族自觉,进而保有对国族文化的自信。由此可以认为,从形塑国族实体到凝聚国族意识再到实现国族自觉,是族际政治整合的晋级之路,而一旦达成国族自觉,民族认同国家的"最后一公里"将被打通,国族建构的最终目标也因此得以实现。

这里还需说明的是,国族自觉的实现,更多依靠的是个体成员自发的、自内而外的民族意识张扬,并非借助外部强制手段和政治整合力量所能达到的。从凝聚国族意识到实现国族自觉,是一种内化的、春风化雨的、润物无声的过程,营造良好的外部环境,提供优质的转化资源,善于利用关键节点与事件开展弘扬爱国主义、增进民族文化自信教育,都是促成国族自觉的重要途径。

(三)达成国家认同共识的两个维度

通过族际政治整合来凝聚国族意识,实现国族自觉,最终可以达成民族认同国家的目标。要想让国内不同民族与亚文化群体达成国家认同的共识,还需要采取一系列的措施与手段。对于这个问题,以下两位学者的洞见是极富启发的。哈贝马斯认为:"现代公民具有两种特征,一种是政治上的公民身份,一种是文化上的民族认同"①；格罗斯(Feliks Gross)则主张国家与民族之间的纽带可以分为政治和文化两个方面来联结②。我们知道，族际政治整合是要把生活在国内的不同民族与亚文化群体整合为统一的国家民族，每个民族与亚文化群体的个体成员，同时也是这个国家的公民。由此，上述两位学者的观点恰好提示我们，族际政治整合也可以从这两种特征入手来凝聚国族意识，达成国家认同共识目标。

一方面，从政治维度加以分析，天然拥有政治认同属性的公民身份更容易帮助民族国家凝聚国族意识，哪怕这种国族意识有时并不牢固。虽然公民身份认同相对于文化认同来说具有不稳定性，属于"弱势认同"③，但不可否认它是一种凝聚国族意识的有效手段，因为公民身份刚好和民族国家的政治边界重叠，因此也和国族意识的边界重叠。公民身份的确立，超越了民族、宗教、语言、地域等多元差异，可以体现国民特征，淡化民族身份。同时，这一身份也体现了人人平等的法律地位，以此为纽带可以在一定程度上削弱民族成员之间的文化差异。这样各民族成员在保有各自独特文化身份的同时，因由共性的公民身份而联系起来形成统一的国家认同，就有效避免了由于文化差异而引起的矛盾。

另一方面，从文化维度加以分析，若想长期且牢固地凝聚国族意识，维系深度国家认同，终究还是需要有文化上的认同作为

---

① ［德］尤尔根·哈贝马斯：《包容他者》，曹卫东译，上海人民出版社2002年版，第133页。
② 参见［美］菲利克斯·格罗斯：《公民与国家——民族、部族和族属身份》，王建娥、魏强译，新华出版社2003年版，第183—185页。
③ 参见［加］威尔·金利卡：《多元文化的公民身份：一种自由主义的少数群体权利的理论》，马莉、张昌耀译，中央民族大学出版社2009年版，第268页。

根基才行。因为"在当代世界,文化认同与其他认同相比,其重要性显著增强"①。史密斯(Anthony D. Smith)曾就此指出:"当集体认同主要建立在文化成分……基础之上时,认同感最为强烈。"②因此,通过国族文化建设来促进和引领民族对国家的认同,还是非常必要的。例如,在内生型民族国家由西向东拓展时期,欧洲各国政府采用强制手段统一语言,"官方语言的确立使得领土之上的人民可以顺畅地交流和沟通,有利于统一市场的形成、中央政策的执行和国族成员的互相识别"③。国族文化的建设可以建立起一种共同的文化价值观,培养出国家认同所需要的共识性美德,增强民族成员对自己国家的认同感。

综上所述,我们寄希望于通过和平渐进的方式而将多民族国家内部存在差异的不同民族和亚文化群体整合为统一的国族,并以此为主体来维系深度的国家认同。在族际政治整合过程中,只有正确看待多民族国家内部的"同一性"和"异质性",才能把握好"异中求和"的问题。同时,在国族的实体性建构过程中,要依靠共同的经济利益基础,辅之以共同的文化价值共识,培育国家认同主体;在国族的虚体性建构过程中,要通过共同历史记忆的书写等方式凝聚国族意识,进而从政治与文化两个维度出发,达成国家认同共识。经验证明,国家民族的外在形塑与国族意识的内在凝聚是相辅相成、相互影响的,两者共同培育了国家认同主体,也为达成国家认同共识提供了源源不竭的内驱力量。

---

① [美]塞缪尔·亨廷顿:《文明的冲突与世界秩序的重建》,周棋等译,新华出版社1999年版,第133页。
② [英]安东尼·史密斯:《民族主义:理论、意识形态、历史》,叶江译,上海人民出版社2002年版,第21页。
③ 张力、常士訚:《国家建构与民族建构:多族群国家政治整合两要务》,《东南学术》2015年第6期。

本 章 小 结

本章就族际政治整合问题进行本体认知,试图搭建有关多民族国家族际政治整合问题研究的理论分析框架。

可以把族际政治整合定义为:多民族国家运用国家政治权力,使国内不同民族/族裔群体在保持自身文化多样性的同时,实现国族一体化的过程及其结果。其一,族际政治整合的分析单位是多民族国家;其二,族际政治整合以保持不同民族/族裔群体自身文化多样性为基础和前提;其三,族际政治整合以实现国族一体化为目标;其四,出于对"整合"一词的不同理解,族际政治整合既是实现国族一体化的过程,也是实现国族一体化的结果。

族际政治整合有三种基本价值取向,分别是少数群体权利价值取向、族际政治民主价值取向和民族生态观下的"万象共生"价值取向。其一,少数群体权利价值取向的核心议题是,实现族际政治整合的关键在于民族国家应赋予和承认国内少数群体的权利,承认他们的文化特殊性和人格尊严,实现他们的自主管理和自身利益,并且确保他们可以和国内其他民族一起分享国家发展的成果。其二,族际政治民主价值取向的主要观点是,通过国内各民族对国家/政府权力的直接/间接控制,来达到直接/间接参与政治决策过程的目的,从而把由某一民族垄断性独占的国家权力转换成各民族共享的国家权力。其三,民族生态观下的"万象共生"的价值取向则认为,一旦跳出二元对立的框架,以万物关联、互补共生的角度关照民族与国家、审视族际关系,在环境与主体的互动中实现族际关系的文化自觉,在民族生态世界中寻求多民族文化群体的"生态位",让每个民族文化群

第四章　多民族国家族际政治整合的理论分析框架

体所秉持文化的价值在尊重多样、包容差异的氛围中展现自身的独特魅力，就容易形成民族文化生态群落，这才是维持族际关系和谐，实现族际政治整合的长久之计。

从多民族国家面临族际政治问题的现实出发，族性既能促进族际政治整合，有助于民族国家建构；又能破坏族际政治整合，阻碍民族国家建构。族性对族际政治整合的这种双重影响可以在近代以来民族国家全球扩展的历史进程中得到很好的说明——族性既有依托民族/族裔群体文化认同而建构民族国家，完成族际政治整合，从而捍卫自身利益的属性；也有依托民族/族裔群体文化认同而破坏族际政治整合，解构和挣脱现存民族国家的功效。

无论是对发展中国家还是西方发达国家，族裔民族主义发挥作用的内核在于族裔认同威胁甚至超越了国家认同。这也意味着民族国家赖以存在的认同根基遭遇了危机——民族国家是依赖民族对国家的认同而存在的，族裔民族主义的兴起在用族际认同祛除国家认同的同时，也在危及族际政治整合的心理基础。我们既无法通过消灭民族或者消灭国家的方式让两者之间的矛盾关系一劳永逸地解决，又不得不接受多个民族生活在同一个国家的现实。两者之间矛盾关系的焦点在于认同问题，协调族裔认同与国家认同之间的张力，拯救濒危的族际政治关系，是推进族际政治整合、维护国家统一与地区稳定的关键。

此外，族际政治整合与多民族国家认同之间有着密切的关联。全球化背景下，通过族际政治整合而将国内不同民族和亚文化群体整合成为国家民族，是每个多民族国家必须要去完成的任务。分析表明，族际政治整合通过对族际关系的协调，寻求民族共识的达成，从而有利于国家认同根基的巩固；通过实体性的族际政治整合，把国家民族形塑成为一个民族实体，以此进行国家认同主体的培育;通过虚体性的族际政治整合,让国族意识得以凝聚,进而实现国族自觉,让国家认同成为一种共识。国家民族的外在形塑与国族意识的内在凝聚相辅相成、相互影响,不仅共同培育了国家认同的主体,也为从政治与文化两个维度达成国家认同共识提供了源源不竭的动力。

第五章　多民族国家族际政治整合的中国经验(上)

经由前文对多民族国家族际政治整合实践的个案描述及其类型学分析,我们很容易得出结论:对每个多民族国家而言,其族际政治整合的任务不是孤立存在的,而是伴随该国现代民族国家建构得以展开。并且,族际政治整合任务是否完成以及完成得好与坏,也直接受到该国民族国家建构的影响。这一结论对中国现代民族国家建构而言,同样成立。辛亥革命推翻了绵延数千年的封建王朝统治,标志着中国正式开启现代民族国家建构之路,作为这一建构的早期准备工作却早在晚清时期就已开始。随后,历经中华民国时期的军阀混战、抗日战争和解放战争,终于迎来了中华人民共和国的建立。有研究表明,"晚清至民国以宪法及宪法性文件进行的民族国家建构,乃以'求同'的努力化解特定边疆地区出现的'求异'(指向的是分离)趋势"[①]。从中国现代民族国家建构的历史梳理中,不难发现其中也包含着族际政治整合的内在逻辑——无论是救亡图存的愿望激发民族意识的觉醒,还是以中华民族建设为核心议题的国族一体化

[①] 张春海:《晚清至民国时期以宪法建构民族国家的考察》,《复旦学报(社会科学版)》2020年第3期。

努力,以及实现中华民族伟大复兴的中国梦目标指引,都为多民族国家实现族际政治整合提供了极富启发的中国经验。

第一节　民族国家建构的前期准备:
　　　　晚清中国政治发展

按照黄兴涛教授的理解,"中华民族复兴"论初创于民国时期,大约在20世纪20年代早中期出现,"九一八"事变之后逐渐风行全国。如果溯及源头,则能够追溯到清末孙中山的"振兴中华"论和梁启超的"少年中国"说①。中华民族复兴论的提出与中国民族国家建构历史任务的提出在时间上具有一致性,并且都与晚清时期中国政治发展的现实紧密相关。一般认为中国民族国家建构的历史起点是1911年的辛亥革命,但它的逻辑起点应该继续向前追溯,因为"建立现代民族国家作为近代中国国家发展所面临的多种历史性选择之一,这一问题早在辛亥革命之前就已经被全面提出来了"②,而且在相当程度上,导致中华帝国体系断裂的因素也正是开启中国民族国家建构的因素。通过对晚清时期中国历史的梳理和回顾不难发现,在此期间,中国政治生态乱象丛生,政治事件此起彼伏,政治发展由迟缓到加速,最终促成在中国持续两千多年的封建专制主义政治的覆灭和社会主义新中国的诞生。晚清时期中国政治发展具有迥异于欧美国家的政治发展走势,这一发展进程在很大程度上也是为中国现代民族国家建构在进行前期准备。综而观之,晚清时期中国政治

---

① 参见黄兴涛:《民国各政党与中华民族复兴论》,《近代史研究》2014年第4期。
② 付春:《从帝国体系到民族国家:中华民族的形成与发展》,《广西民族研究》2009年第2期。

发展呈现如下四条基本线索,也正是循着这四条线索,中国作为现代民族国家建构的早期准备工作得以完成。

一、民族危机的冲击与回应

纵观中国晚清历史可以看到,外国列强的入侵及其所引发的逐次升级的民族危机,以及国内不同政治派别及其代表人物对这种危机的回应,是促成中国晚清政治发展的直接原因。

自鸦片战争到清王朝的终结,在这七十余年间,中国历经两次鸦片战争、中法战争、甲午中日战争、八国联军侵华战争等大规模外敌入侵,帝国主义国家掀起瓜分中国的狂潮,民族危机日渐深重。随着民族危机的逐次升级,作为一种必要的回应,部分思想进步的中国人(主要是开明的士大夫)开始睁眼看世界,寻找御侮强国、革弊新政的途径。他们"面对日渐明晰的新的世界政治格局、西方的步步逼近、国势的衰微、西方新知的涌入,开始对中国传统的政治制度和思想产生怀疑、动摇、反思,进而批判"[①]。在他们的呼号奔走和多方努力下,晚清政府进行了一系列的革新,从总理衙门的设立,到洋务运动的开展,再到戊戌变法和维新运动,这种由民族危机的冲击所引发的来自政治体制内部的种种回应,终于使得中国晚清时期政治发展迈出艰难而滞缓的第一步。此后,作为对晚清中国民族危机回应的一种延续,从中国同盟会的成立,到清末宪政闹剧的上演及由此引发的一浪高过一浪的国会请愿运动,再到声势浩大的保路运动、武昌起义,最终,来自政治体制外部的辛亥革命终于推翻了封建王朝的专制统治,为中国近代政治发展写下了浓墨重彩的一笔。

从鸦片战争的爆发到辛亥革命推翻清王朝的统治,中国开

[①] 闫小波:《中国近代政治发展史》,高等教育出版社2003年版,第51页。

明士大夫与社会各界仁人志士对民族危机的回应主要表现在以下几个方面。

第一,第一次鸦片战争至第二次鸦片战争之间,以龚自珍、林则徐、魏源等人为代表的开明士大夫,最早"开眼看世界",深切感知到民族危机的日益临近和加深。出于对中国传统政治前景的担忧,魏源提出了"师夷长技以制夷"的口号来回应愈演愈烈的民族危机。然而,当时真正意识到问题严重性的人数是极其有限的,其社会影响力也非常有限。以魏源介绍欧美国家概况的《海国图志》为例,其读者在中国还远不如在日本多①。

第二,自《北京条约》签定至中法战争结束,即洋务运动前期,冯桂芬、王韬、郭嵩焘等人开始了对中国传统政治的批判和反思。在此基础上,提出了改革和变法的一系列主张。在此时期,有更多的人意识到问题的严重性,纷纷加入反思中国传统政治、为中国未来发展开具药方的行列。冯桂芬在其著作中大胆提出了"采西学""制洋器"的口号,并主张进行政治与行政改革,真正做到"君民不隔";王韬用尖刻的语言指出晚清政治之积弊为"因循也、苟且也、蒙蔽也、粉饰也、贪罔也、虚骄也",进而提出取士之法宜变、练兵之法宜变、学校之虚文宜变、律例之繁文宜变等一系列变法主张。

第三,自中法战争至甲午中日战争爆发,即洋务运动后期,以郑观应、康有为、孙中山为代表的进步人士开始反思洋务运动的弊端及其根源,他们除了对中国传统政治提出质疑外,更是提出了改弦易张的大胆主张。他们都投身于积极行动之中,为寻求救亡图存的方法进行着不懈的努力。其中,康有为、梁启超等

---

① 参见闾小波:《中国早期现代化中的传播媒介》,上海三联书店1995年版,第4—5页。

人发起的维新变法和孙中山领导的辛亥革命,成为影响和改变中国晚清时期政治发展进程的重大历史事件。

通过梳理可以发现,愈演愈烈的民族危机以及对此的种种回应构成了中国晚清时期政治发展的主要动力。正如有学者指出,"正是由于甲午战争的失败,《马关条约》的签定,直接促使康、梁发动了资产阶级的维新改革运动;也正是由于八国联军的入侵,《辛丑条约》的签定及日俄战争的爆发,促使孙中山走向了推翻清王朝的革命道路"①。此外,由于晚清时期外国列强的不断入侵,也使得"西方殖民势力以暴力强行渗入中国政权之中,对中国统治者施以影响,不断干扰中国政治发展进程,从而使其不断经历阶段性震荡,呈现出复杂曲折、跳跃多变的局面,加大了中国政治发展的艰难度"②。

二、民族独立与民主政治的双重追求

有学者指出,"对于近代中国来说,政治发展从一开始就包含双重内容,担负双重任务,即反对帝国主义,争取民族解放;反对封建主义,争取国内民主"③。这一提法对中国晚清时期的政治发展而言同样适用。一方面,民族独立是政治发展的重要前提,"一个大民族,只要还没有民族独立,历史地看,就甚至不能比较严肃地讨论任何内政问题"④;另一方面,政治发展的核心目标是要实现政治的民主化和现代化,对处于封建专制主义统治

---

① 王春聆:《中国近代民主政治思想发展轨迹探微》,《甘肃政法学院学报》1997 年第 1 期。
② 蒋建新:《论近代中国的政治发展与中国特色社会主义政治结构的形成》,《南京政治学院学报》1994 年第 3 期。
③ 同上。
④ 《马克思恩格斯全集》(第 35 卷),人民出版社 1971 年版,第 260 页。

之下的晚清中国而言，资产阶级民主政治是当时中国进步知识分子唯一可能的选择。

纵观晚清历史，对民族独立的不懈追求体现在如下两个方面。

一方面，是中国人民同入侵中国的外国侵略者进行的艰苦卓绝的斗争。从1841年5月的广州三元里人民痛击英国侵略者，到太平天国农民起义后期的太平军多次重创英、法侵略军，再到义和团同八国联军展开殊死战斗，更有以"镇南关大捷"为代表的清军抗击外来入侵者的典型事件……从这种意义上看，晚清时期的政治发展进程，也是中国人民反对外来侵略、争取国家独立与民族解放的历史进程。

另一方面，中国的开明士大夫阶层与社会各界仁人志士也在探寻争取民族独立的途径。从最初林则徐、魏源的"师夷长技以制夷"，到王韬、郑观应为代表的维新思潮，及至康有为、梁启超所发起的维新变法，再到孙中山领导的辛亥革命及其所创立的民主共和国，其思想的形成和发展无不与整个近代中华民族的命运息息相关，与近代中国社会的性质和矛盾紧密相联。有研究指出，在近代中国历史发展进程中加以考察，中华民族的独立与自觉不仅是概念生成的过程，更是内在自我发现与外在自我追求的统一[①]。

回顾中国晚清时期探求民主政治的轨迹，至少有如下一些内容需要记述。

第一，中国开明士大夫阶层与社会各界仁人志士就民主政治达成共识，认为民主乃立国之本。最早介绍和赞赏西方民主制度的国人，以林则徐、魏源、徐继畲等晚清官员为代表。到了

[①] 参见郑师渠：《近代中华民族意识的自觉——以国共合作为中心的考察》，《北京师范大学学报(社会科学版)》2021年第5期。

19世纪70年代,随着民族危机的加深和中西方文化交流的频繁,他们对民主的认识越发深入。其一,明确民主是立国的根本,郭嵩焘曾经指出:"西洋立国,有本有末,其本在朝廷政教,其末在商贾"①。其二,倡导君民共主。用西方的君主立宪制度取代晚清封建专制主义制度,构成了19世纪70—80年代中国民主思想的主流。其三,主张开设议院。这是19世纪80年代中期至中日甲午战争前国人追求民主政治的主要内容。何启、胡礼垣提出,各"省议员意合,则详于君;君意合,则书名颁行;意不合,则令其再议"②。

第二,洋务运动的发起及其失败。洋务运动是中国第一次学习西方先进技术的经济改革运动,堪称中国经济现代化的发端。然而,在中日甲午战争中,中国却被曾是自己学生的"蕞尔岛国"日本打败,显然,洋务运动并没有使中国真正"富强"起来。洋务运动失败的根本原因是其"中学为体,西学为用"的主旨,即只变"用"而不变"体",殊不知问题的根源在于"体"而非在于"用"。固守"中学为体",拒绝民主政治,幻想在不触动晚清专制主义制度的背景下寻求国家的富强和兴旺,只能是隔靴搔痒、痴人梦语。

第三,戊戌变法是中国对民主政治的首次尝试。戊戌变法是洋务运动的延续和发展。其本意是要从政治体制上改造晚清社会,推动中国循着资本主义君主立宪制的路径以实现中国的政治现代化。中日甲午战争的惨败事实昭示国人,国家强弱的根本不在物器而在不同的政治制度。要救亡图存,就必须抛弃

---

① 郭嵩焘:《郭嵩焘奏稿》,岳麓书社1983年版,第345页。
② 张岱年主编:《新政真诠:何启、胡礼垣集》,辽宁人民出版社1994年版,第115页。

片面的经济改革模式,学习日本和欧洲,实行君主立宪制。由此,中日甲午战争之后,以康有为、梁启超、谭嗣同为代表的维新派掀起了一场以政治改革为中心的变法运动。戊戌变法虽以失败告终,但其短促的实践对中国近代政治发展影响深远。

第四,预备立宪使得中国呈现出民主社会的雏形。从1905—1911年,以慈禧太后为首的清廷进行了史无前例的宪政改革——预备立宪。预备立宪实是无奈之举,却也成为中国两千年"秦政"走向"宪政"的开端。它承认代议制、民众的基本权利、地方自治等,使中国延续了两千年的专制制度不复存在。1911年11月2日,清廷宣告解散"皇族内阁",任命袁世凯为内阁总理大臣。3日,公布《宪法重大信条十九条》,宣布采用英国式"虚君共和"责任内阁制。此时的中国实际上已属君主立宪国家。不论清廷主观动机如何,预备立宪在客观上使舆论监督、分权制衡日益发展,结社自由和言论自由日益扩大。这使得中国晚清的整个社会制度向着民主化方向迈进,中国社会成为初步的、不成熟的、不完全的民主社会。

基于以上梳理可以发现,晚清时期中国面临着双重使命,即争取民族独立和建构民主政治。正是在对民族独立的追求和对民主政治的探索过程中,晚清时期乱象丛生的政治生态因此得以清晰。还需要说明的是,民族独立和民主政治这两种追求在中国晚清时期的政治发展过程中的重要程度和价值排序是不同的。显然,争取民族独立是更具有根本意义的目标追求,相对于民族独立而言,民主政治的价值只是工具性的,因而处于较为次要的地位。

三、多种政治力量的博弈与多重发展目标的择定

通过对晚清历史的回顾与梳理不难发现,多种政治力量基

于各自利益诉求的博弈与多重政治发展目标之间的较量与争论,构成这一时期中国政治发展的线索之一。

审视中国晚清时期的政治发展可以发现,受到多种政治力量的影响和牵制,政治发展的复杂性被空前增加了。"从洋务运动到百日维新,再到辛亥革命和新文化运动,变革的内容从单纯的器物,扩展到广义的器物(制度),再扩展到非器物的精神"①,晚清政治发展由枝节、片断的影像逐渐呈现为系统的画面。随着中国晚清时期资本主义的缓慢萌芽和发展,中国资产阶级逐渐分化为官僚资产阶级和民族资产阶级。前者是与外国列强过从甚密,并和封建政权紧密结合的一种政治力量,它是中国政治发展的阻力来源之一。然而,在晚清中国社会发展的不同阶段里,官僚资产阶级的政治态度也会随着封建专制统治势力与外国列强势力的利益需要和此彼力量对比的变化而发生变化,以至于在有些时候,它甚至还扮演着政治发展参与者的角色;后者根据其与外国列强和封建政权的关系和转化程度,又可分为上层和中下层。其中,资产阶级改良派就是民族资产阶级上层的代表,他们主张进行自上而下的社会改良来谋求由开明专制到君主立宪,再到民主共和的道路,并据此与资产阶级革命派相对立,进而反对革命派。作为民族资产阶级中下层代表的资产阶级革命派,则推崇通过自下而上的彻底革命来推翻封建专制主义统治,建立资产阶级共和国。

在中国晚清历史发展的不同时期,其他一些阶级、阶层往往以各自的政策主张和政治活动试图对政治发展过程施以影响,如太平天国运动前期所代表的农民阶级的利益等,从而更增加

---

① 杨阳、李筠:《现代化与近代以来中国政治发展的相关理论问题》,《政法论坛》2007年第3期。

了晚清时期政治发展的复杂性。总之,多种政治力量彼此之间基于不同利益诉求而展开的较量与争夺,充斥着整个晚清时期的政治发展过程。

从晚清政治发展目标的择定角度入手可以看到,不同的阶级、阶层或派别,提出了各自不同的方案和设想,这也使得晚清政治发展的前景变得扑朔迷离。对此,有学者进行了很好的概括:"有的主张在封建体制内部进行改革,有的主张通过暴力革命推翻清王朝统治,有的主张通过改良走向资本主义民主政治,有的主张教育救国,民主专制缓行等等。更有甚者坚决反对在中国实行议会政治,对西方民主政治提出了异议。"[1]

以晚清时期不同阶级、阶层和派别对民主政治的探索为例,19世纪40—60年代,从魏源、徐继畲到洪仁玕、冯桂芬,他们几乎无一例外地盛赞美国式的民主共和制度,对英国式的君主立宪制度则赞誉不多,一时间民主共和制成为晚清中国政治发展的主流目标追求;到了70年代以后,从郑观应、王韬到康有为、梁启超、谭嗣同,又几乎无一例外地赞誉君主立宪制度,而不赞成或干脆反对民主共和制度;及至19世纪80年代,这种争论显得更加庞杂多变。这一时期,除了民主主义与专制主义之争外,还出现了民主共和与君主立宪之争、英国式君主立宪与日本式君主立宪之争,甚至还出现了无政府主义和民主主义之争。到了20世纪,经孙中山为代表的革命派的热情倡导及与改良派的激烈论战之后,民主共和制度终于又逐渐取代君主立宪制度,1912年诞生的中华民国正式确立民主共和制而不是君主立宪制作为国家民主政治的制度选择。

---

[1] 王春聆:《中国近代民主政治思想发展轨迹探微》,《甘肃政法学院学报》1997年第1期。

纵观晚清七十余年间的民主政治思想变迁轨迹,其大体经历了一个由民主共和到君主立宪,再由君主立宪到民主共和的"否定之否定"过程。

四、民族性与现代性的错位与冲突

肇始于19世纪中期的西方列强入侵不仅打破了晚清中国独立自主的政治局面,也开启了中国的现代化发展与民族国家建构之路。"百日维新"则是鸦片战争以来中国现代化历程上的第一场政治变革。有学者指出:"它第一次把现代化意识传播给中国社会;第一次唤醒了在传统专制政治下麻木数千年的中国知识阶层,并塑造了中国第一代现代知识分子;它第一次通过全国性的社会动员,向传统政治文化和政治结构进行了冲击,由此揭开了中国政治现代化的序幕。"①然而,在晚清中国现代化发展的过程中,必须要面对民族性与现代性的错位与冲突。

就类型而言,晚清中国的现代化发展之路属于外发后生型,这一发展模式既让开明士大夫阶层和社会各界仁人志士措手不及,也让他们陷入窘境:"由于谋求现代化的后发性,决定了西方现代化国家的政治、经济制度可以为近代中国提供榜样,因此,向西方学习是一种理性的选择;但与此同时,中国濒于被瓜分灭亡的边缘恰恰根源于这些西方国家的入侵,这样,对西方的拒斥又成为情感的需要。"②由此我们看到,"中国人是在'落后挨打'、在受挫于洋枪洋炮打击之后的屈辱状态下,在强大的外部压力下,被迫接受西方的政治观念乃至西方文化的。因此许多人只

---

① 胡福明:《中国现代化的历史进程》,安徽人民出版社1994年版,第129—130页。
② 文红玉:《近代中国的政治发展——以中央和地方关系的演变为维度》,《甘肃行政学院学报》2008年第6期。

是从理智上接受西方文化、西方的政治思想和制度,承认他们在富国强兵方面的长处和效用,但在感情上或心灵深处却依恋中国文化而疏离西方文化,极不情愿向西方学习。"①

正是这种基于情感拒斥(民族性)和理性选择(现代性)之间的冲突,使得中国晚清时期的政治发展徘徊在民族性与现代性的错位与冲突之中,难以抉择。这种矛盾一直贯穿在晚清政治发展的全过程。

还需指出的是,时至晚清以来,西方理论和实践本身在其国内也发生了变化,其弊端和缺点也逐渐暴露出来。这种变化自然在中国学习西方的过程中起到了"祛魅"的作用。由此而形成的社会共识是:西方理论既然无法解决其国内的诸多问题,晚清中国就更没有坚持它的必要。西学不是包治百病的济世良药,它所起到的只能是工具性的作用,只能是作为一种救国图存的手段而加以利用。换言之,中国政治现代化的发展轨迹要求中国将学习的目光转向西方,同时,中国构建现代民族国家的使命却是以民族主义为理念的。由此我们不无尴尬地发现,要民族独立,就要反对西方,要现代化,就要学习西方②。

纵观晚清历史可以看到,一方面,上文提到过的从广州三元里人民痛击英国侵略者,到太平天国军队多次重创英、法侵略军,再到义和团同八国联军展开殊死战斗,以及以"镇南关大捷"为代表的清军抗击外来侵略者……这些史实都可以被看作国人为了争取民族独立、保持中国的民族性得以承继和张扬而进行的努力;另一方面,从洋务运动到维新变法,再到清末的预备立

---

① 张星久:《中国近现代政治思想述论》,湖北人民出版社2000年版,第39页。
② 参见杨春时:《两个五四:现代性与现代民族国家的冲突》,《上海文化》2015年第2期。

宪,直至孙中山领导的辛亥革命,这一系列关乎中国晚清时期政治发展走向的事件,都是为实现中国的现代化发展而向西方学习的结果。魏源提出的"师夷长技以制夷"的口号则可以看作试图将这种民族性与现代性的错位与冲突进行调和的一种努力。"师夷"即向西方学习,学习西方的目的则是为了"制夷",是为了在中西方较量的过程中战胜西方,弘扬中国的民族性。而且,这种错位与冲突也为中华民族复兴梦想的产生提供了绝佳的土壤,"千年辉煌加百年屈辱的历史背景塑造了中国人心中浓厚的民族复兴情结,使中国形成了一种不同于其他大国的世界观"①,这种基于民族复兴情结的世界观对族际政治整合具有非常重要的作用,中国也因此走出了一条迥异于其他大国的特色民族国家建构道路。

第二节　中国现代民族国家的早期建构与初步确立

鸦片战争之后,晚清帝国也终于未能幸免,被裹挟到现代民族国家建构的历史命运中。辛亥革命的爆发与中华帝国体系的断裂,标志着中国民族国家建构的正式启动,这一建构道路或顺利或阻滞,在很大程度上取决于族际政治整合的基本状况。中华民国时期,无产阶级获得快速成长,也因由马克思主义理论的启蒙而发展成自为的社会革命力量。伴随无产阶级的崛起,中国民主革命的政治思想进入全新的历史阶段,从追求西方民主政治转向马克思主义,中国国家民主政治制度的基础也由民主共和最终走向人民民主。八年抗日战争让作为国族的中华民

---

① 李开盛、胡贵生:《民族复兴背景下当代中国的国家身份选择》,《国际社会科学杂志(中文版)》2010年第1期。

族最终发育成熟;中华人民共和国的成立,则标志着一个以"中华民族"作为国族的人民共和国和主权国家得以初步确立,当代中国作为现代民族国家的整合优势也因此得以彰显。纵观近代以来的中国民族国家建构历程,从过去的天下帝国到"五族共和",再到以民族区域自治作为基本方式去解决国内民族问题的统一多民族国家,中国的现代民族国家建构过程曲折但成就显著。

一、辛亥革命与中国现代民族国家早期建构的开启

作为中国现代民族国家建构的两大历史事件之一,辛亥革命结束了两千多年封建王朝在中国的统治,同时也开启了中国现代民族国家的早期建构。以1911年的辛亥革命为转折点,中华民族置身其中的政治共同体的形态发生了根本性改变。辛亥革命之前,这个政治共同体的形态是以"天下帝国"自居的中华帝国体系;辛亥革命之后,这个政治共同体的形态则变成现代民族国家,或者更为准确地说,是一个以确立现代民族国家为目标的"类民族国家"。正是从这个意义上说,"辛亥革命为统一多民族中国的现代国家构建作出了历史性贡献,因为它是中国由封建王朝国家转向现代民族国家的转折点,同时开启了中国现代国家的制度性建构"[①]。

辛亥革命的主要历史性贡献可以从两个方面加以概括。

一方面,从"驱除鞑虏、恢复中华"到"五族共和""五族一家",强化了对"中华民族"的认同感与凝聚力,初步完成了"中华民族"的国族建构,也在客观上促使"中华民族"由自在的民族实

[①] 郑信哲:《辛亥革命对中国统一多民族现代国家构建的贡献》,《中南民族大学学报(人文社会科学版)》2011年第5期。

第五章 多民族国家族际政治整合的中国经验（上）

体转型为自觉的民族实体。有研究指出，"中华民族的建构要追溯到辛亥革命"①，这一过程带有鲜明的族际政治整合色彩，其结果对国族建构也具有里程碑的意义。关于这方面的内容，集中体现为孙中山民族主义思想的转变历程，即"由'汉族民主主义'朝向'中华民族主义'转变"②。与孙中山这一思想转变紧密相关的，是他对中国革命目标以及革命依靠对象的认识的变化。

众所周知，"驱除鞑虏、恢复中华，创立合众政府"是孙中山最初提出的革命纲领，"驱除鞑虏"这一出发点与先前的"反清复明"如出一辙，是用大汉族主义来凝聚人心；后来，随着他对中国国情与历史的深刻认知以及对中国革命前景的判断，提出了"五族共和"的政治主张，指出"今我共和之成立，凡属蒙、藏、回疆、青海之同胞，在昔之受制于一部者，今皆得为共和国之主人公，皆取得国家参政权，即皆得为国家主体"③。此后，"五族共和"的理念在中国大地生根发芽、广泛传播并且逐渐深入人心，各民族对"中华民族"的认同感得以提升，"中华民族"的凝聚力得以强化，从而开启了中国"中华民族"的国族建构与现代民族国家建构。

另一方面，以辛亥革命作为标志性事件的传统中华帝国体系向现代民族国家的政治变迁也促生了中国传统思想体系、价值观与政治观的现代转型，这些转变为中国现代民族国家的国家建设提供了现代政治思想的基础。伴随着传统中华帝国体系向现代民族国家的政治变迁，中国传统思想体系与价值观念也

---

① 纳日碧力戈：《从民族国家到民族生态：中国多元共生理念的形成》，《同济大学学报（社会科学版）》2015年第6期。
② 付春：《从帝国体系到民族国家：中华民族的形成与发展》，《广西民族研究》2009年第2期。
③ 孙中山：《孙中山全集》（第2卷），中华书局1982年版，第430页。

发生了深刻的变化。对此,列文森(Joseph Richmond Levenson)进行了很好的概括,他指出:"在中国近代思想中的大部分时间里,所经历的其实主要是一个怎样使'天下'转变成为'国家'的过程"。① 早在辛亥革命之前,基于西方民主政治思想在中国知识界的广泛传播,现代民族国家的理念深入人心,也对中国近代思想由"天下"到"国家"的转变起到了知识启蒙的作用。杜赞奇(Prasenjit Duara)曾经指出:"现代国家主义被中国知识界所接受的起点,是始于1911年共和革命之前的那些岁月。"②

可以认为,由中国近代进步思想家们引领的这场传统思想体系与价值观念的现代转型为辛亥革命作好了理论上的准备和思想上的铺垫,辛亥革命的成果则为这一转变的最终完成提供了现实平台。与此同时,辛亥革命将在中国延续长达两千多年的封建专制统治秩序彻底打破,成立了中华民国,催生了中国政治观由传统到现代的转型,即从"天下"观转向"民族国家"观,从"臣民"观转向"公民"观。由此,辛亥革命"是中国历史上一个具有划时代意义的事件,因为中国从此不再隶属于任何王朝或者'天子',而开始归属于全体民众"③。

二、民国时期中国政治发展与中华民族的最终形成

1912年中华民国的建立并没有让中国的危机减少。在这个意义上看,辛亥革命在化解民族危机和建立政治秩序方面的功

---

① [美]列文森:《儒教中国及其现代命运》,郑大华、任菁译,中国社会科学出版社2000年版,第87页。
② [印]杜赞奇:《解构中国国家》,参见复旦大学历史学系、复旦大学中外现代化进程研究中心编:《近代中国的国家形象与国家认同》,上海古籍出版社2003年版,第223页。
③ [美]徐中约:《中国近代史:1600—2000,中国的奋斗》,计秋枫等译,世界图书出版公司2008年版,第379页。

效其实是很有限的,"辛亥革命推翻了旧王朝,固然为中国的政治发展打开了上升的通道,但这也不意味着从此关闭了中国政治下降的通道"①。中华民国建立之后有很长一段时间基本处于封建帝制被推翻之后的权力真空状态,这一时期的外部压力比较平稳,内部矛盾却十分显著。主要表现在两方面:一是北洋军阀内部各派势力之间的角逐和较量;二是以孙中山为首的革命党人与整个北洋军阀的对立。在此期间发生的一个重要历史事件是以1921年中国共产党第一次代表大会的召开为标志的中国共产党的成立。中国共产党对中国现代民族国家建构具有决定性影响,如果把清末民初各方势力的各种努力视为近代中国现代民族国家早期建构的过程探索,那么1949年中华人民共和国的成立则标志着这一探索过程的结束。

民国时期,有如下几点趋势值得格外关注。

第一,随着辛亥革命后政治、经济、文化的发展,中国的社会结构出现了较大的变动,使无产阶级的力量发展壮大。无产阶级包括工人阶级和农民阶级:工人阶级是中国社会的新生力量,它与先进的经济相联系。自诞生之日起,中国工人阶级便成为中国社会先进生产力的代表,从最初的为经济利益而罢工,最后演变成为革命的主力军。农民阶层在帝国主义、封建主义、官僚资本主义三座大山的压迫下,生活陷入十分窘迫的境地,由此便促使农民参加到反封建和反帝国主义的斗争中来,逐渐成为革命的重要力量,中国现代民族国家建构的人民基础也由此确立。需要强调的是,这两种力量并不是单独发挥作用的,而是在马克思主义旗帜指引下进行的救亡图存斗争——这就要引出民国时期的第二个趋势。

---

① 闾小波:《中国近代政治发展史》,高等教育出版社2003年版,第117页。

第二,伴随无产阶级(工人阶级和农民阶层)的崛起,中国民主革命的政治思想进入一个全新的历史阶段,从追求西方民主政治转向马克思主义。必须承认,在中华人民共和国成立之前的这段时间里,中国的思想界极为活跃,可以说是百家争鸣,不同社会阶层的观点、看法、世界观以及阶级立场,都在经历着前所未有的冲击和考验,正所谓大浪淘沙。在这一过程中,马克思主义在中国共产党的早期思想家、革命家的引介、传播和推广下,无产阶级从自在的阶级逐渐成长为自为的阶级,开始意识到自己肩负的历史使命和时代重任。有了马克思主义理论旗帜的启蒙和无产阶级政党——中国共产党的领导,才有了后来社会主义中国这一现代民族国家的诞生。

第三,中华民国的建立正式将民主共和制确立为中国国家民主政治制度的基础,然而对这一民主政治制度的探索远未结束。事实上,中华民国只是奠定了民族国家的基本政治框架,并没有使中国摆脱民族危机,更没有让国家真正实现独立自主。以马克思主义理论为指导的中国共产党,在推进中国摆脱民族危机、实现独立自主的同时,也在进行着对中国国家政治共同体民主政治制度的设计。1922年,中共二大确定要实现中华民族的真正独立,建立"真正民主共和国"[①]。随后,在20世纪30年代末40年代初,中共领导人先后较为完整、具体地论述了新民主主义共和国的理论基础和政治、经济和文化纲领[②],强调国家主权和人民主权。1949年,中国人民政治协商会议第一届全体会议通过了《中国人民政治协商会议同纲领》,"一致同意以新民

---

① 中共中央统战部编:《中国共产党第二次全国代表大会宣言》,《民族问题文献汇编(1921.7—1949.9)》,中共中央党校出版社1991年版,第18页。
② 参见毛泽东:《新民主主义论》,《毛泽东选集》(第2卷),人民出版社1991年版,第662—711页。

第五章 多民族国家族际政治整合的中国经验(上)

主主义即人民民主主义为中华人民共和国建国的政治基础"①。回顾晚清以来中国政治发展的百年历程,历经民主共和到君主立宪,再由君主立宪到民主共和,最终选择以人民民主作为国家政治制度。

第四,日本帝国主义的侵华行径极大地加深中国的民族危机意识,而抗日战争让作为国族的中华民族最终发育成熟。1931年,侵华日军发动"九一八"事变,中国的民族危机形势陡然加剧,但国民党政府奉行"攘外必先安内"的方针,采取"不抵抗"政策,致使日本迅速占领中国东北,成立伪满洲国。此后,日本帝国主义一步步蚕食中国的领土和主权,这一过程极大地加深了中国的民族危机意识,也使中华民族同帝国主义之间的民族矛盾上升为社会主要矛盾。1936年发生的"西安事变"成为中华民族反抗日本帝国主义侵略的重要转折点,国共两党达成联合抗日共识,结成包括工人阶级、农民阶级、小资产阶级和民族资产阶级在内的抗日民族统一战线,抗日救亡运动成为这一时期历史发展的主题。抗日战争进程极大地凝结了中华民族的国族意识,而抗战的最终胜利,也让中华民族在获得民族独立的同时,最终发育成长为国家民族。

总之,回顾晚清民国百年中国历史,外敌入侵及其导致的民族危机逐次升级,带来的一个重要后果是作为国族的中华民族从意识到行动上的回应性生成。中华民族的形成显然不能仅从外部冲击这个视角进行分析,但外部冲击却在很大程度上加速了这一进程。一个更为准确的表述方式应该是:西方世界的现代性以殖民入侵的方式阻断并改变了中华古典帝国的臣民—帝

---

① 中共中央文献研究室:《建国以来重要文献选编》(第1册),中央文献出版社1992年版,第1—2页。

王的纵向认同结构,取而代之的是基于民族危机而导致的以"五族共和"为基础的中华民族成员之间的横向认同结构。必须承认,这是一种带有"应激性"色彩的国族生成逻辑,中华民族的生成则在事实上成为中国民族国家早期建构的一个最为重要的内容。还要强调的是,与近代以来维护王朝国家的努力以及中华民国的实践不同,诞生于1921年的中国共产党深刻认识到,要抗击外来入侵,就必须推翻帝国主义、封建主义和官僚资本主义的旧国家,建立一个以中华民族伟大复兴为使命的新国家[①]。这个新国家,就是1949年10月1日成立的中华人民共和国。

三、中华人民共和国的成立与现代民族国家的确立

作为中国现代民族国家建构的另一个重大历史事件,中华人民共和国的成立标志着在辛亥革命中启动的由传统中华帝国体系朝向现代民族国家转型任务的初步完成,也意味着一个以"中华民族"作为国族的现代民族国家在中国的确立。而且这个新确立的民族国家在国家法律与政治制度层面产生了以民族区域自治为核心的协调和解决国内民族问题的基本政策体系,进而围绕这一政策体系形成了符合族际政治整合实践需要的制度安排。

一方面,随着中华人民共和国的成立,一个新的民族共同体即中华民族得以形成。这意味着中国国内的各个民族最终整合形成了统一的国族。概括而言,有两个基础性的环节共同促成了中华民族的形成:"一是作为族称的'中华民族'提法的形成;二是认同'中华民族'这个族称并且逐渐融合成为'中华民族'的

---

① 参见陈心香、叶麒麟:《民族—国家建构的中国逻辑》,《华侨大学学报(哲学社会科学版)》2020年第1期。

人们共同体的形成。"①作为概念的"中华民族"最早出现在梁启超的《中国学术思想之变迁之大势》(1902)中,而"梁启超关于'中华民族'的认识也经历了从以汉族为指称的'小民族'向全体中国人的'大民族'转变"②。而后,这一概念经由辛亥革命的改造,内涵由原来的汉族变为中国境内的各个民族,并且"中华民族"这一族称也得到了国内少数民族的认可。例如,为反对分裂祖国的行为,1913年在内蒙古西部王公会议之后,该会议发表通电宣称:"我蒙同系中华民族,自宜一体出力,维持民国。"③

与此相伴随,在外族入侵的压力与共同抗击外侮的过程中,一个认同中华民族的新的民族共同体也由中国各个民族逐渐融合而成。费孝通先生对这一问题有着十分深刻的洞见:"中华民族作为一个自觉的民族实体,是在中国与西方列强的接近百年的对抗过程中出现的。"④在各民族人民共同抗击日本帝国主义入侵中国的生死存亡的关键时期,各民族之间的融合进程显著加快,并且各民族对"中华民族"这个族称的认同也得以强化和巩固。

另一方面,新成立的中华人民共和国找到并且确立了解决国内民族问题的基本政策——民族区域自治。如前所述,促成中国各民族融合进程加快的一个重要事件是抗日战争,在这一时期,中国各民族对"中华民族"的认同得以强化。也正是在这

---

① 周平:《论中国民族国家的构建》,《当代中国政治研究报告》Ⅵ,社会科学文献出版社2008年版,第105页。
② 刘永刚:《"中华民族是一个"的论辩与中华民族理论的建构》,《中南民族大学学报(人文社会科学版)》2020年第2期。
③ 转引自武雄伍:《中华民族的形成与凝聚新论》,云南人民出版社2000年版,第9页。
④ 费孝通:《中华民族多元一体格局》(修订本),中央民族大学出版社1999年版,第3页。

一时期，中国共产党"结合建党以来在民族自决权方面的理论与实践，独创性地建立了民族区域自治制度，因此而在统一国家之中，在现代民主制度的基础之上，凝聚成了多民族平等共存、多元一体的中华民族"①。

中国共产党对中国民族政策的探索是一个艰难的过程。抗日战争之前，中国共产党倾向于采取民族自决和联邦制的方式来解决中国的民族问题；抗日战争之后，中国共产党在民族自决与民族区域自治这两种不同取向的民族政策之间进行了多次权衡和反复比较，最终把民族区域自治确立为我国的民族政策。在1938年召开的中共六届六中全会上，毛泽东提出："允许蒙、回、藏、苗等各民族……在共同对日的原则下，有自己管理自己事务之权，同时与汉族联合建立统一的国家。"②这里已经开始孕育着从民族自决到民族自治、从联邦制到单一制的民族政策思想。1940年，陕甘宁边区政府成立负责处理民族事务的民族事务委员会，其主要职责为"关于边区境内回蒙等各民族区域自治事宜，关于境内回蒙等各民族自治区之政治、自卫、经济、教育、卫生等建设事宜"③。至此，民族区域自治已经成为我们党解决民族问题的主导性意见；进而，在中国人民政治协商会议第一届全体会议上通过的《共同纲领》里，专门规定了我国的民族政策。即"各少数民族聚居的地区，应实行民族的区域自治，按照民族聚居的人口多少和区域大小，分别建立各种民族自治机关"。这标志着民族区域自治被正式确认为中国民族政策体系的核心

---

① 付春：《从帝国体系到民族国家：中华民族的形成与发展》，《广西民族研究》2009年第2期。
② 中共中央统战部：《民族问题文献汇编(1921.7—1949.9)》，中共中央党校出版社1991年版，第595页。
③ 同上书，第934页。

支点。

第三节 当代中国民族国家建构的阶段划分与特点

民族国家建构对整个人类政治生活意义非凡。因为"随着民族国家的构建,人类政治进入现代政治时代,在人类政治发展中处于核心地位的国家也进入现代国家时代"①。无论主动探索、努力效仿还是被裹挟其中,成长为现代民族国家是世界各国都要去面对和达成的任务。中华人民共和国的成立并不意味着民族国家建构任务的完结,而只表明中国拥有了民族国家的外在形态。要想真正发展成为民族国家,进而以民族国家的姿态融入世界经济政治体系,还需要一个持续的、艰难的现代民族国家建构过程。本节内容旨在对中华人民共和国成立至今七十多年的现代民族国家建构历程进行回顾,为理解新中国成立以来的政治发展、经济建设和族际政治整合进程提供来自民族国家建构维度的学理分析,也为理解民族国家建构这一全球性的多民族国家发展实践提供来自中国的个案启示。

一、1949—1956:过渡时期与民族国家建构的基础布局

中华人民共和国的成立标志着民族国家的初步确立,但这一基本国家形态却面临着严峻的压力和挑战。如何在外部敌对势力政治封锁、军事包围和内部经济基础薄弱、百废待兴的局面下,巩固中国共产党的执政地位,捍卫国家政权,汲取政治合法性资源,让初创民族国家尽快获得成长,是摆在中国共产党和广

---

① 周平:《政治学中的民族议题》,《政治学研究》2020 年第 1 期。

大人民面前的艰巨任务。为此,中国共产党领导中国人民为把我国建设成为一个繁荣富强的现代化国家进行了不懈努力,很快完成新中国成立初期社会主义改造的各项任务,为初创民族国家的快速成长奠定了坚实基础。

(一)新生政权的巩固与民族国家底层秩序的维护

新中国成立之初,新生政权面临的考验主要来自外部环境和内部发展两个方面。从外部环境来看,以美国为代表的西方帝国主义阵营对我国采取政治上孤立、经济上封锁、军事上包围等一系列政策,妄图将新生政权扼杀于摇篮之中。从国内发展来看,新民主主义革命虽然取得胜利,但大陆地区还没有实现彻底解放,国民党的反动统治加之历经抗日战争和解放战争,国民经济濒临崩溃边缘。为在严峻的内外形势下让新生政权生存下来,确保革命果实牢牢地掌握在人民手中,中国共产党在政治和经济领域重拳出击,进行了一系列卓有成效的探索。

在政治上,最具标志性的成果就是中国人民政治协商会议第一次全体会议召开并一致通过了《中国人民政治协商会议共同纲领》和《中华人民共和国中央人民政府组织法》,前者为当代中国的民族国家建构提供了宪法级别的立国根基,后者则为这一建构提供了政府组织结构的强大保障。

除此之外,中国共产党还开展了一系列巩固国家统一和稳定政权的措施。其一,镇压反革命,肃清了国民党遗留下来的溃散武装和散布各地的土匪、特务,让国内基本社会秩序得以稳定。其二,以和平方式解决西藏问题,为正常生产生活的恢复及此后开启的社会主义改造营造了良好的内部环境。其三,抗美援朝,保家卫国。抗美援朝战争的胜利,不仅极大地提升了中华民族的自信心和自豪感,也为中华民族内部凝聚力的塑造以及国族整合提供了宝贵契机。此外,战争的胜利也极大地提升了中国的国际威望,为国内经济建设和社会改革赢得了相对稳定、和平的国际环境。其四,开展土地革命,巩固国家政权。到1952年年底,在中国延绵两千年之久的封建土地制度被彻底摧毁,广大农民真正成为土地的主人,成为稳定新生政权的又一可靠保障。

在经济上,人民政府没收了国民党政府的官僚资本,巩固了国家在经济方面的主权。对待官僚资本,"新中国通过没收原国家垄断资本和国民党部分官僚资本,收购、征购、征用以及没收外资企业,再加上解放区原有的公营经济,组成了新中国的国营经济"①。此举对巩固和奠定新生政权的物质基础发挥了十分重要的作用。在此基础上,我国逐渐形成了以国营经济为主导的国民经济体系,为国民经济的恢复发展提供了可靠的经济结构支撑,也为初创民族国家提供了可以依凭的经济体制安排和物质基础保障。

(二) 社会主义改造的完成与民族国家经济基础的确立

经过为期三年的国民经济恢复工作,我国的第一产业和第二产业无论在规模、速度还是质量上都达到了前所未有的高度和水平。按照之前的设想,新中国成立初期的新民主主义阶段需要相当长的时间才能度过,然后再转向社会主义。但随着国民经济的恢复和发展,中国共产党对过渡阶段有了新的认识。在1953年6月15日召开的中央政治局会议上,毛泽东正式阐述了过渡时期总路线的基本内容,即"要在一个相当长的时期内,逐步实现国家的社会主义工业化,并逐步实现国家对农业、对手工业和对资本主义工商业的社会主义改造"②。简而言之,

---

① 郭大钧:《中国当代史》(第4版),北京大学出版社2016年版,第10页。
② 中共中央文献研究室:《毛泽东文集》(第6卷),人民出版社1999年版,第316页。

就是"一化三改",其实质"就是使生产资料的社会主义所有制成为我国国家和社会唯一的经济基础"①。显然,"一化三改"也让初创民族国家的经济基础得以确立。随着社会主义改造不断走向深入,一个与社会发展相适应的政治体制诉求应运而生。不可否认的是,作为临时宪法的《共同纲领》在这一历史阶段发挥过极其重要的作用,但是也要承认它的过渡性质难以适应不断发展的现实需要。随着过渡时期总路线的实施,中华人民共和国成立初期政治体制的过渡形态也在不断发展和完善之中。

(三) 民主制度的探索与民族国家现代政治体制的形塑

在过渡时期总路线的指导下,全国范围内展开了大规模的经济建设和全面的社会主义改造。与此同时,为了更好地为社会主义经济基础服务,中国共产党不断发扬人民民主、健全国家民主制度,完善国家政治、法律等上层建筑。制定了《中华人民共和国全国人民代表大会及地方各级人民代表大会选举法》,地方各级人民代表大会也先后召开,并于1954年9月在北京隆重召开了第一届全国人民代表大会。会议通过了包括《中华人民共和国宪法》在内的其他几个重要的法律,听取和审议政府工作报告,选举国家领导人。1954年宪法明确了过渡时期的历史道路,"这次会议具有伟大的历史意义,这次会议是标志着我国人民从一九四九年建国以来的新胜利和新发展的里程碑,这次会议所制定的宪法将大大地促进我国的社会主义事业"②。与此同时,人民代表大会制度的正式实行结束了由政协作为最高国家权力机关,授权中央人民政府委员会行使最高权力的过渡状态,

---

① 中共中央文献研究室:《毛泽东文集》(第6卷),人民出版社1999年版,第316页。
② 同上书,第349—350页。

使社会主义民主原则得以贯彻。

鉴于上述梳理,可以清晰勾画出作为初创民族国家的中国,其政治体制从萌芽到过渡形态再到基本具备社会主义民主外观的主要发展脉络。而政治体制的形成与确立过程,还伴随与交织着建立巩固人民政权、恢复发展国民经济、挫败头号帝国主义军事威胁、奠定国家工业化初步基础以及整个社会结构深刻变革等一系列重大历史任务的完成。自此,当代中国过渡时期民族国家的基础布局得以完成,一个拥有社会主义制度基础的民族国家从此屹立于世界东方。

二、1956—1978：强国建设与民族国家建构的曲折前行

从1956年开始,中国共产党带领全国人民探索社会主义强国建设的步伐就此展开。在取得可喜成绩的同时也充满艰辛与曲折。总体而言,这一时期,党和国家领导人对社会主义认识受制于传统社会主义观念,对全面进行社会主义强国建设的目标和途径作出不切实际的判断,指导思想上出现了"左"倾错误,致使社会主义建设事业和民族国家建构任务在曲折中艰难前行。

(一)中共八大的召开与民族国家建构的停滞

1956年是中华人民共和国成立以来意义非凡的一年。在这一年里,我国基本完成社会主义改造的任务,解决阶级矛盾,消灭剥削制度,进入社会主义社会。同时,1956年也是世界社会主义发展史上的重要一年,是年2月,苏联共产党召开第二十次代表大会全盘否定斯大林。由于长期照搬斯大林模式进行社会主义建设,导致东欧很多社会主义国家经济发展状况持续恶化,人民的生活水平不断下降,社会矛盾日益激化。这使得西方国家借机掀起反苏、反共、反社会主义的潮流。

面对严峻的形势,自1956年开始,中国开始寻求摆脱苏联模式,进行建设具有中国特色的社会主义的初步探索。1956年9月15日至27日,中国共产党第八次全国代表大会在北京召开,毛泽东指出大会的主要任务是:总结七大以来的经验,团结全党。会议对国内形势和面临任务作出了正确判断,提出了一系列重要的思想和方针,这些内容构成了全面建设社会主义的正确路线。然而,由于当时党对全面建设社会主义的思想准备不够充分,建设过程中急于求成,冒进思想萌发,最终导致"八大"提出的路线和意见没有能够在实践中坚持下去。"八大"以后,社会主义建设遭到严重挫折。1957年开展的整风运动从处理人民内部矛盾变成反击右派的阶级斗争并持续扩大,最终演变成为波及全国各领域的斗争运动。随后,"大跃进"和人民公社化运动的开展,导致我国在"左"倾错误的道路上越走越远,国民经济状况走向恶化,民族国家建构处于停滞状态。

(二)国民经济的调整与民族国家建构任务的搁置

面对国民经济出现的严重困难,中共中央开始着手国民经济的调整工作,在1961年提出了"调整、巩固、充实、提高"的八字方针。在巩固国民经济发展成果的基础上,不断提高经济建设的管理水平,提高劳动生产的效率。这一方针以调整为主,通过协调轻工业和重工业的比例关系,使国家建设和人民生活二者有机结合。八字方针对国民经济的调整起到巨大的促进作用。良好的经济恢复过程,也为中国共产党在工作作风上的转变创造了条件。在中央工作会议和中共八届九中全会上,毛泽东强调了实事求是和调查研究的重要性,他主张在实际中进行调查研究,才能获得认识客观事物的真知。在实事求是理论的指导下,国家领导人及各省市主要领导深入基层调查研究,率先对农村政策进行了调整,起草并通过了《农村人民公社工作条例》草案和修正案,这成为毛泽东和中共中央重新倡导实事求是传统和大兴调查研究之风的重要成果。它在一定程度上克服了人民公社时期的许多弊病,对农村的稳定起到积极作用。

1962年下半年,我国的国民经济开始恢复。但党内在恢复、调整国民经济问题上存在意见分歧,同时受到国际社会风云变幻的影响,致使党内"左"倾错误的指导思想未能从根本上得到纠正。最终,国内阶级斗争在某些方面反而有所激化。在主客观因素的影响下,毛泽东重提阶级斗争问题,"左"倾错误再度发展,混乱的政治生态严重扰乱了我国探索建设社会主义建设道路的进程,最终导致"文化大革命"的发生。

(三) 十年动荡与民族国家建构事业遭遇挫折

1966年,国民经济的调整任务基本完成,按照计划,第三个五年计划应在这一年开始实施,但"文化大革命"的发生打乱了经济发展部署。"文化大革命"的发生不是偶然,而是中华人民共和国成立以来多种矛盾、多种因素相互交织、相互作用的结果。"文化大革命"在政治生活上造成了严重的混乱,民主建设难以为继,阶级斗争取代民主建设占据国家政治生活的主流,行政机构设置简陋、随意、不规范。凡此种种,严重阻碍了现代国家的政治发展与民主制度探索,而且也对当时的国民经济发展造成严重破坏,导致经济发展陷入停滞,民族国家建构的任务目标被忽视,其赖以存续的经济基础和物质保障条件也遭遇重创。与此同时,作为促进民族平等、维护民族团结、保障民族关系健康有序发展的以民族区域自治制度为核心的民族政策也受到影响,国族一体化进程陷入僵局。

总之,从1956年到1978年,是当代中国围绕"强国建设"而展开民族国家建构的阶段。因为中国的民族国家建构是在"持续遭受西方列强压制并因此而被迫置身于民族国家在全球范围内兴起浪潮之下的过程",这就导致了我们"所追求的目标是'强国',而不是'现代'国家"①。在这一阶段,中国共产党和全国人民在探索中国特色社会主义发展道路与开创中国民族国家建构新局面上取得了可喜的成绩,也经历了严重的困难和挫折。我们党既进行过某些局部的改进和调整,但又被不断积累起来的不适应社会主义现代化建设的消极因素所影响,使得这一时期的民族国家建构在正确认知和错误趋向上存在张力,两者相互交织,但这一历程"无论是正面的还是反面的,对于缺乏社会主义建设经验的中国共产党人来说,都是十分重要的财富"②。前车之鉴,后事之师,这种经验教训对中国即将开启的以经济建设为中心的社会主义现代化建设事业具有重要的警示与借鉴意义。

三、1978—2012:改革开放与民族国家建构的全面推进

1978年年底,党的十一届三中全会胜利召开,开启了中国探索社会主义现代化建设道路的新征程。中国共产党人在深刻总结历史经验、正确判断时代主题的基础上,形成了中国特色社会主义理论体系的基本框架,走出了一条具有中国特色的社会主义现代化建设之路,全面推进了当代中国民族国家建构的进程,也使得富强、民主、文明、和谐成为社会主义现代化国家的建设目标。

(一)十一届三中全会的召开与民族国家建构任务的重启

粉碎"四人帮"之后,国家各项建设事业百废待兴,全党和广

---

① Jonathan D. Spence, *The Search for Modern China*, New York: W. W. Norton & Company, 1990, p. 217.
② 田克勤:《中国特色社会主义理论与实践研究》,中国人民大学出版社2012年版,第20页。

大人民群众都意识到只有全面清理和纠正"文化大革命"及其"左"倾错误,拨乱反正,才能开拓社会主义现代化建设的新局面、实现新发展。1978年12月,党的十一届三中全会在北京召开,这次会议对当代中国的政治发展、经济建设乃至社会生活都具有划时代的意义,也重新开启了中国民族国家建构之路。

翌年3月,邓小平首次提出坚持四项基本原则,并将其置身四个现代化建设的政治基础的高度上予以重视。1981年,中国共产党首次系统总结建国30年来探索社会主义建设道路的经验教训,形成了《关于建国以来党的若干历史问题的决议》。在1982年党的十二大上,邓小平强调"把马克思主义的普遍真理同我国的具体实际结合起来,走自己的道路,建设有中国特色的社会主义"①,十二届三中全会通过了《中共中央关于经济体制改革的决定》。这些重要会议的召开、重要提法的提出和重要文件的发布,表明中国共产党统一了指导思想,明确了前进方向,找到了发展道路。从"以阶级斗争为纲"转换到"以经济建设为中心",从传统的计划经济体制转换到"建立充满生机的社会主义经济体制",从封闭、半封闭的发展模式转换到对内改革、对外开放,中国共产党带领广大人民群众完成了一系列发展战略上的重大调整。1984年10月1日,由乌兰夫同志主持起草的《中华人民共和国民族区域自治法》正式颁布实施,当代中国处理民族问题、协调族际关系、推进国族一体化的工作纳入法制化轨道,重启了当代中国民族国家的建构任务。

(二)中国特色社会主义理论体系的形成与民族国家建构的方案指引

中国特色社会主义理论体系是在继承和发展毛泽东思想的

---

① 《邓小平文选》(第3卷),人民出版社1993年版,第3页。

基础上,总结我国改革开放以来社会主义现代化建设实践的基础上,经由以邓小平、江泽民、胡锦涛为代表的党和国家领导集体的深入探索和总结提炼,形成了邓小平理论、"三个代表"重要思想、科学发展观三大理论成果共同构成的理论体系。

中国特色社会主义理论体系对当代中国的民族国家建构提供了极富启发的方案指引。从共性的方面来讲,中国的民族国家建构是在民族国家全球扩展的背景下进行的,具有"外生形态的民族国家建构"[①]的一般特征。从个性的方面来讲,中国的民族国家建构也为这一建构提供了独具特色的方案指引,主要表现在:其一,当代中国的民族国家建构是在正确回答"什么是社会主义,如何建设社会主义"重大理论与实践命题的基础上全面推进的,是带有中国特色的社会主义民族国家建构;其二,当代中国的民族国家建构是在中国共产党的领导下开启和推进的,作为立党之本、执政之基、力量之源的"三个代表"重要思想,为中国共产党领导民族国家建构提供了根本方向、准则和依据,成为民族国家建构的行动指南;其三,当代中国的民族国家建构是在以人为本为核心,以全面、协调、可持续发展为基本要求,统筹兼顾为根本方法的科学发展观指引下推进的建构进程,这一发展观为中国民族国家建构提供了强大的国家发展战略指引。

(三) 中国特色社会主义制度体系的完善与民族国家建构的制度依凭

经过长期不懈的探索,中国特色社会主义理论体系得以确立,制度的优越性得以真正彰显。改革开放以来,中国逐步建立起包括根本制度、基本政治制度、基本经济制度和宪法法律制度

[①] 于春洋:《现代民族国家建构:理论、历史与现实》,中国社会科学出版社2016年版,第130—131页。

作为主要内容的制度体系。在这一制度体系中,不同层面的制度"各司其职、互相关联,是对党和国家各项事业发展的高度概括和集中凝练,并为中国特色社会主义事业的长远发展提供有效的制度保障"[①]。显然,这一制度体系也为中国民族国家建构提供了坚实的制度依凭。

人民代表大会制度作为我国的根本制度,在整个制度体系中发挥着决定性作用。改革开放以来,我国不断加强人民代表大会制度建设,1979年,制定颁布《组织法》和《选举法》,《中华人民共和国全国人民代表大会常务委员会议事规则》(1987)和《中华人民共和国全国人民代表大会议事规则》(1989)也相继出台,标志着最高权力机关工作走上制度化、程序化轨道[②]。

我国的基本政治制度包括中国共产党领导的多党合作和政治协商制度、民族区域自治制度和基层民主自治制度,这三大政治制度对党和国家政治生活规范化、广大人民群众(包括少数民族群众)的政治参与发挥了重要作用。

我国的基本经济制度由传统的计划经济历经经济体制改革逐步发展为"以计划经济为主,市场调节为辅",及至1992年邓小平"南方谈话"提出"计划多一点还是市场多一点,不是社会主义与资本主义的本质区别"[③],从而突破传统观念束缚,为中国确立社会主义市场经济体制提供了重要契机。

为了适应社会主义现代化建设不断变化的形势,1982年12月,第五届全国人民代表大会第五次会议通过了第四部《中华人

---

① 熊杏林、毛国辉:《中国特色社会主义研究·制度》,解放军出版社2013年版,第42页。
② 参见韩旭:《国家治理视野中的根本政治制度——改革开放40年来人民代表大会制度的发展逻辑》,《政治学研究》2018年第6期。
③ 《邓小平文选》(第3卷),人民出版社1993年版,第373页。

民共和国宪法》,这是我国民主政治建设的一个里程碑事件。以此为基础,中国特色社会主义法律体系的基本框架得以确立。

"从某种意义上说,只有当中国全面推行改革开放才可以视为中国进入了全面进行国家建构的时期"①。从改革开放至2012年,是当代中国民族国家建构的重启和全面推进阶段。中国共产党完成了拨乱反正的任务,开启了社会主义现代化建设的新征程,逐渐探索形成了中国特色社会主义的发展道路、理论体系和制度安排。这些成果都对当代中国的民族国家建构提供了方案指引和制度依凭,也使中国的民族国家建构取得重大进展。

第四节 新时代中国民族国家建构的经验与成就

自2012年党的十八大以来,以习近平同志为核心的党中央从实现中华民族伟大复兴的"中国梦"出发,提出了一系列新提法、新理念、新战略,明确了中华民族建设、中华民族共有精神家园建设、铸牢中华民族共同体意识、构建人类命运共同体的伟大历史任务。在党的十九大报告上,习近平总书记指出:"中国特色社会主义进入新时代,意味着近代以来久经磨难的中华民族迎来了从站起来、富起来到强起来的伟大飞跃,迎来了实现中华民族伟大复兴的光明前景。"②可以认为,新时代以来的当代中国民族国家建构是围绕实现中华民族伟大复兴这一历史使命开启的全新阶段,通过族际政治整合把全部国内民族整合为具有共

---

① 杨雪冬:《市场发育、社会生长和公共权力构建》,河南人民出版社2002年版,第67页。
② 《中国共产党第十九次全国代表大会文件汇编》,人民出版社2017年版,第8页。

同政治文化特质的国家民族——中华民族共同体,成为这一阶段中国民族国家建构的核心议题。

一、新时代中国民族国家建构的主要进展

进入新时代以来,逆全球化俨然成为一种潮流,国际规则与世界秩序面临重新定义。英国正式"脱欧",欧美民粹主义思潮蓬勃发展并开始向新兴国家扩散,"美国优先"以及美国一系列退约政策使得全球治理供求失衡加剧,加之中美贸易摩擦等一系列风云变幻的世界政治经济与国际关系形势,党和国家领导人牢牢抓住实现中华民族伟大复兴"中国梦"的主线,进行了一系列政策措施的调整和战略目标的部署。

(一) 中华民族建设与民族国家的国族一体化建构

费孝通指出:"中华民族作为一个自觉的民族实体,是近百年来中国和西方对抗中出现的,但作为一个自在的民族实体则是几千年的历史过程中形成的。"[①]然而,回顾建国以来中国制定的历部《中华人民共和国宪法》可以发现,宪法全文中并未使用"中华民族"这一称谓。没有入宪,就意味着"中华民族"的法律地位没有得到确立,缺乏统一的官方话语也造成了人们对"中华民族"概念的理解时有争论。

进入新时代以来,党和国家对"中华民族"建设的重视程度与日俱增。在十三届全国人大一次会议上,不仅将"中华民族伟大复兴"写入宪法修正案,更是对中华民族的历史地位以及肩负的使命给予前所未有的重视[②]。同时,在充分理解中国国情和深

---

① 费孝通:《中华民族多元一体格局》,《北京大学学报(哲学社会科学版)》1989 年第 4 期。
② 参见周平:《"中华民族"建设:尚未完成的历史任务》,《探索与争鸣》2018 年第 4 期。

刻洞察国际大势的基础上,十八大以来,党和国家通过一系列重要举措,包括发起亚投行、提出"一带一路"倡议、呼唤人类命运共同体建设、倡导以创新为核心的全球经济治理观等,极大地提升了社会主义中国的世界影响力和中国特色社会主义的"四个自信",一条从自在、自觉再到自信的中华民族建设路径逐渐清晰,这一路径也成为当代中国国族一体化建构的成长逻辑。

(二) 铸牢中华民族共同体意识与民族国家的国族观念建构

在2014年9月召开的中央民族工作会议上,习近平总书记发表重要讲话,提出"积极培育中华民族共同体意识""铸牢中华民族共同体的思想基础"等一系列重要战略构想。2017年10月,党的十九大明确提出"铸牢中华民族共同体意识,加强各民族交往交流交融,促进各民族像石榴籽一样紧紧抱在一起,共同团结奋斗、共同繁荣发展"[①]。同时,大会还将"铸牢中华民族共同体意识"作为新时代中国特色社会主义思想的重要内容写进党章,成为中国共产党的价值遵循。2019年9月27日,习近平总书记在全国民族团结进步表彰大会上的讲话中指出:"一部中国史,就是一部各民族交融汇聚成多元一体中华民族的历史,就是各民族共同缔造、发展、巩固统一的伟大祖国的历史。"从"中华民族"的入宪到"铸牢中华民族共同体意识""多元一体中华民族"的话语表述中,体现了党和国家对命运一体及共同纽带的强调,也是"全球化背景下,统一的多民族国家应对现代民族话语体系困境的超越性实践"[②]。结合民族国家建构的基本逻辑,党

[①] 习近平:《决胜全面建成小康社会 夺取新时代中国特色社会主义伟大胜利——在中国共产党第十九次全国代表大会上的报告》,《人民日报》,2017年10月28日。

[②] 郝亚明、赵俊琪:《"中华民族共同体":话语转变视角下的理论价值与内涵探析》,《北方民族大学学报》2018年第3期。

的十九大所提出的"铸牢中华民族共同体意识"战略构想明确指出了新时代中国民族国家建构中的国族观念建构目标,是民族国家内核建构中的标志性事件。

(三) 中华民族共有精神家园建设与民族国家的文化根基建构

纵观当今世界,各国综合国力的竞争既表现为以经济、科技为核心的国家硬实力之争,也表现为以文化建设为核心的国家软实力之间的较量。如果一个国家的硬实力不行,很容易被外来侵略者打败;如果一个国家的软实力不行,这个国家在没受到外来攻击时就可能从内部瓦解。所以,具有精神力量、有文化支撑的民族国家才能自立自强。党和国家领导人深刻意识到软实力对中国民族国家建构的重要性,相继在党的十七大报告提出"弘扬中华文化,建设中华民族共有精神家园"的重要任务,在十七届六中全会提出文化强国战略。进入新时代以来,党和国家领导人更是把中华民族共有精神家园建设作为实现中华民族伟大复兴"中国梦"的"脊梁",高度重视这一问题,并且通过一系列务实有力的举措来推动中华民族共有精神家园建设。研究表明,"中华文化认同应该包括三个层面,各民族的自我认同、各民族之间的相互认同和中华民族的一体性认同"[1]。"中华文化应是中华民族共有精神家园的前提、根据和基础;而中华民族共有精神家园是中华文化,特别是其中优良的精神文化的升华和重新建构"[2]。目前,中国社会的精神思想领域分化日益凸显,各种思潮此起彼伏,各种观念相互交错,多种价值观取向并存,这种

---

[1] 王希恩:《中华民族建设中的认同问题》,《西南民族大学学报(人文社会科学版)》2019年第5期。
[2] 周伟洲:《中华文化与中华民族共有精神家园的建设》,《民族研究》2008年第4期。

状况显然不利于社会的安定团结,也不利于中华民族作为国家民族的整合优势的体现。加强中华民族共有精神家园建设,可以夯实当代中国民族国家建构的文化根基,以文化的力量整合纷繁复杂的社会思想意识,避免思想分化带来的利益以及观念上的争论,为实现中华民族伟大复兴的"中国梦"提供强大的软实力支撑。

总之,新时代中国的民族国家建构带有鲜明的"内核建构"特征,通过中华民族建设、铸牢中华民族共同体意识、中华民族共有精神家园建设等一系列举措,致力于族际政治整合与统一国族观念的努力,以此夯实统一多民族国家的文化根基。

二、中华民族建设:新时代中国族际政治整合的核心议题

1988年,费孝通先生提出中华民族多元一体格局理论。这一理论既是中华民族形成演进历程的逻辑概括与历史总结,也为当代中国族际政治整合实践提供了重要的理论支撑。从目前的现实情况来看,中华民族作为我国56个"多元"民族构成的复合体,其国族建构的走向会深刻影响我国族际关系的前景和未来,影响各民族之间的关系以及各民族与中华人民共和国的关系,影响各民族对国家的认同状况。从学界研究的进展来讲,对作为国族的中华民族的研究和讨论方兴未艾,但"中华民族作为国族的性质、地位和意义并未得到全面的论述和科学的认识,中华民族并未得到准确的认知和论述"[①]。因此,推进基于族际关系和谐基础上的中华民族建设,巩固中华民族多元一体格局,开展相关问题的学术研讨和基础理论建构,是实现新时代中国族

---

① 周平:《中国何以须要一个国族?》,《思想战线》2020年第1期。

际政治整合的核心议题。

(一)中华民族建设原则:承认多元、包容差异、互守尊严

承认多元、包容差异、互守尊严是中华民族建设的基本原则。这三个原则相互关联又各有侧重,对中华民族建设而言共同发挥着指导作用。

第一,承认多元实质上是强调中国是个多民族国家,中华民族由56个民族共同凝聚而成,缺一不可。这也就意味着,国家必须在法律上承认各民族享有平等的地位,承认各民族同为中华民族的多元中的构成单元,既以法律捍卫每个民族的正当民族身份,又用多元的民族身份标识表明中华民族的多样性特征。承认多元是族际关系和谐的起点,是中华民族建设的"基本盘",也是各民族和谐共存于同一国家政治结构中的坚实保障。

第二,包容差异是指国家在政策设计、制度安排和文化氛围营造方面要有接受并且容纳民族多元所带来的文化差异现实的能力。只有对差异的包容,才能寻求中华民族的"最大公约数",以此为中华民族建设源源不断地提供共识支撑,注入认同资源。包容差异中的"差",意指包容并努力缩小各民族之间发展的差距,努力实现各民族在政治、经济、生态、社会等方面的真实平等;包容差异中的"异",意指包容各民族之间的文化差异,懂得各民族文化不分高低贵贱,既要尊重各民族的文化及其民族文化认同,又要在"多元一体格局"的理论框架内看待民族文化,认识到没有各民族文化的丰富和发展,也就没有中华民族文化的灿烂和繁荣。在承认和尊重"各美其美"的基础上实现"美美与共"。

第三,互守尊严是各民族要互利共生、互惠共存,强调各民族不仅是本民族尊严与利益的维护者,同时也肩负着维护其他民族尊严与利益的责任。每个民族作为彼此的守护者,共享成果、共同发展。只有互守尊严,才能形成各民族之间互帮互助的关系样态,才能促进各民族之间相互信赖、和谐共进内在情感的生成,从而增加中华民族的凝聚力和向心力。不仅要守望本民族的尊严,更要守望其他民族的尊严,互守尊严;不仅要"各美其美",更要"美人之美",才能真正实现"美美与共"。

在坚持承认多元、包容差异、互守尊严基本原则的基础上,还要理解三者之间的逻辑关系,从而有利于中华民族建设基础的夯实。

第一,承认多元是包容差异和互守尊严的认知基础与前提条件,需要通过法律制度手段加以切实保障。只有各民族及其多元特性得到法律意义上的平等(政治平等)认可,事实上的平等(社会平等)才变得可以追求,铸牢中华民族共同体的目标才有了法律制度的保障。因此,承认多元既是尊重历史,也是接纳现实,而只有承认中国多元民族的现实,才能更好地进行中华民族建设。

第二,包容差异在承认多元与互守尊严之间发挥着承上启下的重要作用,既是承认多元的理念要求和实践指南,也是互守尊严的情感依托和逻辑支撑。"海纳百川,有容乃大",对差异的包容可以凝聚多元民族共识,增加中华民族的接纳度和向心力,寻求中华民族的"最大公约数",从而为中华民族建设提供强大力的支撑与推力。

第三,互守尊严是承认多元与包容差异的目标与追求,它要求各民族不仅能够守望本民族的尊严,也能"守望相助",推己及人、美人之美,守望其他民族的尊严。互守尊严的原则一旦内化为各民族的内心信念,外化在各民族的实际行动上,铸牢中华民族共同体意识的任务也将指日可待。因此,无论是对族际关系和谐基础上的中华民族建设而言,还是对当代中国族际政治整合而言,互守尊严都具有非常重要的价值和影响。

总之，承认多元、包容差异、互守尊严既是国内族际关系和谐的重要基础，也是中华民族建设的基本原则。坚持承认多元原则，不断完善法律法规和进行制度建设，为各民族平等提供全方位的法律与制度保障；坚持包容差异原则，设计并形成"制度化的包容机制"①，通过提升包括民族事务治理能力在内的国家治理能力，缩小各民族之间的经济、政治、社会发展差距，包容族际文化差异，实现各民族的共同发展，增进中华民族的凝聚力；坚持互守尊严原则，倡导"守望相助"的思想，把守望其他民族的权益与尊严视为自己的责任，促进各民族之间的交往交流交融，铸牢中华民族的共同体意识。

(二) 中华民族建设目标：从想象共同体到实体化民族

本尼迪克特·安德森(Benedict Anderson)在界定民族时指出："它是一种想象的政治共同体——并且，它被想象为本质上是有限的。"②这就是说，民族具有人为建构的特征，是一定范围的人们心理上有限的、主观的认知，这种认知过程作为一种观念或想象引导民族的产生与存在。具体到中华民族而言，自秦王朝统一以来，统一多民族国家的塑造历经两千余年，中华民族的观念形态也随之凝聚，而这一凝聚进程也和统一多民族国家一样，是在各民族的共同努力下向前推进的。自1902年梁启超首次在其著述中使用这一概念以来，中华民族的指称对象随时局的变化而不断变化，及至中华人民共和国的成立，中华民族也随之完成了从自在到自觉的转变，成为一个政治共同体——国家民族。对此，有学者指出"中华王朝国家的族际政治整合推动自

---

① 王建娥：《包容与凝聚：多民族国家和谐稳固的制度机制》，中国社会科学出版社2018年版，第2页。
② [美]本尼迪克特·安德森：《想象的共同体：民族主义的起源与散布》(增订版)，吴叡人译，上海人民出版社2016年版，第6页。

在中华民族的凝聚,而中华民族的政治意义则源于自觉的中华民族与中华现代国家的结合"①。

从文化身份来看,中华民族的成员身份是各民族普遍性的民族身份;从政治身份来讲,中华人民共和国的国家公民身份是人民普遍性的政治身份,因此,无论是从文化心理边界而言,还是从政治地理边界而言,中华民族(国家民族)和中华人民共和国(民族国家)的重叠已然成为事实。然而,作为国家民族的中华民族的凝聚并不是一劳永逸的,而是一个需要通过中华民族建设来持续建构的过程,要让这一"想象的共同体"朝向实体化民族转型。之所以要把实体化的中华民族当作目标,是因为"客观地说,中华民族形成实体的条件还没有完全具备,尤其是中华民族内部各民族的整合还有十分漫长的道路要走"②。这并非否认中华民族的民族特质,也并非否认不存在任何实现中华民族成为民族实体的条件,因为"中华民族由各民族共同组成,是百川归海的共同体,是交融共生的共同体"③是一个更为基础性的事实。也就是说,国家在保持中华民族成为民族实体的现有条件的同时,还要创造和提供其他的必要条件,来推动中华民族的实体化进程。

为此,可以从以下几个方面进行努力。

第一,增强"五个认同",围绕铸牢中华民族共同体意识展开多渠道、宽领域、长时段的宣传教育工作。2015年8月24日,习近平总书记在中央第六次西藏工作座谈会上指出:"必须全面正

---

① 唐勇:《中华民族的政治意义》,《政治学研究》2020年第3期。
② 金炳镐、裴圣愚、肖锐:《中华民族:"民族复合体"还是"民族实体"?》,《黑龙江民族丛刊》2012年第1期。
③ 纳日碧力戈、李鹏程:《四方铸牢中华民族共同体意识》,《广西民族研究》2020年第1期。

确贯彻党的民族政策和宗教政策,加强民族团结,不断增进各族群众对伟大祖国、中华民族、中华文化、中国共产党、中国特色社会主义的认同。"①构筑中华民族共有精神家园,铸牢中华民族共同体意识,是各民族共同的责任,其核心和基础在于增强"五个认同"。

第二,以道路自信为前提,以理论自信为先导,以制度自信为基础,以文化自信为灵魂,建设中华民族共有精神家园。中华民族共有精神家园是中华民族共同体意识的思想根基,离不开"四个自信"的价值指引。中华民族共有精神家园和中华民族共同体意识是多民族国家统一的基石、民族团结进步的根本和中华民族伟大复兴的灵魂。"四个自信"既是构筑中华民族共有精神家园的思想前提,也是其最终指向。

第三,坚持以"中国各民族共同缔造统一多民族国家"的历史叙述与通用语言文字这两种方式强化各民族对中华民族的共同想象与共识凝聚,只有各民族对中华民族的观念根深蒂固之后,中华民族的实体化建构才能扎实推进,完成从观念中的中华民族到实体化的中华民族的转化。中国的各民族最终能交融汇聚成中华民族这样的多元一体多民族共同体,有两个外部条件起了重大的作用:一个是祖国辽阔的疆域,一个是悠久的数千年历史②。这两个方面既是对中华民族进行共同想象的时空边界,也是中华民族实体化的时空场域。此外,培育社会主义核心价值观共识,加强族际之间政治、经济、文化、社会诸多方面的联系,促进各民族多方面、多层次的交往交流交融,都是打造中华

---

① 《依法治藏富民兴藏长期建藏 加快西藏全面建成小康社会步伐》,《人民日报》2015年8月26日。
② 参见杨建新:《再论各民族共创中华民族》,《中央民族大学学报(哲学社会科学版)》2020年第4期。

民族实体的重要保障条件。

（三）中华民族建设方略："九位一体"的国族一体化途径

在明确中华民族建设原则，树立中华民族建设目标之后，如何制定中华民族建设方略，寻求中华民族的国族一体化途径就成为必须完成的任务。结合党的十九大报告中有关"中华民族建设"的相关表述，我们认为中华民族建设应从外围向度与内生向度两个维度共计九个方面加以实施。这九个方面"九位一体"，服从服务于中华民族建设的大计。

中华民族建设的外围向度是指处于这个议题的周边，对中华民族建设起到保驾护航作用的方略。外围向度主要由三个方面构成，分别是生态文明建设、教育强国建设和祖国完全统一。

第一，加强生态文明建设。"建设生态文明是中华民族永续发展的千年大计"[①]，是国家对生活在领土范围内的中华民族成员生存权与健康权的守护。无论是从宏观的中华人民共和国这一多民族国家来讲，还是从中观的国内各民族群体来看，以及从微观的社会个体成员来加以分析，生态文明建设都是一种基础保障，有利于国家、集体和个体的生存与发展。之所以将其放在首要位置，是因为生态文明密切且持久地关系着国家、民族和个人的利益，直接影响中华民族的可持续发展。因此，要坚持节约资源与保护环境，尤其是改善生态环境状况相对恶劣、生态环境一旦遭到破坏就很难恢复的民族地区的情况，为中华民族建设提供良好的生存环境。

第二，加强教育强国建设。教育对我们的整个民族而言是

---

① 习近平：《决胜全面建成小康社会　夺取新时代中国特色社会主义伟大胜利——在中国共产党第十九次全国代表大会上的报告》，《人民日报》，2017年10月28日。

培养社会主义建设者和接班人的最佳途径,对中华民族而言是实现伟大复兴的基础工程,对贫困地区与贫困人口而言是获得真知、开阔眼界、摆脱贫困的最佳途径。因此,我们有责任、有义务让每个国家公民都能享有公平而有质量的教育,促进教育服务均等化发展。当今时代,世界范围的竞争可谓是知识的竞争、人才的竞争,而教育恰恰是保有知识存量、促进知识增量的最有效方法,也是培养人才的最佳摇篮。因此,通过实施教育强国建设,优先发展教育,为中华民族的伟大复兴奠定坚实的智力基础。

第三,争取早日实现台湾回归,完成祖国统一大业。台湾问题情系全体中华儿女,各民族要坚决维护国家主权与领土完整,防止民族分裂,为中华民族的建构提供长治久安的政治环境。实质上,祖国统一是中华民族的根本利益所在。因此,要责无旁贷地维护各民族的根本利益,推动两岸关系和平发展,加强两岸各族人民交流合作、互惠互利、共谋发展,同时,也要努力促进两岸各族人民互相理解、相互信任,心灵契合,进一步深化台湾地区人民对伟大祖国的认同感。

中华民族建设的内生向度是与中华民族建设直接相关的各项建设任务,相关表述集中出现在党的十九大报告有关"巩固和发展爱国统一战线"的内容中。报告指出,要"全面贯彻落实党的民族政策,深化民族团结进步教育,铸牢中华民族共同体意识,加强各民族交往交流交融,促进各民族像石榴籽一样紧紧抱在一起,共同团结奋斗、共同繁荣发展"[①]。这一表述为中华民族

[①] 习近平:《决胜全面建成小康社会 夺取新时代中国特色社会主义伟大胜利——在中国共产党第十九次全国代表大会上的报告》,《人民日报》,2017年10月28日。

建设的内生向度提供了六个方略。

第一，全面贯彻党的民族政策。我国的民族政策与制度是基于对中国国情、中国实践以及民族问题的准确把握，是经过各民族共同协商的公平结果，它关系着中华民族的前途与命运，维护了中华民族最广大人民的利益。由此，要全面贯彻党的民族政策，发挥民族区域自治制度所具有的卓越政治优势，毫不动摇地进行坚持和完善，这是实现中华民族伟大复兴的保证。

第二，深化民族团结进步教育。民族的相处模式直接影响着社会的和谐氛围、中华民族凝聚力的汇集以及国家的稳定发展。因此，要重视团结民族的教育工作，加深各民族间的情感，使得各民族在和衷共济中共同发展，携手共进，促进民族团结。

第三，铸牢中华民族共同体意识。本质上，中华民族共同体是当代中国现代民族国家建构的族体基础，中华民族共同体意识则是维系中华民族国家认同的根本纽带[1]。同时还要注意到，利益共同体意识是中华民族共同体意识的本质，要重视各民族利益共享，合理进行各民族利益分配，促进各民族利益共同发展；文化共同体意识是中华民族共同体意识的基石，要通过加强各民族的文化交流，借鉴各民族优秀文化，丰富本民族的文化内容，共同繁荣中华民族的公共文化，以此增强中华民族的文化共同体意识；命运共同体意识是中华民族共同体意识的共识，国家要培养各民族休戚相关的思想，加强各民族之间的联系，强化中华民族共命运、同呼吸的一体感和一荣俱荣、一损俱损的荣辱感。

第四，加强各民族交往交流交融。多民族主体互动的方式是各民族增进了解、加深理解、拉近距离、走向一体的程序化手

---

[1] 参见王宗礼：《国家建构视域下铸牢中华民族共同体意识研究》，《西北师大学报（社会科学版）》2020年第5期。

段,这一中华民族建设途径顺应了各民族的交互主体性,增加了各民族主体的接触面,因此,更容易加深各民族对中华民族大家庭的情感,加强少数民族对国家认同的心理建构。

第五,推进各民族像石榴籽一样紧紧抱在一起的目标。国家制定的政策、坚守的信仰、遵循的原则,采用的手段,都是为实现一个目标、得到一个结果而服务的,这个目标结果的具体内容就是要达到各民族紧紧抱在一起的样态,实现中华民族的国族一体化。

第六,坚持各民族共同奋斗、共同繁荣发展的指导原则。国家不会放弃任何一个贫穷落后的民族、任何一个人口较少的民族,也不能偏向任何一个繁荣发达的民族、任何一个人口较多的民族。也就是说,我国56个民族缺一不可,当任何民族在遇到困难或遭遇危机时,其他民族都要与之共担责任、互帮互助。各民族共同奋斗,促进国家发展,而国家发展的成果也将由各民族共享。

总之,在"九位一体"的中华民族建设方略之中,三个外围向度的方略是中华民族建设的重要保证,六个内生向度的方略是中华民族建设的重要内容,这种内外兼顾、里应外合、"九位一体"的国族一体化努力,既有利于提高中华民族建设的实效性,也有利于发挥国内各民族的主体性。

三、新时代中国现代民族国家建构面临的主要外部挑战

必须承认,新时代中国的现代民族国家建构,是在全球发展形势日益趋向复杂、不确定因素和未知风险不断增加的外部环境下展开的。以中美贸易摩擦、中印边境争端为代表的世界大国关系走向不容乐观,以2019新型冠状病毒肺炎(COVID-19)在世界范围的快速蔓延所引发的全球公共卫生事件为代表的各

种全球性挑战正在纷纷涌现，全球治理难度正在不断加大。作为世界第二大经济实体，中国的发展离不开稳定的外部环境，如今复杂多变的世界局势，也让新时代中国的现代民族国家建构面临挑战。

（一）逆全球化与全球贸易结构失衡

有学者指出，"全球化过程本质上是一个内在地充满矛盾的过程，它是一个矛盾的统一体：它包含有一体化的趋势，同时又包含分裂化的倾向"①。逆全球化正是这种"分裂化的倾向"的典型表现。由于受欧美政治经济形势变化的影响，国际舞台上一直释放着逆全球化的信号，以至于"逆全球化日益成为一种运动式的浪潮，并且对西方国家维护自由秩序的主流政党造成了巨大的冲击"②。从"英国脱欧"到特朗普当选美国总统以来出台的一系列"脱约"政策，无不彰显了西方大国的逆全球化动向，再加上欧洲的难民危机、土耳其政变等地缘政治冲突，逆全球化趋势得以不断强化。面对这种态势，西方主要国家为了化解或转嫁危机，通过各种形式大搞贸易保护主义，导致国际贸易结构走向失衡。

毫无疑问，对中国这样的发展中国家而言，保持对外开放、顺应全球化趋势是实现自身发展的重要途径。但随着西方国家对既有国际经济规则的践踏，日益成为一种阻碍世界经济平衡发展、造成全球自由市场动荡和国际贸易结构失衡的破坏性力量，这种外部环境对新时代中国的发展构成了挑战，这一挑战也势必要影响中国现代民族国家建构成果的取得。

（二）民粹主义思潮蓬勃发展

作为逆全球化的另一种重要表现形式，民粹主义及其在欧

---

① 俞可平：《全球化的悖论》，中央编译出版社1998年版，第21页。
② 阎学通：《反建制主义与国际秩序》，《国际政治科学》2017年第2期。

美国家的复兴①成为我国必须要面对的又一外部环境挑战。当前,几乎所有的欧美国家都存在民粹主义政党,如泛希腊社会主义运动(泛希社运)、挪威进步党(FP)、冰岛公民党(CP)、瑞士人民党(SVP)等。民粹主义的"幽灵"已渐渐笼罩在西方国家。而且,由于绝大多数民粹主义政党都与狭隘的爱国主义和民族主义相伴而生,因此,在特定的背景下,有可能形成民族民粹主义,即假借人民的名义,行种族排外之实。例如,美国民粹主义精英班农、纳瓦罗等鼓吹新一轮的"中国威胁论",助推美国对华政策趋向强硬,从贸易、投资、安全、人文等多个领域遏制中国的影响力。同时,美国的民粹主义也在一定程度上促进反华舆论的高涨②。显然,如果听任这种状况的发展,势必会让中国的外部环境变得更加恶劣。

值得注意的是,在《人民论坛》期刊推出的年度国内外十大思潮调查报告中,民粹主义的排名连续五年呈上升趋势,由2012年的第八位跃居2016年的第一位③。民粹主义不仅是一个政治工具,同时也是一种政治意识形态,民粹主义思潮的传播还会削弱主导意识形态的影响力,不利于铸牢中华民族共同体意识,构筑中华民族共有精神家园和实现中华民族伟大复兴的"中国梦"。

(三) 全球治理陷入多重困境

伴随逆全球化的纵深发展和民粹主义的大行其道,全球治

---

① 参见吴宇、吴志成:《全球化的深化与民粹主义的复兴》,《国际政治研究》2017年第1期。
② 参见沈雅梅:《民粹主义新动向及其影响》,《和平与发展》2018年第6期。
③ 参见杨学博、栾大鹏、周素丽:《2016年国内外重要思潮盘点》,《人民论坛》2017年第1期;王妍卓:《2018国际重大思潮演变趋势研判》,《人民论坛》2019年第1期。

理的难度也在不断增加。特朗普当选美国总统以后,"接连'退群',逃脱责任,引发全球治理的供需失衡,造成'全球风险社会'的治理赤字"①。历史经验表明,大国在全球治理领域应当承担更多的责任,解决全球治理公共产品供给不足的难题。但是由于美国奉行单边主义行径、英国的"脱欧"以及主要西方大国纷纷退场,全球治理面临制度供给不足、公共物品赤字以及合法性不足、代表性不够、有效性不高等一系列困境。在这样的背景之下,作为负责任的大国,中国相继提出了"一带一路"倡议,"构建人类命运共同体"的世界观、"义利并举、以义为先"的正确义利观、"共同、综合、合作、可持续"的新型安全观、"和而不同、合作共赢"的国际合作观和"共商共建共享"的全球治理观,为全球治理提供了急需的软性"公共物品",为应对全球问题提供了有力的理念支撑和思想引导。在机制层面,中国不仅积极参与、创建和改革全球治理制度,还就全球治理问题发出倡议、设置议题、凝聚共识②。

营造和维系一个良好的外部环境是新时代中国现代民族国家建构的重要前提,然而,在全球化与逆全球化相互交织,多种社会思潮彼此冲突、相互矛盾,拥有更多不确定性和更多或潜在或显性风险的时代,全球治理的难度会进一步升级。

本 章 小 结

在中华民族伟大复兴的战略目标里,必然而且内在地包含

---

① 曹帅、许开轶:《逆全球化浪潮下"全球风险社会"的治理困境与中国方案》,《理论探索》2018年第6期。
② 参见于军、王发龙:《全球治理的制度困境与中国的战略选择》,《行政管理改革》2016年第11期。

着顺应时代大势,建构现代民族国家的历史任务,两者之间具有历史分期上的一致性。有研究表明,"中华民族共同体的历史形塑和创新发展,和'小中华'发展为'大中华'、'旧中华'发展为'新中华'的过程直接相关"①。从中国现代民族国家建构的历史梳理中,不难发现其中也包含着族际政治整合的内在逻辑——无论是救亡图存的愿望激发了中华民族意识的觉醒,还是中华人民共和国的成立为中华民族的发展提供了一个政治结构,抑或是民族区域自治政策的制定实施,都是为推进和维护当代中国族际政治整合而进行的有益尝试和积极探索。族际政治整合的实践贯穿于中国现代民族国家建构的全程,我们在现代民族国家建构领域取得的成就,或者为族际政治整合提供了愿景共识(实现中华民族伟大复兴),或者为族际政治整合提供了政治结构保障(现代国家建构),或者直接就是在推进族际政治整合(中华民族建设)。与此同时,以民族区域自治为核心的民族政策体系、制度安排及其实践效果,也在直接影响着族际政治整合的现实及其发展前景。

一般认为中国现代民族国家建构的历史起点是1911年的辛亥革命,但它的逻辑起点应该继续向前追溯。因为在相当程度上,导致中华帝国体系断裂的因素也正是开启中国现代民族国家建构的因素。通过对晚清时期中国政治发展历史的梳理和回顾不难发现,在此期间,中国政治生态乱象丛生,政治事件此起彼伏,政治发展由迟缓到加速,最终促成在中国持续两千多年的封建专制主义政治的覆灭和社会主义新中国的诞生。晚清时期中国政治发展具有迥异于欧美国家的政治发展走势,这一发展进程在很大程度上也是为中国现代民族国家建构进行前期准

---

① 纳日碧力戈:《试论中国各民族文化连续体》,《青海社会科学》2017年第6期。

备。综而观之,晚清时期中国政治发展呈现如下四条基本线索:民族危机的冲击与回应;民族独立与民主政治的双重追求;多种政治力量的博弈与多重发展目标的择定;民族性与现代性的错位与冲突。也正是循着这四条线索,中国作为现代民族国家建构的早期准备工作得以完成。

鸦片战争标志着晚清帝国被裹挟到现代民族国家建构的历史命运中,辛亥革命的爆发与中华帝国体系的断裂,则标志着中国民族国家建构的正式启动,而这一建构道路或顺利或阻滞,在很大程度上取决于族际政治整合的基本状况。中华民国时期,无产阶级获得快速成长,也因由马克思主义理论的启蒙而发展成自为的社会革命力量。伴随无产阶级的崛起,中国民主革命的政治思想进入全新的历史阶段,从追求西方民主政治转向马克思主义,中国国家民主政治制度的基础也由民主共和最终走向人民民主。抗日战争让作为国族的中华民族最终发育成熟,中华人民共和国的成立则标志着一个以"中华民族"作为国家民族的人民共和国和主权国家得以初步确立。

新中国成立以来的当代中国民族国家建构分为四个阶段。1949—1956年是过渡时期中国民族国家基础布局阶段,伴随新生政权巩固、社会主义改造完成和对民主制度的初步探索,民族国家底层秩序得以维护,经济基础得以确立,现代政治体制得以形塑;1956—1978年是强国建设时期中国民族国家曲折前行阶段,中共八大的召开与国民经济调整为民族国家发展注入活力,但"左"倾错误和十年动荡则让民族国家建构陷于停滞;1978—2012年是改革开放时代中国民族国家重启推进阶段,中国特色社会主义理论体系和制度体系的形成为民族国家建构提供方案指引和制度依凭;2012年至今是新时代中国民族国家国族整合阶段,中华民族建设、铸牢中华民族共同体意识和构筑中华民共有精神家园,分别构成中国民族国家的国族一体化建构、国族观念建构和文化根基建构。以"中华民族建设"为依托,推进新时代中国朝着实现中华民族伟大复兴的宏伟目标迈进,是族际政治整合实践的应有之义。

作为外生形态的民族国家,中国的民族国家建构之路必然担负着国家发展的多重任务,既要建构成一个"民族-国家",也要建构成一个"民主-国家"。既要进行民族国家的外观建构,使国家拥有现代民主国家的外在形式;也要进行民族国家的内核建构,使国家拥有国家民族对国家的内在忠诚。回顾历史,中国的民族国家建构是在严峻的民族危机背景下开启的,并在现代化的过程中逐渐形成。在经历鸦片战争以来 180 多年的风雨沧桑之后,中国在民族国家建构方面不仅取得了丰硕的成果,更是为世界所瞩目——中国的现代民族国家建构走出一条有别于西方的独特道路,为民族国家建构提供了一套"中国方案"。我们也要看到,新时代中国的民族国家建构之路还面临着诸多内外挑战,这意味着中国的现代民族国家建构之路依旧漫长。

第六章　多民族国家族际政治整合的中国经验(下)

当代中国族际政治整合拥有明显的制度优势和鲜明特色。中国在推进现代化和建设中华民族共同体的过程中,成功防止了不少发展中国家出现的乱象。这里有两个重要机制值得强调:一是中华民族共同体的现代建构与社会主义建设结合起来,从而有效地避免了国家内部不同民族、不同群体根本利益上的激烈对抗和社会断裂;二是建立了以中国共产党为领导核心的国家治理体系[①]。必须承认,这两个机制对当代中国的族际政治整合而言至关重要。以民族区域自治制度为核心的中国现行民族政策体系在推进中国族际政治整合方面扮演了非常重要的角色,该政策体系立意高远、愿景宏大,但在政策实施过程中也存有一些不尽如人意的地方。同时,当代中国族际政治整合实践的经验表明,通过民族事务治理和府际关系协调,有助于促进族际关系和谐、维护族际政治整合。为了进一步提升族际政治整合实效,中国还需在借鉴当今世界主要多民族国家族际政治整合实践经验教训的基础上,继续探索符合中国基本国情、遵从时

---

① 参见常士訚:《中华民族共同体的现代多重建构及其逻辑》,《西南民族大学学报(人文社会科学版)》2019年第3期。

代发展大势的族际政治整合实践策略。

第一节　当代中国民族政策的价值定位与政策实践

当代多民族国家解决国内民族问题的模式主要包括民族自决、联邦制、地方自治、民族区域自治、共和同化和多元文化主义等①。不论采取哪种模式，都要落实到政策与制度层面来发挥作用。我国现行的以民族区域自治制度为核心的民族政策体系是中国共产党在马克思主义民族理论指导下，结合中国具体国情和民族问题实际而作出的顶层设计，也是推进和维持当代中国族际政治整合的重要制度安排。这一民族政策体系的价值定位是各民族人民当家作主、共同富裕和真实平等，目标指向是通过政治解放、民族解放、社会解放等途径去实现马克思所提出的人类解放。认清这一点是正确理解和全面把握我国现行民族政策的关键所在。也要看到，在过去七十多年的民族政策具体实施过程中，出现了一些不尽如人意的地方，影响到该民族政策体系设计初衷的体现，也因此影响到族际政治整合的实际效果。

一、中国共产党对我国民族政策的探索历程

中国共产党对我国民族政策的探索是一个艰难的过程，以抗日战争为分界，大致经历了两个时期。全面抗日战争之前，中国共产党倾向于采取民族自决和联邦制的方式来解决我国的民族问题。这一点在党的历史文献中有明显的体现。在1922年7月召开的中国共产党"二大"上，有蒙古、西藏、回疆三部实行自

---

① 参见田烨：《浅议当代多民族国家解决民族问题的几种模式》，《学术界》2020年第6期。

治,为民主自治邦;在自由联邦制原则上,联合蒙古、西藏、回疆,建立中华联邦共和国的设想①;在1931年11月召开的中华工农兵苏维埃第一次全国代表大会上,通过了《中华苏维埃共和国宪法大纲》。《宪法大纲》规定:"中华苏维埃政权承认中国境内少数民族的自决权,一直承认到各弱小民族有同中国脱离,自己成立独立的国家的权利。"②1934年年初,毛泽东在《中华苏维埃共和国中央执行委员会与人民委员会对第二次苏维埃代表大会报告》中,明确主张"承认中国境内的少数民族的自决权"③。这种以民族自决和联邦制为取向的民族政策的制定,是同中国共产党当时所处的特定历史时期以及国际环境密切相关的。当时的中国共产党还处于创立初期,无法立足于革命的全局和国家发展的远景角度来深切思考解决我国民族问题的方式;苏联及共产国际的影响和干预,也使得当时的中国共产党很难真正做到从国情的实际出发。

全面抗战以及抗战结束之后,中国共产党在民族自决与民族区域自治这两种不同取向的民族政策之间进行了多次权衡和反复比较,最终把民族区域自治确立为我国的民族政策。在1938年召开的中共六届六中全会上,毛泽东提出"允许蒙、回、藏、苗、瑶、番等各民族……在共同对日原则之下,有自己管理自己事务之权,同时与汉族联合建立统一的国家"④。这里已经孕育着从民族自决到民族自治、从联邦制到单一制的民族政策思

---

① 中央档案馆:《中共中央文件选集(1921—1925)》,中共中央党校出版社1989年版,第62—63页。
② 转引自陈荷夫:《中国宪法类编》,中国社会科学出版社1980年版,第92页。
③ 转引自史筠:《民族法制研究》,北京大学出版社1989年版,第22页。
④ 中共中央统战部:《民族问题文献汇编》,中共中央党校出版社1991年版,第595页。

想;1940年,陕甘宁边区政府成立负责处理民族事务的民族事务委员会,其主要职责为"关于边区境内回蒙等各民族区域自治事宜,关于境内回蒙等各民族自治区之政治、自卫、经济、教育、卫生等建设事宜"①。至此,民族区域自治已经成为中国共产党解决民族问题的主导性意见。进而,《中国人民政治协商会议共同纲领》在中国人民政治协商会议第一届全体会议上顺利通过,在这部相当于临时宪法的《共同纲领》里,专门规定了我国的民族政策。即"各少数民族聚居的地区,应实行民族的区域自治,按照民族聚居的人口多少和区域大少,分别建立各种民族自治机关。凡各民族杂居的地方及民族自治区内,各民族在当地政权机关中均应有相当名额的代表"。这标志着民族区域自治被正式作为我国的基本国策。2001年2月,第九届全国人大常委会第二十次会议颁布新修订的《中华人民共和国民族区域自治法》,明确规定民族区域自治制度"是国家的一项基本政治制度"。

中国共产党对民族政策的这一探索过程,对民族区域自治在我国的确立和实施极为重要,因为"在此过程中,中国共产党不仅形成了民族区域自治的政策主张,将民族区域自治作为调整国内民族关系的基本规范,而且形成了对这个政策主张的坚定不移的信念"②。

二、我国现行民族政策设计的内在价值定位

"五四时期,陈独秀、毛泽东等一批先进分子即已举起人类

---

① 中共中央统战部:《民族问题文献汇编》,中共中央党校出版社1991年版,第934页。
② 周平:《民族区域自治制度在中国的形成和演进》,《云南行政学院学报》2005年第4期。

的解放的旗帜,并由此走上了阶级解放的道路"。① 作为一个无产阶级政党,中国共产党始终把实现"人类解放"作为奋斗的最高目标,旨在解决和处理我国民族问题而制定的以民族区域自治为核心内容的各项民族政策,也是服从和服务于这一最高目标的。对此,完全可以从当代中国民族政策的内在价值定位中加以探寻。

(一) 政治价值定位是各民族人民当家作主

党的十八届三中全会明确指出:"发展社会主义民主政治,必须以保证人民当家作主为根本"②。作为我国的三大基本政治制度之一,民族区域自治制度为各民族人民当家作主提供了政治制度上的可靠保障。回顾民族区域自治的确立过程可以发现,中华人民共和国成立之后,新生政权所肩负的历史使命是在维护社会主义国家的统一、捍卫国家主权的完整的同时,同旧社会的一切民族压迫、民族剥削制度彻底决裂,让各民族的劳苦大众"翻身得解放",真正实现各民族人民当家作主。而且,这一历史使命是在当时我国的少数民族和汉族之间的隔阂还比较深、经济社会发展差距还很大的历史背景下提出的。基于这一背景,"民族区域自治就不仅是新中国处理国内民族问题的一项基本政策,而且是新的中央人民政府对于各少数民族的一种政治承诺——在新的人民共和国中,少数民族的各项基本权利将受到国家法律的保护"③。由此,实现和确保各民族人民当家作主,

---

① 李瑗:《毛泽东和中国共产党人关于人的解放思想的历史考察》,《中共党史研究》2004年第1期。
② 中共中央文献研究室:《十八大以来重要文献选编(上)》,中央文献出版社2014年版,第527页。
③ 胡岩:《我们今天为什么要坚持民族区域自治制度》,《科学社会主义》2011年第4期。

成为民族区域自治制度的政治价值诉求。

(二) 经济价值定位是各民族人民共同富裕

社会主义的本质是解放生产力,发展生产力,消灭剥削,消除两极分化,最终达到共同富裕。社会主义本质的落脚点是共同富裕,是我国各民族人民的共同富裕。为了实现这一目标,我们就要在正视少数民族和民族地区与我国主体民族、发达地区客观存在的发展差距,并且通过各项民族政策的实施,努力缩小这种差距。这也是现阶段解决我国民族问题的根本途径之所在,因为现阶段我国民族问题主要表现为少数民族和民族地区要求更快地发展经济和文化。邓小平同志在谈到少数民族、民族地区经济发展问题时强调指出,"我们帮助少数民族地区发展的政策是坚定不移的";"观察少数民族地区主要是看那个地区能不能发展起来"[1]。基于上述认识,如果我们党制定实施的各项民族政策没有缩小发展差距,没有促成各民族人民共同富裕的实现,这种民族政策就与社会主义的本质相背离。这也是对当代中国民族政策经济价值定位的最好说明。

(三) 社会价值定位是各民族人民真实平等

各民族人民当家作主的本质是一种政治上的平等,即国家基于民主政治制度的合理安排而赋予每个公民以平等的政治权利。这种平等自然是历史发展的巨大进步,但同时也应该看到,"在经过了政治解放的'洗礼'之后,穿上了'平等'外衣的公民们,他们的'尘世'生活实际上是多么的不平等";"政治解放的一个实际结果,就是以表面上的平等掩盖了事实上的不平等"[2]。

---

[1] 邓小平:《邓小平文选》(第3卷),人民出版社1993年版,第246—247页。
[2] 刘同舫:《人类解放的进程与社会形态的嬗变》,《中国社会科学》2008年第3期。

马克思洞察到政治解放的历史局限性,进而宣布"革命是不停顿的","只有继续进行社会主义革命,消除政治解放的个人私利性的基础,才能实现全人类的彻底解放"①。以此反观我国现行民族政策可以发现,我们的民族政策在努力确保各民族人民当家作主(政治平等)的基础之上,一直在致力于各民族人民社会生活领域内的真实平等(社会平等)。为此,我们制定了一系列旨在保障各民族事实平等的民族优惠政策,努力在因由历史、自然条件、生态环境、地域分布等因素造成的不同民族发展落差的背景下寻求平等的关怀。

三、我国现行民族政策实施中的问题

以民族区域自治制度为核心,我国现行的民族政策站位高远,是一种基于高尚理想的政策设计与制度安排,以实现各民族人民的当家作主、共同富裕和真实平等作为自己的内在价值定位,从而为我国的族际政治整合提供源源不竭地动力和资源。有学者指出,"作为社会主义国家处理民族事务的宪制安排,民族区域自治以平等为天然追求,其自治的含义与自治权的行使,是指广大少数民族公民平等当家作主;民族区域自治强调团结和共同体的凝聚,旨在建立亲密合作、团结互助的社会主义新型民族关系"②。与此同时,我国现行民族政策在政策落实与制度实施的实践层面还存在一些不容忽视的问题。比如,民族政策在与民族地方具体实际、少数民族具体实际相结合方面,还有提升的空间;民族政策法律法

---

① 任勇:《民族、民族国家和人类解放:基于马克思主义政治学的考察》,《社会科学研究》2010年第2期。
② 常安:《社会主义与统一多民族国家的国家建设(1947—1965)》,《开放时代》2020年第1期。

规在执行层面还有一些需要完善的方面;在保障自治权的行使、捍卫民族地区与少数民族利益方面还有需要探索的问题;等等。

基于以上分析,可以对我国现行民族政策作出如下评价:以民族区域自治制度为核心的民族政策体系是符合中国国情和民族问题实际的顶层设计,也能切中当代中国族际政治整合的核心问题,设计理念高尚纯洁,站位高远。对此,郝时远研究员也曾指出,"这些基本政策虽然是1950年代制定的,但拿到国际社会比较……一点不弱,甚至还有很多相当先进的设计"[①]。现在需要努力的方向是把这一政策设计与制度安排在民族政策实践的具体执行层面加以落实和实现,从而更好地推进族际政治整合目标的达成。

由于政策实践的具体执行过程更多是在中央政府与民族地方政府之间(央地政府关系)展开的,因此,对于如何协调处理政策理念与政策实践之间的关系及其对策建议问题的讨论,将在本章第三节中加以展开讨论。

第二节 族际政治视野中的新时代中国民族事务治理

当代世界,民族身份的多样性和不同民族(族群)共存于一个多民族国家政治结构内是不可逆转的现实。在多民族国家为促进族际政治整合、维持国家认同所进行的种种实践中,民族事务治理被普遍视为一种非常重要的手段。那么,怎样在多民族国家的族际政治与民族事务治理之间找到一种积极的、正向的良性互动,改善族际关系、维持国家认同?怎样提升中国的国际

---

① 郝时远、马戎、张海洋:《构建新型民族关系》,《领导者》2013年第8期。

话语权,为当今世界多民族国家族际政治整合提供"中国方案"?本节内容将尝试回应这些问题。

一、问题的提出

民族事务是国家诸多公共事务之一种,因其政治敏感性、政策特殊性和影响广泛性等特点,民族事务治理成为国家治理的重要组成部分。具体到作为当代多民族国家一员的中国而言,党的十九届四中全会通过的《中共中央关于坚持和完善中国特色社会主义制度　推进国家治理体系和治理能力现代化若干重大问题的决定》中指出:"要坚定不移走中国特色解决民族问题的正确道路"[①],这一判断和新中国成立七十多年来中国解决民族问题的成功实践相符合。因为"无论是从横向的国际间对比,还是从纵向的历史发展脉络来看,我国的民族问题都得到了比较成功的治理"[②]。然而也要看到,进入新时代以来,中国族际关系领域面临的压力和遭遇的挑战正在增加,这就对民族事务治理提出了新的和更高的要求。

将民族事务治理放置在族际政治的视野中加以观照,不难发现两者之间关系密切。作为国家治理的重要组成部分,多民族国家民族事务治理的水平和绩效会对该国国内族际关系走向产生重大影响。基于这种现实,搭建族际政治与民族事务治理的学理分析框架,探讨新时代中国民族事务治理对推进中国族际政治整合的意义就显得十分必要。

---

① 《中共中央关于坚持和完善中国特色社会主义制度　推进国家治理体系和治理能力现代化若干重大问题的决定》,http://www.xinhuanet.com/politics/2019-11/05/c_1125195786.htm,2021-11-27。
② 高永久、崔晨涛:《中国特色民族事务治理的道路创新与道路自信》,《中南民族大学学报(人文社会科学版)》2020年第1期。

二、族际政治与民族事务治理问题的分析框架

可以发现,族际政治在很大程度上是多民族国家的"原罪",是由民族(文化)多元、国家(政治)一体的多民族国家组织形式带来的原生性问题。这也意味着只要是多个民族共存同一个国家,族际政治就是国内政治生活的常态,多民族国家就天然承担着要把族际关系状况控制在国家政治秩序可以容忍范围之内的任务。通过民族事务治理与族际政治的互动,保有和维系一种动态的族际关系和谐,是多民族国家必须要去完成的使命。

(一) 有关族际政治的三个基本事实

概括而言,有关族际政治存在三个基本事实。也正是这三个基本事实的存在,民族事务治理的意义才得以凸显。

第一,多民族国家国内不同民族是在多民族国家的政治结构之内彼此联结、发生作用的。研究表明,生活在多民族国家内部的各个民族"彼此之间的关系不是孤立的,而是通过政治法律制度和彼此之间的经济文化交往联系在一起的"①,并且就其规范意义而言,这些民族往往有着或长或短的共同历史境遇,并且都曾为缔造这个多民族国家的目标而进行过努力。比如,非洲新兴国家在建国之前普遍经历了西方的殖民统治,之后经由发动民族解放运动而最终获得民族独立,建立主权国家的目标。

第二,多民族国家国内的不同民族为了捍卫自身利益,需要参与政治、诉诸公共权力。多民族国家内部的某个民族能在多

---

① 王建娥:《族际政治民主化:多民族国家建设和谐社会的重要课题》,《民族研究》2006 年第 5 期。

大程度上保有和增进自身利益,与该民族能在多大程度上享有国家公共权力息息相关,因为国家公共权力究其本质,就是对社会公共资源的权威性分配。由此,多民族国家往往会通过法律规范和制度设计来对社会公共资源在国内不同民族间进行符合公平正义原则的分配,从而把国内不同民族捍卫自身利益、参与政治过程、分享公共权力的愿望维持在国家既有政治秩序之内。

第三,与上一点相联系,多民族国家内部的族际关系状况会受到这些民族实际占有国家公共权力状况的影响。经验观察表明,国家公共权力在国内不同民族之间的分配越均衡,族际关系越和谐;反之亦然。族际关系一旦紧张、冲突甚至演变成族际战争,多民族国家的政治秩序、社会稳定乃至国家的存续和发展就会面临严峻挑战。20世纪90年代,苏联解体的原因错综复杂,但国家公共权力在很长时间里被国内主体民族俄罗斯族把持而无法在不同民族间进行均衡分配,是导致政党统治合法性危机到来之时就轻易撕裂国家的重要原因。

(二) 族际关系与民族事务治理的内在关联

结合上文分析,一个多民族国家能否维持国家公共权力分配的均衡,集中体现着该国民族事务治理能力的高低,也直接左右着该国族际关系的走向,进而影响该国家的前途命运。从这一基本判断出发,排除其他诸如历史记忆、文化传统、宗教信仰、社会习俗等因素的影响,可以就族际政治与民族事务治理之间的内在关联进行理想化的规范分析。

第一,如图6.1所示,如果某个国家的族际关系较为和谐,往往意味着该国公共权力分配处于动态均衡状态,民族事务治理面临的压力和挑战就比较小;一旦某个国家的族际关系较为紧张,往往意味着该国公共权力分配的动态均衡状态被打破,民族事务治理的压力和挑战随之增大。族际政治究其本质是"族际间基于民族利益并诉诸于政治权力的族际互动"①,要想让民族利益诉求及时有效地得到政治权力(国家公共权力)的回应,最根本的办法是通过法律和制度设计让多民族国家内部不同民族分享国家公共权力。由此,保持和维系国家公共权力分配在国内不同民族之间处于动态均衡状态,是减缓族际关系紧张、减轻民族事务治理压力的根本途径。

图 6.1　公共权力分配、族际关系与民族事务治理压力的关系

第二,如图 6.2 所示,如果某个国家的民族事务治理能力强,就容易把该国的公共权力分配维持在一种动态均衡的状态,这一状态显然有利于族际关系和谐;一旦某个国家的民族事务治理能力弱,就容易造成该国公共权力分配的不均,从而导致族际关系紧张。纵观当代世界多民族国家的民族事务治理实践,不难找到支撑这一观点的例证。比如,自从 1999 年 5 月"还政于民"以来,尼日利亚奥巴桑乔政府出台一系列旨在让国家政治民主化、经济私有化和文化多元化的政策,民族事务治理领域也取得一系列成绩——探索出一套行之有效的协调族际关系、平衡各方利益的制度安排;积极推进民族一体化进程,加强爱国主义教育,打造"我是尼日利亚人"的国民自豪感和责任感……这些成绩在 2015 年总统选举中得到了最好的回报,这次选举成为尼日利亚历史上首次以民主选举的方式实现政权的和平交替。

---

① 周平:《论族际政治及族际政治研究》,载《民族研究》2010 年第 2 期。

我们认为,这个例证较为充分地说明了民族事务治理能力、公共权力分配和族际关系之间的互动关系。

图 6.2　民族事务治理能力、公共权力分配与族际关系

第三,如图 6.3 所示,在国家公共权力分配、民族事务治理和族际关系三个因素中,国家公共权力分配状况处于根基性的位置,分别与民族事务治理和族际关系直接正相关;而民族事务治理与族际关系之间属于间接正相关,即两者经由国家公共权力分配状况而产生联系。一方面,公共权力的分配状况处于三个因素之中的根基性位置,这意味着无论是民族事务治理还是族际关系,都要和公共权力的分配状况发生关联,并且只有在此基础之上才能彼此影响、相互关联;另一方面,公共权力分配的状况是检验民族事务治理绩效的核心评判指标,但是这个指标往往是隐形的,不容易直观察觉,族际关系状况的好坏则是反映公共权力分配状况的晴雨表,因此也成为评价民族事务治理绩效的重要指标。

图 6.3　公共权力分配、民族事务治理和族际关系的联动关系

第四,在国家公共权力分配和民族事务治理两个因素之中,民族事务治理属于自变量,国家公共权力分配属于因变量,即民族事务治理的能力决定了国家公共权力分配是否能够维持一种动态的均衡状态;而在国家公共权力分配和族际关系两

个因素之中,国家公共权力分配属于自变量,族际关系属于因变量,即国家公共权力分配的均衡程度决定了族际关系是否和谐。

三、推进新时代中国民族事务治理转型

当代中国民族事务治理取得举世瞩目的成就。习近平总书记在 2014 年中央民族工作会议上的重要讲话中指出,我国的民族工作做得是最成功的,不要妄自菲薄。中国特色解决民族问题的正确道路,集中体现在"八个坚持"上:一是坚持党的领导;二是坚持中国特色社会主义道路;三是坚持维护祖国统一;四是坚持各民族一律平等;五是坚持和完善民族区域自治制度;六是坚持各民族共同团结奋斗、共同繁荣发展;七是坚持打牢中华民族共同体的思想基础;八是坚持依法治国。总书记指出这"八个坚持",是对我国民族工作理论和实践的科学总结,也是新形势下我国民族事务治理的基本遵循原则。

(一) 新时代中国民族事务治理需要面对的主要问题

可以把当前中国民族事务治理领域面对的主要问题概括为两个方面。一方面,我国仍处于社会主义初级阶段,民族问题依然长期存在。比如,在全面建成小康社会、脱贫攻坚战取得全面胜利背景下的少数民族、民族地区相对贫困的问题;涉及民族和宗教因素的社会矛盾依然长期存在的问题;民族法律法规的制定、实施以及民族法律体系还需进一步发展完善的问题;民族地区基础设施建设相对滞后、基本公共服务水平有待提升的问题;城市民族问题与少数民族流动人口的管理与服务问题的解决不会一蹴而就,还需常抓不懈的问题;民族政策的具体执行与落实环节还存在进一步完善的地方;等等。

另一方面,民族事务治理自身也存在一些不容忽视的问题。

其中较为典型的是我国传统民族事务治理中存在的"一元主导"模式。传统民族事务治理的主体是政府,在政府内部,中央政府(通过职能部门)承担统一领导的职责。这种模式有助于整合与统一调配社会资源,集中开展民族事务治理领域的重点工作,具有明显的优势。然而随着时代的变迁和社会的发展,这种模式也逐渐暴露出一些问题。有研究指出,民族事务治理重心高位与基层民族工作主体虚化[1]、党政和职能部门之间缺少权力边界的划分和责任边界的界定、组织制度建设的相对滞后与人治因素对组织运行发挥主导作用的并存、多方社会力量共同参与民族事务治理的保障机制有待完善等[2],都是由传统民族事务治理模式派生出来的问题。

由此,推进当代中国民族事务治理从"一元主导"向"多元协同"转型,是促成族际关系和谐、维护多民族国家政治秩序与社会稳定的重要选择。

(二) 推进政府与社会关系层面的"一元主导"走向"多元协同"

随着中国社会结构转型的纵深发展,社会多元化趋势也变得越来越显著,传统民族事务治理的"一元主导"模式难以有效回应统一多民族国家复杂社会现实的呼唤。为了适应社会发展需要,促进国家(政府)与社会之间的良性互动,需要在政府的社会管理与社会组织的参与之间寻求平衡,推进民族事务治理在政府与社会关系层面走向"多元协同"。

从国家与社会的关系维度进行观察,当代中国目前更多通

---

[1] 参见严庆、张莉莉:《部门化与多元化:中国民族事务治理主体建设研究》,《兰州学刊》2015年第12期。
[2] 参见朱军:《城市民族事务政府治理的理念变革与机制创新》,《中南民族大学学报(人文社会科学版)》2019年第6期。

第六章 多民族国家族际政治整合的中国经验(下)

过"政府治理"的方式来实现对于社会的治理①。具体到民族事务治理领域,情况也是如此。目前中国的民族事务治理实践中,多种社会力量参与治理的局面已经初步形成,网格化管理、社区化服务、政府向社会力量购买服务……可以引入"多元共治"理念,让中央和地方各级政府(包括民族自治地方政府)、社会组织、社区、企业、个人等这些利益相关方形成多主体协同共治的格局,实现责任共担、利益分享、权力协同,从而更好地适应社会的发展需要。

政府与社会都是协调族际关系、促进国家公共权力实现动态均衡的重要依托。政府能够进行民族事务治理的顶层设计、提供政策导向,引导社会力量在哪些方面、用什么方式开展社会自治;社会组织、社区、企业、个人等多种社会力量则可以弥补政府在民族事务治理领域的局限,深入多民族社会的细枝末节,发挥社会自治的作用,增加国家与多民族社会的整合优势。

以社会组织为例,这类组织一般独立于政府和企业而存在,也被称为"第三部门",具有非政府性、非营利性、目标的公益性与依靠志愿者运营等典型特征。近年来,中国的社会组织大量涌现。比较而言,民族地区的社会组织带有鲜明的民族宗教特征与地域文化色彩,广泛分布在多民族基层社会,活跃在医疗卫生、扶贫减灾、社会服务、文化教育、生态保护等领域,具有增进文化认同、维护社会稳定、提升民族团结等功效,自然也有利于推进中国的多民族社会民族事务治理。然而,由于受到诸多因素的影响和多种条件的限制,"我国民族地区社会组织在参与基层社会治理中也存在着发展相对缓慢、参与能力不足、参与途径

---

① 参见燕继荣:《协同治理:社会管理创新之道——基于国家与社会关系的理论思考》,《中国行政管理》2013年第2期。

狭窄、参与方式单一、参与的社会基础较为薄弱等问题"[1]。这些问题的存在,会在一定程度上限制社会组织发挥推进民族事务治理的积极作用。新近的一项有关我国民族八省区社会组织发展状况与其他地区比较的研究表明,民族地区与第一产业、第二产业相关的社会组织比重要高于全国平均水平,与服务业相关的社会组织则低于全国平均水平[2]。这种状况既是由民族地区城乡经济二元化的特点所导致的,也不利于民族地区城镇化、商业化的发展。由此,民族地区社会组织在真正实现弥补地方政府在民族事务治理领域的局限,推进中国多民族社会民族事务治理方面还大有可为。

还需说明的是,对民族事务治理来讲,政府和社会是不可或缺的资源,是相互补充、相辅相成的关系,是各司其职、彼此协作的模式,"将有效的政府机制和有效的社会机制结合起来,实现社会各方共管共治"[3]是新时代的要求。为此,可以在主体、手段、过程、内容和目标五个方面积极探索、持续推进[4]。其一,政府(尤其是中央政府)要在民族事务治理中发挥主导性,努力营造多方参与民族事务的治理格局。其二,探索多样化民族事务治理手段,从行政管理(政府治理)向多种社会治理手段综合运用转变。其三,民族事务治理过程的重点在于协同。要把政府与社会之间的管理与被管理的关系,变成双向互动的关系。其

---

[1] 党秀云、谭伟:《民族地区社会组织参与基层社会治理的路径选择》,《新视野》2016年第1期。
[2] 参见陈延斌:《民族地区社会组织结构与区域经济发展适度性研究——基于民族八省区的样本分析》,《西南民族大学学报(人文社会科学版)》2020年第3期。
[3] 燕继荣等:《中国现代国家治理体系的构建》,社会科学文献出版社2018年版,第252页。
[4] 参见郁建兴、关爽:《从社会管控到社会治理——当代中国国家与社会关系的新进展》,《探索与争鸣》2014年第12期。

四,民族事务治理的内容应围绕尊重多元利益表达、强化民族社会自治、推进社会调节功能的体制机制建设而展开。其五,民族事务治理应以促进社会公平正义、扶持社会力量发展,形成多元主体协同治理的格局为目标。

(三) 推进民族事务治理体系和治理能力现代化

推进新时代国家治理体系和治理能力现代化,不能缺少民族事务治理体系和治理能力现代化的支撑。围绕民族事务治理中心任务而形成的法律体系、制度体系和政策体系三位一体,共同构成了新时代中国民族事务治理体系,民族事务治理能力的现代化则集中体现在民族事务治理的法治化、制度化、民主化水平。推进民族事务治理体系和治理能力现代化是国家对民族事务"善政"与"善治"的体现[1],其底层逻辑是维持国家公共权力分配的动态均衡,外显特征则是族际关系的和谐。

首先,要推进民族事务治理的法治化。一方面,法律是制度的保障,制度要依靠法律的权威而在社会生活中实行,没有法律的保护,制度的有效性就无从谈起;另一方面,法治建设能够稳定国家秩序,法律是防范和解决民族问题的最后一条防线,能将社会中的族际矛盾与冲突及时转化为司法问题,避免社会失序。正因为如此,2014年召开的中央民族工作会议指出:"把推进民族事务治理法治化做深做实。"[2]进而中共中央、国务院办公厅印发了《关于依法治理民族事务促进民族团结的意见》(中办发

---

[1] 俞可平指出,从国家治理的角度看,政府的社会管理与公民的社会自治,是相辅相成的两个方面。仅仅加强社会管理,即使做得再好,至多也只能有善政,而不可能有善治。善治是政府与公民对社会生活的共同治理,是社会治理的最佳状态。这一论述对本书这里的讨论极富启发意义。参见俞可平:《国家治理的中国特色和普遍趋势》,《公共管理评论》2019年第1期。

[2] 参见《中央民族工作会议暨国务院第六次全国民族团结进步表彰大会在京举行》,《人民日报》2014年9月30日。

〔2017〕1号），要求在民族工作领域要更好地运用法制思维、法治理念和法制方式调处民族事务。因此，要制定良法，提升各民族群众的公民意识，培育公民的法律意识与维权意识，不断完善法律体系，尤其是民族法体系，保证各民族社会成员在法律面前一律平等，不因民族身份的不同而被差别对待。

同时，鉴于民族地区与中东部地区经济社会发展水平的非均衡性，传统文化习俗在不同民族那里所发挥的行为规范力量存在事实上的差异，这就导致我们既要"从行为规约的非均衡性或行为规约'位差'的角度认知问题"，在各民族社会成员在法律面前一律平等的前提下体现民族之间的差异化，又要"积极开展法律宣传，引导人们从风俗习惯、道德规范优先逐步过渡到法律规范优先"①，毕竟，民族事务治理的法治化是要实现民族事务的依法治理。国家对民族事务要依法治理，政府处理民族事务要依法行政，社会力量协同参与民族社会自治也要有法可依，这样才能保证民族事务治理不偏离公平正义原则，不背离人民当家作主的本质。

其次，要推进民族事务治理的制度化。国家制定实施的各项制度从其结果来看，"是不同社会力量博弈和妥协的产物"②。高质量的、完备配套的制度体系是推进国家治理体系与治理能力现代化的重要依凭力量，能够让不同社会力量在政府主导下的国家政治生活框架之下维护群体利益，保障社会权益，实现自身诉求。

推进民族事务治理的制度化，有两点内容值得注意：一方面，要不断坚持、发展与完善民族区域自治制度。民族区域自治

---

① 严庆：《认知和践行依法治理民族事务的三个角度》，《中国民族报》2019年1月4日。
② 燕继荣等：《中国现代国家治理体系的构建》，社会科学文献出版社2018年版，第149页。

制度集聚了马克思主义经典作家有关民族问题的基本思想理论和中国共产党人解决本国民族问题的基本实践经验,立意高远,符合国情实际,既承认了少数民族的合法权益,尊重了民族地区的现实状况,也关照了各民族共同创建新中国的事实,以及历史上形成的中华民族多元一体格局。坚持、发展与完善民族区域自治制度,要在加快完善配套性制度和出台操作性制度方面下功夫[①],让民族区域自治制度真正运转起来,发挥更加积极的作用。

另一方面,还要重视制度创新。全球化的深入发展与逆全球化的悄然兴起,全球治理的黯然退场与民粹主义旗帜的飘扬,中美贸易争端的持续与新型冠状病毒的蔓延……种种迹象表明,新时代中国民族事务治理领域的复杂性还在增加,还将面对更多的不确定性。这种状况需要多方力量协同配合,力求清晰理性地进行观察、思考、分析并作出判断,通过制度创新应对新问题,创造性地开展工作。

最后,要推进民族事务治理的民主化。较之于法治化和制度化,民主化是内涵更为丰富的现代化评价指标。从民主化的视角观察,民族事务治理是中央与地方各级政府、社会组织、社区、企业与个人为了共同应对民族公共问题而展开的协商与合作。民族事务治理的民主化既需要依靠法律、制度、政策等这些国家顶层设计的内容来体现,也需要现实社会中运转的政治生活实践来加以检验。而国家的顶层设计过程,同时也应是一个民主过程,是通过对话和协商而展开的一个分担责任、分享权力、共同维护作为公共事务重要组成部分的民族事务善治的过程,在这一过程中,参与治理的多主体之间应该形成一种伙伴协作的关系。

---

① 参见杨须爱:《民族事务治理现代化与民族区域自治制度的完善》,《兰州学刊》2016年第5期。

基于这一判断,可以从以下几个方面对民族事务治理民主化进行分析:其一,完善政府与社会力量协同参与民族事务治理的法律、制度与政策规范,用顶层设计来保障民族事务治理的民主化,确保政府与社会力量协同参与民族事务治理的程序正义;其二,进一步转变政府职能,把民族事务的治理真正面向社会力量放权、让权、赋权,充分调动社会组织、社区、企业、个人的主动性和积极性,在平等协商、优势互补的格局下积极参与民族事务,真正实现对民族公共问题的协同共治;其三,公民意识的成长和社会发育的成熟是民族事务治理民主化建设的现实基础,"以人民为中心"则是民族事务治理民主化的核心诉求。这就意味着在全社会,尤其是在少数民族地区开展常态化的公民教育、培育公民意识,运用多种政策手段和经济杠杆鼓励和扶持社会力量成长,是需要久久为功、常抓不懈的任务。

推进中央与地方政府层面的"一元主导"走向多元协同,也是新时代中国民族事务治理转型的重要途径。鉴于这一内容与本章第三节相关内容的关系更为密切,因此,将在那里对此问题展开讨论。

四、讨论的延伸:族际政治悖论与民族事务治理转型

多民族国家族际政治的悖论在于:一方面,掌控国家公共权力资源越多的民族,越容易获得和保有自身利益;另一方面,国家公共权力资源在不同民族之间的分配越均衡,族际关系越和谐。由此,生活在多民族国家政治结构内部的民族拥有近乎天然的掌控国家公共权力资源的冲动,这种冲动一旦打破权力资源在国内不同民族之间的均衡,就会打破族际关系和谐,导致族际关系冲突,危及国家的稳定甚至撕裂国家。由此我们看到,通过多民族国家的民族事务治理而让公共权力资源在国内不同民

族之间保持动态的均衡,是一件关乎国家前途命运的重要任务。

作为当代世界多民族国家中的一员,中国族际关系的"基本盘"在于,历经20世纪的民族国家外生性建构,中华民族已然形成,"56个民族皆是中华民族的组成单元,并在中华民族大家庭中形成了平等团结互助的关系"①。这一族际关系的"基本盘"表明当代中国的民族事务治理是成功的,这种成功得益于中国共产党的坚强领导,得益于以民族区域自治为核心的一整套中国特色社会主义解决民族问题的治理方略。

进入新时代以来,世界局势的风云变幻与国内社会关系的深刻转型,导致我国在族际关系领域依然面临诸多压力和挑战,民族问题依然长期存在,其复杂性、不确定性因素的影响也从未退场。与此同时,中国民族事务的公共性特点正在强化,国家与多民族社会之间的关系呈现"强国家-强社会"趋势,这种局面迫切需要通过民族事务治理的转型来加以回应,而实现中国民族事务治理由"一元主导"向多元协同的发展是这一转型的方向。

第三节 族际政治视野中的新时代中国府际关系协调

毋庸讳言,生活在多民族国家政治结构之内的不同民族(族群)在国家公共权力资源的分配和共享上进行着持续不断的博弈,这种博弈势必会触及中央与地方、地方与地方之间的府际关系(政府间关系,Intergovernmental Relations)。怎样通过中央与地方、地方与地方之间的府际关系协调来回应国内族际关系领域的压力与挑战,为世界范围内的多民族国家族际政治整合提供富有启发的"中国经验"? 对这一问题的尝试性回答,构成

---

① 周平:《族际政治:中国该如何选择?》,《政治学研究》2018年第2期。

了本节的写作初衷。

一、问题的提出

正如有学者反复强调的那样,"民族国家构建起来后,国内的族类群体或民族的多样性仍然存在"①。民族国家的全球扩展过程,在很大程度上也是应然中的民族国家让位于实然中的多民族国家的过程,这一过程也导致世界各国越来越普遍地面临来自协调国内不同民族之间关系的压力,族际关系状况会对多民族国家的存续和发展产生深远影响。族际政治正是在这一背景下生成的,并逐渐发展成为当代世界多民族国家普遍关注、国内外学界研究持续跟进的重大问题。在2014年的中央民族工作会议上,习近平总书记指出,"中华民族是一个命运共同体",强调要"构筑各民族共有精神家园"。时隔三年,党的十九大报告指出,要"全面贯彻党的民族政策,深化民族团结进步教育,铸牢中华民族共同体意识,加强各民族交往交流交融,促进各民族像石榴籽一样紧紧抱在一起,共同团结奋斗、共同繁荣发展"。我们认为,"构筑各民族共有精神家园""促进各民族像石榴籽一样紧紧抱在一起",正是族际政治整合在当代中国语境中的价值彰显和目标追求。

在族际政治的视野中考察府际关系,可以发现两者之间关联紧密。作为掌握并行使国家公共权力的行为主体,中央和地方(包括民族地方)各级政府及其相互关系不仅深刻影响民族事务治理现代化的水平,也势必影响不同地区(包括少数民族地区)之间的族际关系状况。中央与地方各级政府有必要合理分工、权责明确、各司其职,充分发挥中央与地方各级政府的积极

---

① 周平:《族际政治:中国该如何选择?》,《政治学研究》2018年第2期。

作用并且彼此协调,从而更好地发挥促进族际关系和谐、维系多民族国家认同的作用。与此同时,正确处理府际关系也是维护国家统一、主权完整的主要内容之一,是实现多民族国家族际政治整合的重要途径。当代中国在正确处理府际关系、促进民族团结、地区稳定、经济社会全面发展与族际政治整合方面取得了巨大成就,同时也面临着很多发展中需要应对和解决的问题。

二、族际政治与府际关系协调问题分析框架

当代中国采取单一制国家结构形式,这使当代中国的族际政治整合带有典型的"条块分割"特点①。考虑到民族地方的种种特殊性,在单一制国家结构形式中安排民族区域自治制度,民族地方被授予自治权,建立民族地方自治机关(政府)来履行这种自治权。以民族地方政府为中心进行考察,可以认为府际关系视野中的当代中国族际政治整合,是由纵向的中央政府与地方政府之间的关系与横向的民族地方与民族地方、民族地方与非民族地方政府之间的关系共同构成的,其结构体系(以民族地方政府为中心)如图 6.4 所示。

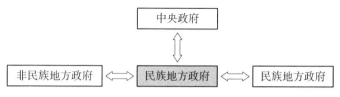

图 6.4 以民族地方政府为中心的当代中国府际关系

---

① 参见常士訚:《中国族际政治整合中的集分平衡与府际关系优化》,《领导科学》2013 年第 1 期。

为了便于选题研究内容的顺利开展,本章中的"政府"一词是在"广义政府"的层面加以使用的,即泛指一切国家政权机关,既包括通常意义上的立法、行政和司法三个机关,也涉及一切管理公共事务、履行公共职责的机关。这里讨论的政府甚至也包括中共中央以及各级党委。另外,受到研究主旨及本书篇幅限制,这里只在规范意义上考察中央政府(各部委)与自治区(省/直辖市)两个层级的政府间关系。

(一) 中央政府与民族地方政府的纵向关系

当代中国单一制国家结构形式中的中央政府与民族地方政府之间的纵向关系,可以从如下三个方面加以说明。

第一,中央政府赋权,民族地方政府被赋权。中央政府是国家最高权力的实际执行者,结合国情、历史和文化,中央政府通过宪法和法律法规向民族地方政府进行赋权,给予民族地方政府一定程度和范围内的自治权力,使得民族地方政府在中央政府允许的范围内,按照本民族地方的文化传统与民族特色,自主地安排制定自治法规,进行行政事务管理。这种赋权与被赋权的关系框架内,中央政府是上级机关,民族地方政府是下级机关;中央政府掌握国家最高权力,主导中央政府与民族地方政府的关系,体现自身的意志与要求;民族地方政府是被赋权的一方,其权力来源于中央政府,可以在中央政府赋权的范围内享有自主性,在出台民族地方自治法规与地方治理方面拥有选择权。

第二,中央政府领导,民族地方政府被领导。我国是单一制国家,上级机关的领导与下级机关的被领导关系是维护单一制国家结构形态的必然选择。这种领导与被领导的关系主要表现在:一方面,中央政府依托它所建立的特定职能部门对民族地方政府的行政工作、立法工作以及司法工作进行领导与监督,确保民族地方政府按照中央的统一部署和安排开展常规性/非常规性工作,保证政令畅通、上情下达;另一方面,民族地方政府担负着履行中央政府赋予/授权各项工作职责的义务,对中央政府负责并有定期/不定期汇报本职工作的义务。概而述之,民族地方政府是在中央政府的领导下开展各项工作的,在拥有履职弹性的基础上,对中央政府负责并汇报工作。

第三,中央政府与民族地方政府存在特殊的利益关系。在中央政府与民族地方政府根本利益一致的基础上,也存在着各自的利益,在具体事务和特定领域内,不排除两者在根本利益一致基础上的局部的、特定领域的利益冲突。中央政府既肩负着领导整个国家的职责,也肩负着制定国民经济发展计划、引领社会进步的使命,中央政府的各个部门也有着各自不同的职能;民族地方政府也是同样,在贯彻落实中央政府统一要求和各项规定的同时,也肩负着领导民族地区经济建设、社会发展各项事业的重任,各个部门也有特定的职能领域和使命诉求。民族地方利益的实现在很大程度上受到中央政府的影响;民族地方经济建设、社会发展各项事业的推进情况也关系到国家整体利益的实现。

(二) 民族地方政府与民族/非民族地方政府之间的横向关系

府际关系的横向关系也被称为地方政府间关系。它指的是"为了执行公共政策或提供公共服务,地方政府间所形成的相互关系的互动和机制"[①]。关于地方政府间关系的主要形态,美国学者理查德·宾厄姆(Richard D. Bjngham)曾经作过很好的说

[①] 张明军、汪伟全:《论和谐地方政府间关系的构建:基于府际治理的新视角》,《中国行政管理》2007 年第 11 期。

明,他认为竞争与协商的动力在驱动着横向的政府间关系,并在这种竞争与协商的互动中形成一种平等权力主体之间的分割体系①。我国在中央政府的统一领导下,地方政府之间的关系得以展开。具体到当代中国民族地方政府与民族/非民族地方政府之间的横向关系,基本是在平等竞争和互惠协商层面展开的。

一方面,是平等竞争关系。民族地方政府间以及民族地方政府与非民族地方政治间的平等关系来自单一制的国家结构形式,同行政级别的地方政府拥有相同的政治和法律地位。唯一的差别是在民族区域自治制度下,民族地方政府被赋予自主决定本地事务的自治权。这种自治权行使的前提是不违背宪法和其他法律法规,也决不意味着拥有自治权的民族地方政府就享有了其他非民族地方政府的"特权",凌驾于非民族地方政府之上。政治平等与法律平等,是理解民族地方政府与非民族地方政府之间关系的基础。

随着20世纪90年代我国中央政府行政权力向地方政府的逐渐下放以及财税体制改革的不断推进,地方政府成为拥有更多资源配置权力的利益主体,由此,平等基础上的竞争关系就成为地方政府之间关系的显著特征。有研究表明,"如果没有外界的干预,且满足一定的机制约束,治理能力相近的政府都会采取竞争的策略以达到自身收益最大化的目标"②。

综合来看,这种竞争主要围绕如下内容(领域)展开:其一,行政效率提升。一般而言,一个廉洁高效的政府能够在地方经济和社会发展领域取得更好的成绩,政府的公信力更高,也更被

---

① 参见[美]理查德·D. 宾厄姆:《美国地方政府的管理:实践中的公共行政》,九州译,北京大学出版社1997年版,第162页。
② 蒋文峰、宋潞平:《府际关系中的策略选择——基于博弈模型的探讨》,《吉首大学学报(社会科学版)》2017年第3期。

第六章 多民族国家族际政治整合的中国经验(下)

地方群众所认同。其二,吸引人才与投资。资本和人才的流入会为地方经济建设和社会发展注入更多的创造力和活力,因此,如何吸引人才、改善投资环境,就成为地方政府关注的重点问题。其三,法律制度供给。地方政府完善本行政区域范围内的各项法律法规(民族地方政府还包括自治条例和单行条例等),可以有法可依,更好地保障产权,保护包括生产者、投资者、经营者、消费者在内的全体公民的权益。

另一方面,是协商互惠关系。随着政府职能转变、区域经济一体化的趋势以及政府提升行政效率的压力,地方政府间的合作也变得越来越频繁。这种合作是在协商互惠的关系中展开的,其原因主要在于:经济可持续发展、环境保护、人口跨地域流动等问题,仅仅依托本地方政府的能力已经难以解决,政府与非政府组织之间的合作也无法在政策层面和资源整合的层面发挥足够的效力。因此,地方政府之间的协商互惠、合作共赢就成为彼此的需要。

这种地方政府之间的协商互惠关系主要表现在如下领域:其一,由非政府组织牵线搭桥,围绕区域经济发展等关键问题,促成地方政府之间的合作。比如在长三角、珠三角地区开展的区域经济发展合作,很多就是这个模式。其二,由中央政府提出发展战略,涉及的地方政府贯彻落实。比如京津冀一体化建设中北京、天津和河北三个直辖市(省)之间的合作。其三,由中央政府的政策导向促成地方政府之间的合作,比较典型的是对口支援政策,由发达地区支援欠发达地区,提供人才、技术、资金、资源的援助[①]。这种地方政府间关系表面看起来是单向的发展

---

① 参见张明军、汪伟全:《论和谐地方政府间关系的构建:基于府际治理的新视角》,《中国行政管理》2007年第11期。

要素输出,但背后的逻辑恰恰是你中有我、我中有你的全国一盘棋观念,欠发达地区的发展符合国家根本利益,长远来看也有利于兄弟省份的发展。

值得注意的是,在民族地方政府间关系中,还存在一种较为特殊的"大自治、小自治"的关系。比如在内蒙古自治区,同时还包含着鄂伦春、鄂温克、莫力达瓦达斡尔三个自治旗,由此存在一个大的自治区域与内部几个小的自治区域的地方政府间关系[①],同样的情况在新疆维吾尔自治区也有存在。

(三) 府际关系对族际政治的正反影响及作用机理

从规范意义上进行学理分析,府际关系对族际政治整合的影响建立在府际关系状况评估的基础上——不同的府际关系状况,会对族际政治整合产生不同的影响。

府际关系状况可以从以下两个维度进行评估。

第一个维度是从静态和动态层面对府际关系现状进行评估。从静态层面看,它指的是在某个特定的时间节点,府际关系是怎样的一种状态,是协作共赢、团结互助的,还是冲突对抗、彼此分立的。从动态层面看,它指的是在一个持续的时间段里,府际关系展现出怎样的发展态势,是从冲突对抗走向协作共赢,抑或相反。

第二个维度是从纵向和横向层面对府际关系现状进行评估。从纵向关系来看,在赋权与被赋权、领导与被领导的大背景下,看赋权的数量与质量,上下级行政部门之间的上情下达与下情上传之间的互动效率与闭环水平;从横向关系来看,对民族地方政府与民族/非民族地方政府之间的平等竞争与协商互惠状况进行评估,了解关系的亲疏远近以及这一关系对政治整合的

---

① 参见李宝奇:《民族区域自治法学》,法律出版社2013年版,第223页。

正负影响。在横向府际关系中,省级政府之间的关系处于核心和中轴①。

结合上述两个维度,府际关系对族际政治整合的影响主要表现在两个方面:一方面,当府际关系以良性、和谐、稳定作为基本面时,对族际政治整合的影响往往就是正向的、积极的,有利于族际政治整合。对此问题,荀丽丽、包智明两位学者进行的一项研究提供了一个很好的例证。在中央政府的倡导和地方政府的回应之中,"生态"的权威得以生成——因为它既是中央政府关注的"地方价值",也是地方政府与公众关注的"国家利益"②。另一方面,当府际关系以恶性、冲突、变动作为基本面时,对族际政治整合的影响一般就是逆向的、消极的,阻碍族际政治整合。当然,这一表述方式过于学理和概括,还需要在府际关系协调案例分析中去探寻这种正反影响的范围和程度,展现其作用机理。

三、优化纵向府际关系

如前所述,当代中国以民族区域自治制度为核心的民族政策体系是中国共产党在马克思主义民族理论指导之下,结合中国具体国情和民族问题实际作出的顶层设计。这一顶层设计构成理解当代中国族际政治整合的政策环境与制度安排,也为讨论纵向府际关系对族际政治整合的影响提供了重要范本。正如有学者指出的那样,"民族区域自治制度是确保'政通族和'的重中之重,是铸牢中华民族共同体意识、构筑中华民族共有精神家

---

① 参见李元元、于春洋:《府际关系视野中的当代中国族际政治整合——以民族地方政府为中心的讨论》,《青海社会科学》2019 年第 6 期。
② 参见荀丽丽、包智明:《政府动员型环境政策及其地方实践——关于内蒙古 S 旗生态移民的社会学分析》,《中国社会科学》2007 年第 5 期。

园的政治保障"①。然而不可否认的是,这一政策体系在贯彻落实与具体执行环节还存在一些问题,如果处理不好将有可能影响到我国民族政策设计初衷的实现。要在以民族区域自治制度为核心的我国现行民族政策的基础上,对其进行坚持、完善和发展,把优化党政领导机关与民族地方自治机关的纵向府际关系纳入我国政治体制改革的整体部署中去,建立健全和完善民族区域自治法律体系,强化民族自治地方的财经自主权,确保民族自治地方自治权的有效执行。

中央到地方各级政府作为掌握并行使国家公共权力的行为主体,其自身的行为过程与结果将深刻影响国家治理的水平,左右国家公共权力资源的分配和共享。具体到中央与地方各级政府的关系协调,有必要合理分工、权责明确、各司其职,继而充分发挥中央与地方各级政府的积极作用,推进国家治理在政府层面由一元主导向多元协同的转型。

中国是单一制国家,包括民族自治地方在内的地方各级政府要接受中央政府(广义政府)的统一领导。中央政府与地方各级政府之间存在赋权与被赋权、领导与被领导的关系,同时中央政府与地方各级政府也在根本利益一致的前提下存在各自的利益。由此,应该发挥中央政府的顶层设计优势,科学明晰、统筹规划央地之间、党政之间、职能部门之间的职能定位与权力划分,改变以往民族事务治理政府主体内部认知不一、边界不明、分工不清、权责不对称的状况,尤其是要放权、让权、授权给地方政府,充分发挥和调动民族自治地方政府积极性和主动性。一方面,地方政府凭借长时间扎根于本地区的区位优势,是最深

---

① 纳日碧力戈、陶染春:《"五通"铸牢中华民族共同体意识》,《西北民族研究》2020年第1期。

入、最详细、最全面地了解本地族际关系状况和民族事务基本盘的主体,是本地民族群体面对的主体;另一方面,地方政府是在当地贯彻落实国家公共政策(包括民族政策)的真正主体,而其中的民族自治地方政府"是民族地区公共产品和公共服务的重要供给主体"[1]。因此,赋予地方政府,尤其是民族自治地方政府自主实施当地民族事务治理的权力,是发挥地方政府能动性的内在要求,是激发地方政府创新治理的必要条件,同时也能真正做到因地制宜、具体问题具体分析,避免"一刀切"、行政效率低下,立足地方现实情境与真实需要来实施民族事务治理。

与此同时,为了有效实现政府层面的多元协同,还要探索中央与地方各级政府分层主导中的分权模式。目前中央政府与地方政府之间的分权主要表现为"环节性分工",亦即对于具体工作流程中的不同环节加以分工,分权是为了完成具体工作流程中的分工,而不是针对不同工作内容而进行"整体性分权"[2]。这种以分工替代分权现象的出现,是和中国以往纵向政府间的权力配置方式相适应的。

现在,为了让中央与地方各级政府间的分权模式适应政府层面多元协同的需要,可以从两个方面进行努力。一方面,中央与地方政府分层主导的关键在于"分",要分得清晰、分得恰当、分得可行。中央与地方政府对民族事务治理的内容与范围要界定清晰,明确中央和地方各级政府的事权关系,不能只是规范事权的范围,还要厘清各级政府对民族工作的权限内容,有效、辨别哪些权限应集中于中央,哪些权限应分散于地方,提高政府对

---

[1] 米恩广、李若青:《道器相济:民族自治地方政府治理能力现代化的柔性逻辑》,《广西民族研究》2018 年第 5 期。
[2] 参见朱光磊:《中国政府发展研究报告(2014)》,中国人民大学出版社 2014 年版,第 75 页。

于民族事务的治理效率,降低政府对于民族事务的治理成本。由于具体问题的现实往往具有不确定性,有可能随时发生变化,因此还要重视那些难以预判的因素的影响,保持事权划分的弹性,使得中央政府与地方各级政府既能明晰自身职责,避免相互推诿、彼此争利、无从问责的现象,又能群策群力、整体推进、协同配合。

另一方面,中央与地方政府分层主导的另一个着力点在于"导",要导得科学、导得有效、导得有序。也就是说,要促使中央与地方各级政府在主导民族事务治理的过程中做到科学、有效和有序。就中央政府而言,要"加强垂直管理"①,确保中央政府的政令畅通,提高中央政府对民族事务治理的核心领导力和全局掌控力;就包括民族自治地方在内的地方各级政府而言,要提升政策执行力和行政公信力,广开言路,提供回应群体利益诉求,发现带有苗头性的、存在潜在风险的问题要及时上报、妥善处理;就中央政府与地方各级政府的协同而言,要在垂直管理和发挥地方政府自主性之间寻求动态的平衡,垂直管理固然有其不容置疑的积极意义,但不可否认一味强化垂直管理也会压制地方政府的自主性。因此,要探索和营造既能减轻中央政府负担、提高中央政府领导质量,又能使地方政府在张弛有度的管理中保持活性和动力的氛围。

四、协调横向府际关系

改革开放以来,特别是进入新世纪以来,在中国共产党的坚强领导下,民族地区各族儿女高举民族团结进步旗帜,沿着民族区域自治的正确方向前进,实现经济社会的深刻变革和历史性跨越,续写民族地方各项事业的新篇章,民族团结进步伟大事业

---

① 沈荣华、曹胜:《政府治理现代化》,浙江大学出版社2015年版,第117页。

取得举世瞩目的成就。这些成就的取得,与中央历届领导集体对民族地方各项事业的关心与支持密不可分,也与民族地方政府真抓实干、奋发图强,加强与兄弟省份地方政府的协作互惠关系密切。与此同时还要看到,民族地方各项事业的发展也面临一系列压力,遭遇一系列挑战。这些问题的解决也有赖于进一步加强横向府际关系的协调,为当代中国族际政治整合提供坚强有力的支撑。

2014年春节前夕,习近平总书记在内蒙古考察工作期间发表重要讲话,希望内蒙古各族人民能够守望相助、团结奋斗,把祖国北疆打造成更加亮丽的风景线。我们认为,"守望相助"是在对民族地区决胜全面建成小康社会面临压力与挑战的清醒认识和准确把握的基础上提出的重要思想,为民族团结进步事业的发展提供了新契机、新思路,为新时代中国族际政治整合的命题提供了新定位,也为我国民族地方政府与民族/非民族地方政府横向府际关系的协调提供了新理念。

一方面,回顾新中国成立70多年来的发展历程,民族地区之所以能够实现经济社会的跨越式发展,根本原因是在党中央的领导下,民族地区始终一贯地坚持正确的民族政策、践行守望相助思想。这里体现出了横向府际关系中的民族地方政府与其他民族/非民族地方政府之间的相互守望、互帮互助的"守望相助"事实。民族地区各项事业的长足发展,离不开兄弟省份的支持与帮助,而兄弟省份的经济社会发展,也得益于民族地区各项事业发展所取得的成果。这一内容在对口支援系列政策中表现明显,对口支援是"支援方政府与受援方政府之间在经济、技术等方面的交流、互动与合作"[①]。比如,作为北京市的对口支援对

---

① 杨龙、李培:《府际关系视角下的对口支援系列政策》,《理论探讨》2018年第1期。

象,内蒙古的经济社会建设得到了北京市政府一以贯之的关心与帮助。与此同时,内蒙古也为首都各项事业的建设作出了自己的贡献。资料显示,自1989年起开始实施西电东送战略,自2003年起,首都每5盏路灯中就有1盏是内蒙古点亮的。到了2009年,北京几乎全部的灯泡都是内蒙古点亮的①。这种互惠协作既有利于民族地区经济社会全面发展,也有利于兄弟省份各项事业的建设。

另一方面,习近平总书记重新诠释了"守望相助"这个古语,在汲取传统语义中邻里和睦、共同应对挑战的精华思想基础上,把守望相助提升到国家战略层面和民族工作全局的高度,对横向府际关系协调具有重要指导意义。其一,从"守好家门、守好祖国边疆"的表述来看,它强调民族地区在打击敌对势力的渗透、破坏、颠覆活动,确保祖国边疆安宁方面所应担当的责任,也蕴含着各兄弟省份信息共享、协同作战、共同保卫国家安全的良好愿望。其二,从关于"守好少数民族美好的精神家园"的表述来看,要知道少数民族美好精神家园是中华民族共有精神家园的重要组成部分,而共有精神家园建设既是民族地方政府的责任,也是各个兄弟省份共有的责任,需要协商共进、合作共赢。有研究指出,加强府际政治协同,可以从以下三个层面展开:中央层面,加以正确引导和规范;区域地方政府层面,创新府际协同机制;地方政府官员层面,更新观念,主动应对②。其三,从关于"跳出当地、跳出自然条件限制"的表述来看,强调民族地区经济发展的全新定位与战略思考,而横向府际关系协调恰恰是实

---

① 参见李国萍、张国文:《从国家支援到报效祖国,内蒙古让世界刮目相看》,《北方新报(呼和浩特)》2009年10月12日。
② 参见王明安、沈其新:《基于区域经济一体化的府际政治协同研究》,《理论月刊》2013年第12期。

现这种统筹思考和统一谋划的重中之重。有研究指出,"在当代中国地方政府主导型市场经济发展背景下,促进区域政府合作是在现行体制下实现区域一体化的理性选择"①。其四,从关于"共同创造美好生活"的表述来看,强调的既是民族工作的愿景所向,也指出了横向府际关系协调的目标定位。有迹象表明,在地区经济发展与横向府际合作的大背景下,地方政府扩权改革成为一种趋势,权责分工正处于自下而上的重构过程之中②,可以把这一趋势视为地方政府在"共同创造美好生活"目标指引下而进行的自我迭代。

第四节　当代中国族际政治整合的实践策略

对世界主要多民族国家族际政治整合实践加以分析不难发现,无论其实践类型是集权干预型的、平等融合型的还是联邦多元型的,只有那些尊重、承认和在一切可能范围内致力于实现国内不同民族的多元利益诉求为基础的族际政治整合实践,才能真正发挥维护族际关系和谐,进而在一个较高的水平上保持族际关系在动态平衡中呈现族际政治整合的稳定局面。这一共性的经验启示对当代中国的族际政治整合而言是非常富有价值的,需要我们加以吸收和借鉴。在此基础上,结合我国的具体国情、历史文化传统和政治生态环境,当代中国族际政治整合实践也应具有自身的特色,在推进现代民族国家建构、发展完善以民族区域自治为核心的民族政策体系、妥善处理协调民族利益与

---

① 陈剩勇:《长江三角地区经济一体化制度建设——基于政府磋商机制的研究》,《现代管理科学》2007年第4期。
② 参见郁建兴、李琳:《当代中国地方政府间关系的重构——基于浙江省县乡两级政府扩权改革的研究》,《学术月刊》2016年第1期。

国家利益方面也有很多需要认真思考和探索的问题。

一、推进当代中国现代民族国家建构

推进当代中国现代民族国家建构,是在夺取中国特色社会主义伟大胜利的新时代确保族际政治整合良好局面的重要实践策略。有学者提出了"将国家的合法性诉求由经济增长转变为制度建设;通过国家的制度建设和策略实施来重构国家机器、提高国家能力;促生一个基于政府、市场和公民社会三方协同联动而组成的多中心治理体系,重新对国家与社会的职能边界进行划分"[①]等观点。

除此之外,以下几个问题也值得我们深入思考并作出回答。

第一,如何在借鉴西方先进文明成果、推进国家现代化的整体进程中确保中国的国家特性不被销蚀。建设中国特色社会主义是1978年党的十一届三中全会开始实施改革开放政策以来,中国为了实现国家现代化而作出的重大战略选择。在全球化的背景下积极参与国际竞争与合作共赢,积极引进、吸收和借鉴西方一切先进文明成果为我所用,始终是中国政府努力的方向。现在的问题在于,如何在积极参与国际竞争与合作共赢,引进、吸收和借鉴西方先进文明成果推动中国国家现代化的宏伟事业发展中,确保中国国家特性的存续与张扬,让中国本土固有的历史文化精髓(诸如多元一体格局下形成的各民族平等团结互助和谐关系、传统文化中的儒家思想与价值观念等)发挥其应有的中华民族凝聚力塑造、民族精神传承与文化整合的作用,是一个亟待思考和解决的重大问题。

---

① 郁建兴、肖扬东:《全球化与中国的国家建构》,《马克思主义与现实》2006年第6期。

第二,如何建构中国现代国家框架下的国家与社会之间的良性互动关系,并且让两者之间的互动关系在新的政治秩序可以接受和容纳的框架内得以生成和发展。肇始于1978年的改革开放,既是中国积极应对经济全球化竞争、主动融入全球化进程所作出的战略选择,也是中国的国家与社会在良性互动中相互形塑、彼此促进的过程。改革开放带来了中国经济发展模式的转轨与社会结构的转型,也对传统的国家主义取向的意识形态构成了事实上的消解与侵蚀。由此,怎样打造和维持一个能够良性运转的新的政治秩序,以及怎样把不断发展壮大的各种新生社会力量吸纳并整合到这一新的政治秩序中,实现国家与社会关系的良性互动以及这一互动的可持续发展,成为当代中国必须解决的又一重要问题。

第三,如何在中国广大的乡村社会进行国家基层政权建设,并把这一建设内容统筹安排进中国现代民族国家建构的历史洪流中,最终实现中国国家基础权力建设与乡村社会治理的两相统合。中国拥有历史悠久且幅员辽阔的乡村社会,中华人民共和国成立以来特别是改革开放以来,中国政府致力于通过国家基层政权建设与政府官僚机构下沉等方式强化对乡村社会的渗透与掌控,进而把它纳入以现代国家组织为中心的结构中。然而,"以往中国国家基础权力的建设并没有迎来乡村'善治'的出现。恰恰相反,甚至还在一定范围和程度上出现了乡村治理的困局"①。由此,怎样实现国家基础权力与乡村常规权力的衔接与契合,走向乡村善治,也是一个亟待作出回答的问题。

---

① 韩鹏云、徐嘉鸿:《乡村社会的国家政权建设与现代国家建构方向》,《学习与实践》2014年第1期。

二、发展完善以民族区域自治为核心的民族政策体系

如前所述,我国现行的以民族区域自治为核心的民族政策体系存在价值定位与政策实施之间的落差,这种局面势必影响当代中国族际政治整合的效果。如何在中央集权与民族自治地方分权的多方博弈中确保自治权的有效执行,是化解这种落差的关键。为此,要在坚持以民族区域自治制度为核心的我国现行民族政策的基础上,对其进行完善和发展,把规范党政领导机关与民族地方自治机关的关系纳入我国政治体制改革的整体部署中,建立健全和完善民族区域自治法律体系,强化民族自治地方的财经自主权,确保民族自治地方自治权的有效执行。

(一) 规范党政领导机关与民族地方自治机关的关系

从以往的实践来看,民族自治地方自治权未能完全落实的原因主要在于自治机关的职能没有完全发挥,造成这一局面的原因主要在于该地区党的领导机关和自治机关之间的关系不够明确、规范和职能混杂。如何使民族自治地方进一步明确和规范党的领导机关和自治机关的关系,促进各自职能的充分发挥,加快实现民族自治地方自治机关运作的民主化、科学化,是必须加以研究和解决的问题。

为此,至少可以从以下几个方面加以思考:其一,应合理规范党的地方领导机关的职能。党的地方领导机关的职能主要体现在领导和把握政治方向、重大事项的决策、做好舆论引导和宣传工作、维护民族自治地方稳定发展大局等方面。对自治机关的行政事务不包办代替,避免以党代政是解决问题的关键。其二,改革和完善党的工作机制,努力形成党委、人大、政府、政协、群众团体、民主党派各司其职、各负其责的良好局面。其三,按照党总揽全局、协调各方的原则,由过去的直接领导转向间接

领导。

(二)建立健全和完善民族区域自治制度的法律体系

自《中华人民共和国民族区域自治法》颁布实施以来,在保障民族自治地方的自治权利和政治权利、促进民族地区的经济发展、巩固社会主义民族关系、维护国家的统一等方面都发挥了积极的作用。但也存在一些不完善之处。诸如"对民族自治地方在市场经济条件下应享有的经济管理权限和自主权的规定不够明确","有些法律本身在有关问题上规定不详细,……不清楚。有些法律条文弹性较大,执行中较难掌握","把民族法律法规的立法执法和监督看作是民族工作部门和民族地区的事,缺乏相应的机构负责实施民族法律法规","民族法制宣传教育不够广泛和深入"①等问题。

为此,其一,必须加强民族立法工作,使民族区域自治有法可依;其二,依法行政,认真执行和遵守民族法律法规;其三,加强民族法律法规实施的监督,强化国家机关的监督,包括国家权力机关、司法机关及行政机关的监督;其四,加强民族法律法规的宣传和研究工作,特别是着重加强对领导干部、散杂居地区的民族法律法规普及工作。此外,结合中国社会实际,在理论上放弃宏观的"政治自治"的倾向,将我国的民族区域自治明确定位于地方行政自治与少数民族文化自治的有机结合,不失为完善民族区域自治制度的法律体系的一项选择。

(三)强化民族自治地方的财经自主权

国家应在坚持民族地区自力更生、艰苦奋斗、大力发展本地经济的原则基础上,以财政、税收、金融政策的倾斜为重点,加大

---

① 李安辉:《社会转型期民族区域自治政策的完善与创新研究》,《中南民族大学学报(人文社会科学版)》2009年第5期。

对民族自治地方的扶持力度。在财政方面,应继续执行机动金、预备费、民族补贴费设置等优惠政策,确保民族自治地方可以随着国家财政收入的逐年增长而得到相应规模和数量的优惠。国家对民自治地方的各项补助资金、专项贷款、以工代赈专款、财政贴息等支出占中央财政总支出的比例应在原有比例的基础上适当增加。在税收信贷方面,对民族自治地方应实行级差税制、级差税率,继续执行减税让利政策,进一步落实金融信贷优惠政策,提高贷款投放的比重,加大资金投入。在价格体制方面,要进一步规范价格体系,提高原材料和初级产品的价格。此外,国家应通过一系列财政转移支付及其他方式,加大民族自治地方的机动财力,支持民族自治地方基础设施建设和各项社会事业的发展。

(四)理顺行使自治权的体制机制

在我国现行的政治体制下,自治地方同非自治地方一样,大部分权力集中于上级党委、政府和同级党委机关中。自治权是自治机关在行使国家赋予自治地方的补充权和变通执行权。自治权是民族区域自治的核心,尊重和保障自治机关的自治权,关键是正确处理好上级国家机关、自治地方的党委和自治机关三者的关系。在我国,中央与地方的利益根本上是一致的,但是具体到某些方面也会存在冲突。因此,在自治机关行使自治权时,需要探索国家机关、自治地方的党委和自治机关三方的协同机制。

在进行三方关系协同时,要做到以下三点:其一,上级国家机关要尊重自治机关的自治权,同时,自治机关既是自治地方的自治机关,又是一级地方国家机关,必须服从上级国家机关的领导;其二,上级国家机关充分注意到自治机关的实际和自治机关依法具有根据民族地方的实际变通执行的权力,高度重视少数民族和自治地方的特殊性,不搞"一刀切";其三,在落实自治权的过程中,民族自治地方要坚决维护属于国家机关的职权。中央国家机关要采取各种有力措施来保障自治地方的自治权,其他政府机关对自治权要予以充分尊重,使相互的积极性都得到充分调动。

(五) 提高行使自治权的主体的能力

民族区域自治机关是行使民族区域自治权的主体,民族自治地区自治机关的干部又是由民族自治地区的公民组成。因此,一方面,要增强自治区公民对自身权益的认识。公民对自身权益的认识是一个逐渐清晰的过程,公民权益的增加不但需要公民自身的努力,同时需要国家在制度层面的推动。目前,我国推行的村民自治、政务公开、厂务公开等基层民主制度客观上起到了增强公民对自身权益的认识的效果。民族区域自治权行使的根本目的就是为了很好地保障自治区公民自身的权益,它的完善和自治区公民对自身权益认识的增强是一个相互促进的过程。

另一方面,也要提升自治机关的自治能力。我国的民族自治地方的自治权是通过自治机关来行使。民族地区的自治机关包括人民代表大会和人民政府。它们能力的提升是完善自治权的行使的关键因素。提升民族自治机关的能力,是新时期完善自治权的行使、推进政治文明建设必须解决的一个重要问题。当然,自治能力的提高是以增进自治地方各民族的平等、团结和共同繁荣为前提的。

三、以"多元一体"理论协调民族利益与国家利益的关系

如前所述,族际政治实际上就是"族际间基于民族利益并诉诸于政治权力的族际互动"[①]。族际政治关系虽然也关注群体利

[①] 周平:《论族际政治及族际政治研究》,《民族研究》2010 年第 2 期。

益,但族际政治的主体是民族,民族所特有的族性内核致使族际政治关系较之于其他政治关系更为敏感、特殊和重要,牵一发而动全身。由此,协调处理民族利益与国家利益间的关系,对族际政治整合而言十分重要。费孝通先生所提出的"多元一体"理论为两者关系的协调提供了可能的思路。

第一,可以把"多元一体"看作对民族与国家利益关系的高度概括。民族利益总是多元的,其多元性特征主要表现为:民族利益的利益主体是多元的,不同民族拥有不同的利益诉求;民族利益的表现形态是多元的,既可以是政治的和经济的利益,也可以是文化的和精神的利益,具体而丰富。"在国内政治的分析层面,族际的利益整合对于多民族国家而言无疑具有至关重要的意义。"①族际的利益整合符合民族国家的整体利益,寻求族际利益的一体化是民族国家的不懈追求。由此,民族国家的整体利益建立在国内各民族的多元利益基础上,可以把国家利益的实现过程看作谋求国内族际利益一体化的努力。从更为一般的意义上看,在多民族国家的内部,每个构成民族既具有自身的民族属性,也具有其归依国家的国家属性。两者比较而言,民族属性是多元的,表现为各个民族不同的民族特征,以及各不相同的生存发展需要;国家属性则是一体的,无论哪个民族,都归依于同一个多民族国家。"这就使现代多民族国家面临这样一个基本问题:如何协调民族多元与国家一体的关系,如何保证多元性与统一性的有机统一。"②我们认为,把这种"协调民族多元与国家一体的关系"放置在利益关系协调的视角下,依然可以成立。

---

① 陈建樾:《多元一体:多民族国家内部的族际整合与合法性》,《中央民族大学学报(哲学社会科学版)》2003年第5期。
② 侯万锋:《多元一体与多民族国家政治整合》,《广西民族研究》2007年第4期。

第二,民族与国家利益关系协调的本质是要消除"多元"与"一体"之间的张力。稍加分析就可以看出,民族的多元利益与国家的一体化努力之间并不总是高度契合的,事实上,两者之间存在一定程度的张力,在一些特定的情况下,这种张力还会被放大为影响国家认同和族际关系的重要因素。民族与国家利益之间的张力就其本质而言,是"多元"与"一体"之间的张力。"在多民族国家内部,共同的政治价值、文化准则和经济生活已将各民族的利益、福祉紧密地联系在一起,但由于语言和文化的差异性,国家利益不可能取代、消解民族利益,后者的存在既是'多元一体'的本质特征,又显现了'一体'与'多元'之间的矛盾纠葛"①。由此,任何一个统一的多民族国家都面临着一个共性问题:如何处理好"多元"与"一体"的关系,把两者之间的张力控制在国家统一、民族和谐及社会稳定可以承受的范围之内。

第三,只有尊重和承认不同民族的"多元"利益,才能维护和实现统一国家的"一体"利益。就世界范围内的民族国家政策实践而言,无论其民族政策的理论取向是同化主义的还是文化多元主义的,实践表明,只有那些尊重和承认国内不同民族的多元利益为基础的民族政策,才能真正而持久地发挥维护和实现国家根本利益的目的。在这个方面,墨西哥的民族政策实践为我们提供了一个典型的反例。20世纪40年代,墨西哥制定并实施了以同化主义为取向的民族政策,"这一政策所要达到的最终目标……是要求生活在国家领土上的不同族群形成为一个国民"②。为了让印第安人成为墨西哥的"国民",政府采取了包括

---

① 常开霞、贺金瑞:《"多元一体":中国民族利益协调论纲》,《中央民族大学学报(哲学社会科学版)》2009年第6期。
② 图道多吉:《中国民族理论与实践》,山西教育出版社2002年版,第438页。

改善住宅、兴办学校、提供财政扶持和医疗保健等一系列措施,然而,由于这一政策"不承认印第安人作为少数民族还应具有集体自治的政治权利"[①],从而也就无法从实质上满足印第安人的利益诉求。于是,印第安人从20世纪70年代开始向墨西哥政府提出了自治的要求,并于1994年发动了武装起义来谋求民族自治权。由于墨西哥的民族政策未能尊重和承认国内不同民族的"多元"利益,从而也无法从根本上维护和实现统一国家的"一体"利益。

第四,"多元"与"一体"的辩证关系为民族与国家利益的协调提供了方法论的指导。一方面,不能只强调国家利益的一体性而忽视国内各民族多元利益的客观存在。从长远来看,这种对"多元"民族利益的忽视必然会阻碍"一体"国家利益的实现,成为危机国家整体利益(诸如国家统一、民族团结、社会稳定等)的潜在的和不确定的因素。另一方面,也不能只强调国内各民族的多元利益诉求而忽视国家利益的一体性和国内各个民族的共同利益。无论从怎样的角度来理解,多元化的民族利益总是以一体化的国家利益为基础的,是在确保国家领土完整、主权统一前提之下的多元。

四、来自多民族国家族际政治整合实践的几点启示

结合族际政治整合多国实践的经验教训,当代中国族际政治整合的路径选择还要兼顾如下三个方面的内容。

第一,强化中央权力机关的政治权威,加强国家权力对民族社会生活的干预能力。面对利益分化的现实,依靠强有力的中

---

① 李赞、石小丽:《对国家一体化和多元文化主义理论与实践的评价和思考》,《中南民族大学学报(人文社会科学版)》2009年第5期。

央权力机关来统筹协调不同族群利益主体之间的利益关系,是巩固族际政治整合的重要方式。不仅如此,加强国家权力对民族社会生活各个领域的干预,也是中国巩固族际政治整合的重要取向。作为一个拥有世界最多人口的发展中国家,中国面临着巨大的发展压力。为了实现中国经济社会的全面协调可持续发展,国家权力"要对经济进行干预,而这种干预不只停留在经济层面上,而且深入社会关系与文化传统之中"[1]。

第二,通过意识形态的整合功能来巩固族际政治整合。正如有学者指出的那样,"在多民族国家,不论是国家的意识形态还是政党的意识形态,都会涉及族际关系,并对族际关系和族际政治整合产生深刻的影响"[2]。对中国而言,情况也是如此。无论是社会主义核心价值观的凝练,实现中华民族伟大复兴的"中国梦"的目标指引,还是坚持各民族共同团结奋斗、共同繁荣发展的民族工作主题,以及中国在长期的民族工作实践中逐渐探索出了以实现平等、团结、互助、和谐社会主义民族关系为取向的主导意识形态,这些意识形态正在发挥着独特的族际政治整合作用。

第三,坚持以关照少数民族利益为特征的民族政策取向不动摇。毋庸讳言,改革开放四十多年来,中国经历了一场深刻的利益分化过程。当这场利益分化表现在不同民族(以民族地方为单位)之间的经济发展差距时,则集中体现为少数民族及民族地区的经济发展水平整体上落后于主体民族及东南沿海地区。在这一背景下,如何通过民族政策的制定实施来关照少数

---

[1] 常士䛾:《多民族后发国家现代化进程中的族际政治整合与政治文明建设》,《云南行政学院学报》2010年第3期。
[2] 周平、贺琳凯:《论多民族国家的族际政治整合》,《思想战线》2010年第4期。

民族的利益，就成为一种需要坚持执行的政策取向。这一政策取向在当代中国的民族政策体系中表现明显，如培养任用少数民族干部，在公务员考试、事业单位招聘时同等条件优先录用少数民族，高考加分等。必须承认，这一取向的民族政策在促进民族团结、维护祖国统一和社会稳定方面发挥着无法替代的作用。

本 章 小 结

我国现行的以民族区域自治制度为核心的民族政策体系是中国共产党在马克思主义民族理论指导下，结合中国具体国情和民族问题实际而作出的顶层设计，也是推进和维持当代中国族际政治整合的重要制度安排。分析表明，这一民族政策体系的价值定位是各民族人民当家作主、共同富裕和真实平等，目标指向是通过政治解放、民族解放、社会解放等途径去实现马克思所提出的人类解放。认清这一点是正确理解和全面把握我国现行民族政策的关键所在。然而也要看到，在过去七十多年的民族政策具体实施过程中，出现了一些不尽如人意的地方，影响到族际政治整合的实际效果。

通过民族事务治理来维持公共权力资源在国内不同民族间的均衡分配，是实现族际关系和谐、国家长治久安的重要途径。新时代以来，中国民族事务的公共性特点不断强化，国家与多民族社会的关系发生嬗变，族际关系领域面临的压力与挑战并存，呼唤民族事务治理从一元主导向多元协同转型。为此，需要推进政府与社会关系层面的一元主导走向多元协同，改变以往更多依靠行政力量进行民族事务治理的方式，引入"多元共治"的理念，引导多种社会力量共同参与民族事务治理，形成多主体协同共治的格局,实现责任共担、利益分享、权力协同。此外,推进民族事务治理体系和治理能力现代化,强化民族事务治理的法治化、制度化和民主化,也是实现民族事务治理转型不可或缺的重要途径。

当代中国族际政治整合问题研究不能缺少府际关系的视角。以民族地方政府为中心,可以将府际关系划分为由中央政府与民族地方政府构成的纵向府际关系,以及由民族地方政府与民族/非民族地方政府构成的横向府际关系,两个层面的府际关系都会对当代中国族际政治整合产生影响。我国民族政策的价值定位和政策实施之间存在一定的差距,如何在中央与民族地方分权的府际关系多方政府关系协同中确保自治权的有效执行是化解这一问题的关键,也是实现当代中国族际政治整合的要点。为此,需要推进中央与地方政府层面的一元主导走向多元协同,让中央政府与地方各级政府之间的关系从赋权与被赋权、领导与被领导,走向科学明晰、统筹规划央地之间、党政之间、职能部门之间的职能定位与权力划分,适当放权、让权、授权给地方政府,充分发挥和调动民族自治地方政府的积极性和主动性。同时,习近平总书记提出的"守望相助"思想为横向府际关系协调提供了新理念,需要认真贯彻落实。

对世界主要多民族国家族际政治整合实践加以分析不难发现,无论其实践类型是集权干预型的、平等融合型的还是联邦多元型的,只有那些尊重、承认和在一切可能的范围内致力于实现国内不同民族的多元利益诉求为基础的族际政治整合实践,才能真正发挥维护族际关系和谐,进而在一个较高的水平上保持族际关系在动态平衡中呈现族际政治整合的稳定局面。这一共性的经验启示对当代中国的族际政治整合而言是非常富有价值的,需要我们加以吸收和借鉴。结合我国的具体国情、历史文化传统和政治生态环境,当代中国族际政治整合实践也应具有自身的特色,持续推进中国现代民族国家建构,坚持、发展和完善以民族区域自治为核心的民族政策体系,以"多元一体"理论妥善处理民族利益与国家利益之间的关系。

余论：族性、族际政治与多民族国家的未来

无论基于学理分析还是个案比较，族际政治整合问题都成为全球化背景下多民族国家政治发展与国家建构中的"常规性"问题——在多民族国家的分析单位之下，"族性"与"族际政治"彼此关联、相互促发、共存共生的关系致使"民族"与"国家"之间存在普遍的张力与矛盾。作为本书的"余论"部分，我们还想就族性与族际政治的关系作一梳理与概括，对多民族国家，尤其是作为统一多民族国家的中国在族际政治整合领域所进行的理论创新与实践探索作一展望。

一方面，族际政治总是要与族性相结合，把族性作为动员本民族成员参与族际政治的有效工具。族际政治关系中的主体——不同民族为了凝聚本民族群众、提升本民族情感、动员本民族成员采取行动，往往都要借助于族性，并努力把它提升为本民族的意识形态，延伸为族裔民族主义。这就是为什么在民族国家时代到来之后，各种形态的民族主义旗帜在族际政治互动中高高飘扬的重要原因。此外，民族宗教在传统的族际政治互动中也发挥了重要作用，而宗教就其现实情况来看，也构成了族性的重要组成方面，哪怕它不是最核心的部分。

另一方面，作为特定民族原生性要素的族性成为该民族的文化内核，是民族成员共同心理倾向的来源，族裔认同在很大程

度上也有赖于此。族性构成了民族内部的向心力和凝聚力,外部则表现为不同民族之间的差异和分界。无论是通过国家制定实施民族政策以及通过立法程序颁布法律这种有形的、显性的方式来体现,还是通过国家主流意识形态导向和宣传教育这种无形的、隐性的方式来体现,国家对待这种差异的方式将极大影响国内族际关系走向,也会直接造成族际政治关系或冲突或整合的不同局面。一般而言,以尊重和承认的方式来对待差异,会有益于族际关系和谐,促进族际政治整合;反之,以歧视和排斥的方式对待这种差异,就容易导致族际关系紧张,破坏族际政治整合。进而,那些受到歧视和排斥(哪怕是以为自己受到了歧视和排斥)的民族群体就要诉诸政治的方式(体制内的政治参与或体制外的冲突、对抗直至谋求分离和独立)来捍卫族性,而此时的族性已经成为这一民族的集体利益诉求对象了,族际政治整合的压力也由此生成并不断升级。

作为一种实现了自身"全球化"的国家形态,民族国家已然成为我们置身其中的当代世界的基本政治分析单位。而民族国家的全球扩展也使得那些原本不具备"一个民族,一个国家"经典特征的非西欧国家,纷纷效仿这一民族国家建构范式进而将生活在共同政治屋顶之下的所有民族都纳入其中,建立起"多个民族,一个国家"的多民族国家。同样是在这一时代背景之下,那些西欧原生民族国家的国内民族构成也随着大量移民的涌入和民族人口的跨国流动,由单一转向多元。由此,基于现实多民族国家内部不同民族之间的族性差异和利益分殊,导致国内不同民族之间,以及不同民族与国家之间存在着常态化的张力。在这样一种背景之下,族际政治整合问题的走向与前景也势必会在相当长的时间内,深刻影响多民族国家的前途命运。

具体到作为统一多民族国家的中国,我们在族际政治整合领域进行了一系列理论创新与实践探索,取得了举世瞩目的成就。2021年是中国共产党建党一百周年。自建党之日起,中国共产党"就担负起在国内发动阶级革命实现人民解放、对外救国图存争取民族独立的任务"[①]。回顾百年党史,这一历程既是中国共产党带领中华民族摆脱被剥削、受压迫的半殖民地半封建社会境遇,逐渐走向民族独立、社会振兴、国家富强的过程,也是中国共产党基于中国特殊国情,不断进行民族理论创新与政策实践,促进中华民族各族群形成平等、团结、互助、和谐的社会主义民族关系,推进统一多民族国家族际政治整合,实现中华民族伟大复兴的过程。在这一历程之中,中国共产党也在不断成长壮大,成为中华民族共和国的坚定掌舵者和中华民族各项事业的可靠领路人。

进入新时代以来,以习近平同志为核心的党中央高度重视民族工作,积极推进族际政治整合实践,提出铸牢中华民族共同体意识、推进中华民族共同体建设、构筑各民族共有精神家园建设等一系列中国特色解决民族问题的创新论断。这些论断既是马克思主义民族理论中国化的最新理论成果,也是指导新时代中国族际政治整合的实践指南。可以认为,新时代中国的族际政治整合是紧密围绕实现中华民族伟大复兴这一历史使命展开的,而铸牢中华民族共同体意识、推进中华民族共同体建设和构筑各民族共有精神家园建设,则是带有鲜明中国特色的多民族国家族际政治整合解决方案。

我们还要看到,当前中国正面对国际国内"两个大局"。从国际层面看,错综复杂的国际环境给中国的发展带来了新矛盾

---

① 严庆:《探索与创新:中国共产党民族理论的百年发展管窥》,《湖北民族大学学报(哲学社会科学版)》2021年第1期。

和新挑战。虽然和平与发展的时代主题没有变化,建构人类命运共同体的理念已经深入人心,但一些国家依然坚持单边主义立场,国际规则与秩序面临重塑,中美贸易摩擦、地区局部冲突、全球公共安全问题,以及民粹主义思潮与运动在欧美国家涌动……"一些西方敌对势力利用民族问题、宗教问题以及我国转型发展关键期的社会问题粗暴干涉我国内政的行为从未停止"①,这些都为维护作为超大规模共同体的中华民族底层秩序带来了挑战。从国内层面看,我国社会主要矛盾的变化出现了新特征、提出了新要求。虽然我国已经转向高质量发展阶段,但是正如《中共中央关于制定国民经济和社会发展第十四个五年规划和二〇三五年远景目标的建议》中指出的那样,"发展不平衡不充分问题仍然突出,重点领域关键环节改革任务仍然艰巨,创新能力不适应高质量发展要求,农业基础还不稳固,城乡区域发展和收入分配差距较大,生态环保任重道远,民生保障存在短板,社会治理还有弱项"。……凡此种种,揭示当前中国依然面临诸多问题、存在诸多挑战,这些问题和挑战也势必影响中国族际政治整合的前景。对统一多民族国家的族际政治整合问题持续进行理论创新与实践探索,既是党和国家肩负的重要使命,也是广大学界同仁承担的分内职责。

---

① 邓斯雨、杜仕菊:《中国共产党推动中华民族共同体建设的历史贡献——基于"背景·问题·使命·实践"的四维分析》,《新疆大学学报(哲学·人文社会科学版)》2021年第3期。

主要参考文献

一、党的文献、经典作家文献集
［1］《党的十九大报告辅读读本》，人民出版社2017年版。
［2］《邓小平文选》(第3卷)，人民出版社2001年版。
［3］《马克思恩格斯选集》(第4卷)，人民出版社2012年版。
［4］《建国以来重要文献选编》(第4册)，中央文献出版社2000年版。
［5］《毛泽东选集》(第2卷)，人民出版社2007年版。
［6］《毛泽东文集》(第6卷)，人民出版社1999年版。
［7］《民族问题文献汇编(1921.7—1949.9)》，中共中央党校出版社1991年版。
［8］《中国共产党第十九次全国代表大会文件汇编》，人民出版社2017年版。

二、外文著作中译本、中文著作/编著/文集
［1］［德］尤尔根·哈贝马斯：《后民族结构》，曹卫东译，上海人民出版社2019年版。
［2］［加］威尔·金里卡：《少数的权利——民族主义、多元文化主义和公民》，邓红风译，上海译文出版社2005年版。
［3］［加］威尔·金里卡：《多元文化的公民身份：一种自由主义的少数群体权利的理论》，马莉、张昌耀译，中央民族大学出版社2009年版。
［4］［美］本尼迪克特·安德森：《想象的共同体：民族主义的起源与散布（增订版）》，吴叡人译，上海人民出版社2016年版。
［5］［美］杜赞奇：《从民族国家拯救历史：民族主义话语与中国现代史研究》，王宪明、高继美、李海燕等译，江苏人民出版社2020年版。
［6］［美］菲利克斯·格罗斯：《公民与国家——民族、部族和族属身份》，

王建娥、魏强译,新华出版社2003年版。

[7] [美]莱斯利·里普森:《政治学的重大问题:政治学导论》(第10版),刘晓等译,华夏出版社2001年版。

[8] [美]列文森:《儒教中国及其现代命运》,郑大华、任菁译,中国社会科学出版社2000年版。

[9] [美]卢西恩·W. 派伊:《东南亚政治制度》,刘笑盈等译,广西人民出版社1993年版。

[10] [美]迈克尔·赫克特:《遏制民族主义》,韩召颖等译,中国人民大学出版社2012年版。

[11] [美]塞缪尔·亨廷顿:《变化社会中的政治秩序》,王冠华等译,上海人民出版社2017年版。

[12] [美]塞缪尔·亨廷顿:《文明的冲突与世界秩序的重建》,周琪、刘绯、张立平等译,新华出版社2010年版。

[13] [美]塞缪尔·亨廷顿:《我们是谁?——美国国家特性面临的挑战》,程克雄译,新华出版社2005年版。

[14] [美]徐中约:《中国近代史:1600—2000,中国的奋斗》,计秋枫等译,世界图书出版公司2008年版。

[15] [日]王柯:《从"天下"国家到民族国家:历史中国的认知与实践》,上海人民出版社2020年版。

[16] [瑞士]安德烈亚斯·威默:《国家建构——聚合与崩溃》,叶江译,格致出版社2019年版。

[17] [西]胡安·诺格:《民族主义与领土》,徐鹤林、朱伦译,中央民族大学出版社2009年版。

[18] [新加坡]尼古拉斯·塔林:《剑桥东南亚史》,王士录等译,云南人民出版社2003年版。

[19] [英]J·R. 波尔:《美国平等的历程》,张聚国译,东方出版社2007年版。

[20] [英]埃里克·霍布斯鲍姆:《民族与民族主义》,李金梅译,上海人民出版社2000年版。

[21] [英]安东尼·史密斯:《民族主义:理论、意识形态、历史》,叶江译,上海人民出版社2002年版。

[22] [英]迈克·费瑟斯通:《消解文化——全球化、后现代主义与认同》,杨渝东译,北京大学出版社2009年版。

[23] [英]斯蒂夫·芬顿:《族性》,劳焕强译,中央民族大学出版社2009

年版。
[24] [英]威廉·托多夫:《非洲政府与政治(第四版)》,肖宏宇译,北京大学出版社 2007 年版。
[25] [英]詹姆斯·马亚尔:《世界政治》,胡雨谭译,江苏人民出版社 2004 年版。
[26] 常晶:《包容与凝聚:比较视域中的多民族国家政治制度建设》,人民出版社 2019 年版。
[27] 费孝通:《中华民族多元一体格局》(修订本),中央民族大学出版社 1999 年版。
[28] 关凯:《族群政治》,中央民族大学出版社 2007 年版。
[29] 洪霞:《和平之途——当代世界移民问题与种族关系》,南京出版社 2006 年版。
[30] 金鑫:《世界问题报告》,中国社会科学出版社 2002 年版。
[31] 刘鸿武等:《从部族社会到民族国家——尼日利亚国家发展史纲》,云南大学出版社 2000 年版。
[32] 纳日碧力戈:《中国各民族的国家认同研究》,中国社会科学出版社 2020 年版。
[33] 宁骚:《民族与国家:民族关系与民族政策的国际比较》,北京大学出版社 1995 年版。
[34] 钱乘旦、许洁明:《英国通史》,上海社会科学院出版社 2017 年版。
[35] 阮西湖:《20 世纪后半叶世界民族关系探析:社会人类学研究的一项新课题》,民族出版社 2004 年版。
[36] 阮西湖:《加拿大民族志》,民族出版社 2000 年版。
[37] 孙景峰:《新加坡人民行动党执政形态研究》,人民出版社 2005 年版。
[38] 图道多吉:《中国民族理论与实践》,山西教育出版社 2000 年版。
[39] 王超品:《当代中国民族认同与国家认同整合的制度机制》,人民出版社 2020 年版。
[40] 王建娥、陈建樾:《族际政治与现代民族国家》,社会科学文献出版社 2004 年版。
[41] 王建娥:《包容与凝聚:多民族国家和谐稳固的制度机制》,中国社会科学出版社 2018 年版。
[42] 韦红:《东南亚五国民族问题研究》,民族出版社 2003 年版。
[43] 韦诗业:《民族认同与国家认同的和谐关系建构研究》,中央编译出版社 2017 年版。

［44］叶江：《中华民族伟大复兴进程中的"国家民族"建构研究》，格致出版社 2020 年版。
［45］俞可平：《论国家治理现代化》，社会科学文献出版社 2014 年版。
［46］岳蓉：《东南亚地区民族国家研究》，中国社会科学出版社 2017 年版。
［47］张会龙：《当代中国族际政治整合：结构、过程与发展》，北京大学出版社 2013 年版。
［48］张凯峰：《危机与嬗变——近现代中国民族国家发展研究》，人民出版社 2019 年版。
［49］周平：《多民族国家的族际政治整合》，中央编译出版社 2012 年版。
［50］朱碧波：《苏联族际政治整合模式研究》，中国社会科学出版社 2015 年版。

后　记

这部书稿是在我博士后研究工作报告的基础上，经过修订与扩展而最终完成的。书稿能够出版，得到了以下科研项目的支持，分别是（排名不分先后）：国家社科基金重大项目"构建中华各民族共有精神家园的少数民族视域研究"（17ZDA152）；中国博士后科学基金第58批面上资助项目"比较视野中的多民族国家族际政治整合实践路径研究"（2015M580280）；中国博士后科学基金第九批特别资助项目"多民族国家族际政治整合的理论建构与实践探索"（2016T90327）；河北省民族事务委员会2020年度民族领域研究项目"印尼、马来西亚与新加坡族际政治整合的经验比较与现实启示"（202009）。

回想2018年5月，为期三年的博士后在站工作即将结束之际，我坐在复旦大学邯郸校区文科图书馆四楼的文献阅览室，百感交集、神情激荡。必须承认，我一直是个非常幸运的人——不提及这一点，就无法理解我全部学术成长与职业发展的本质。当我向纳日碧力戈先生提出博士后进站申请时，先生非常爽快地同意了。记得那段时间，我一路小跑去准备申请进站材料，参加进站面试，办理进站手续，十分荣幸地加入先生领导的学术团队，成为在站博士后——要知道，那个时候我博士毕业马上就要满三年，年龄也再有几个月就要满四十周岁。而博士毕业超过三年和年龄超过四十周岁,都是当时博士后进站的限制性条件。所以,非常感谢我的合作导师,如果没有纳日碧力戈先生的提携,我就和博士后工作经历失之交臂了。

而更加需要感谢的,是纳日碧力戈先生的知遇之恩。在先生的引领之下,一幅波澜壮阔的学术图景在我眼前清晰呈现,这也注定博士后工作经历是我个人学术成长历程中最为重要的阶段。三年来,我获批包括国家社科基金一般项目、中国博士后科学基金面上一等资助与特别资助项目、国家民委民族问题研究项目在内的多个科研项目,出版了高质量学术专著,发表了高质量论文,筹备和参加了一次又一次重要学术会议,还有幸作为课题组成员加入到先生主持的国家社科基金重大项目的研究工作中。与此同时,我还完成了自己职业生涯的转换,从内蒙古调转工作来到河北,实现了多年以来与家人团聚的愿望……所有这些,都是我在博士后进站之前不敢想象的。

还需重点强调的是,我的博士后研究工作报告是在纳日碧力戈先生的悉心指导下完成的,没有这份研究工作报告作为基础,也就不会有这部书稿的出版。每每喟叹自己学术功力的不足,无法与先生的谆谆教导、循循善诱相匹配。先生是一位友善的长者,为人谦逊宽厚、达观风趣、乘物游心,为学严谨钻精、学养深厚、海纳百川。我知道,无论做人还是做学问,先生都是一面旗帜,先生出神入化的人性光辉和高山仰止的精深学问,同样值得我用毕生追随。这段博士后工作经历让我看到一个阳光明媚的未来,让我充满感激并深刻领悟:怕什么真理无穷,进一寸有一寸的欢喜。

最后,我要感谢复旦大学出版社,为了能让本书顺利出版,他们付出了巨大而辛勤的努力。感谢我的家人在我博士后在站工作期间给予的理解和支持,生活总是细琐而沉重,因为有了你们,一切才变得如此美好且让人期待。感谢我博士后在站期间结识的各位同仁——付清海、李元元、赵颖、萨仁、特日乐、清河……我们一起度过的那些时光,都成为我后来生命中闪闪发亮的记忆。

  我想去看看梦想赋予我的那个世界。我知道,这就是我一路奋战的全部意义。

于春洋
2021 年 1 月 17 日

图书在版编目(CIP)数据

比较视野中的多民族国家族际整合/于春洋著. —上海:复旦大学出版社,2022.6
ISBN 978-7-309-16127-4

Ⅰ.①比… Ⅱ.①于… Ⅲ.①民族关系—研究—中国 Ⅳ.①D633

中国版本图书馆 CIP 数据核字(2022)第 037004 号

比较视野中的多民族国家族际整合
于春洋 著
责任编辑/宋启立

复旦大学出版社有限公司出版发行
上海市国权路 579 号 邮编:200433
网址:fupnet@fudanpress.com http://www.fudanpress.com
门市零售:86-21-65102580 团体订购:86-21-65104505
出版部电话:86-21-65642845
上海四维数字图文有限公司

开本 890×1240 1/32 印张 8.75 字数 204 千
2022 年 6 月第 1 版第 1 次印刷

ISBN 978-7-309-16127-4/D·1116
定价:58.00 元

如有印装质量问题,请向复旦大学出版社有限公司出版部调换。
版权所有 侵权必究